DOCUMENTS ON THE INTERNATIONAL COURT OF JUSTICE

DOCUMENTS

on the

INTERNATIONAL COURT
OF JUSTICE

compiled and edited by

Shabtai Rosenne

1974
A. W. SIJTHOFF - LEIDEN
OCEANA PUBLICATIONS, INC. - DOBBS FERRY, NY

ISBN 0-379-00188-8 (Oceana)
ISBN 90 286 0034 5 (Sijthoff)

Library of Congress Catalog Card Number: 73-91985

© 1974 A. W. Sijthoff International Publishing Company

Printed in The Netherlands.

FOREWORD

The present compilation aims to provide the practitioner in the Court, the diplomat and politician, and the student, with a handy and complete collection of documents relating to the operation of the International Court of Justice, the principal judicial organ of the United Nations. At the same time it completes and brings up to date the appendices in my *The Law and Practice of the International Court (1965)*. With one or two exceptions, the numbers of the sections here correspond to those of the appendices there. Bibliographical references are given to facilitate study of the legislative history of the documents. It is also indicated wherever a given document has been invoked in the Court. A few documents of a purely internal domestic character have been excluded, but references to them appear where appropriate.

In sections 13 and 18 it has been found more convenient to present the material in narrative rather than documentary form.

A brief account of the materials is given in the Introductory Note.

The materials are presented as they stood on 31 December 1973.

Geneva, Switzerland   *Sh. Rosenne*
1 January 1974

TABLE OF CONTENTS

INTRODUCTORY NOTE

The first four sections contain, in English and French, the basic constitutional texts relating to the Court as an institution, and its manner of operation. The Charter of the United Nations is given as it stood on 31 December 1973, the original texts of amended provisions appearing in footnotes. These amendments all reflect the growth of the United Nations and the expansion of the organized international community, from its 50 original members in 1945 to its present 135 members.

The Statute of the Court, which is an integral part of the Charter, has not been amended since it was drawn up at San Francisco in 1945, but some of the amendments of the Charter, notably those relating to the size of the Security Council, have a direct bearing on the Court.

The French text of the Charter and Statute is that which was signed at San Francisco, no attempt having been made to correct the mistakes of grammar and other inelegancies appearing in that version, and which have been rectified in other French editions of those documents published by the United Nations or under other official auspices. This also explains certain inconsistencies, for example in the use of capital letters and in presentation, especially for provisions which have been amended since 1945. This latter observation applies in equal measure to the English text.

The Rules of Court are given in their original version of 1946 and in their amended version of 1972. The Table of Concordance, originally prepared by the Registry and published together with the revised Rules, has been added. This double presentation is necessary owing to the renumbering of most of the Rules in 1972 and some other minor modifications in matters of presentation.

The Resolution on the Internal Judicial Practice is given here in its 1968 version only. Before that, the Court followed the practice of the Permanent Court, consolidated in its corresponding resolution of 1931, amended in 1936.

The revised Rules of 1972 together with the 1968 resolution are part of the process undertaken by the Court after 1966 to modernize its procedures. This process is continuing within the limits imposed by the Court's judicial activities, and further new texts can be anticipated in the future.

The list of parties to the Statute which constitutes section 5 distinguishes between the original members of the United Nations, those admitted under Article 4 of the Charter, and the three States which are parties to the Statute without being members of the United Nations, under Article 93, paragraph 2, of the Charter. This is a distinction which occasionally appears in the Court's jurisprudence. Many of these countries have changed their names in recent years, and all these changes are indicated. The presentation is based on United Nations materials, adapted to present purposes.

Section 6 assembles the various resolutions adopted by the General Assembly on the recommendation of the Security Council, and relating to the participation in the Statute, and in certain United Nations activities based directly on the Statute, of States which are not members of the United Nations. As stated, these are now three in number. The matter is one of continuing interest, since it relates also to the processes of nominating and electing members of the Court and of amending the Statute, in addition to the formal participation in the Statute itself. On the other hand, section 7, dealing with States which are not parties to the Statute and their relations with the Court, is now probably of little more than historical interest.

In section 8, on privileges and immunities, in addition to the basic agreement of 1946 between the Court and the Netherlands Government (approved by the General Assembly), the 1967 arrangement regarding the relative precedence between members of the Court and the diplomatic corps accredited to the Queen of the Netherlands has been included. The purpose of this was to resolve a delicate problem which originated in the time of the Permanent Court of International Justice.

The resolutions of the General Assembly relating to the Court, the subject of section 9, are those of a politico-institutional character. The chapter on the peaceful settlement of international disputes contained in the Declaration on Principles of International Law concerning Friendly Relations and Co-operation among States in accordance with the Charter of the United Nations, adopted by the General Assembly in 1970, has been included, despite the fact that the Court, as such, is not mentioned there. However judicial settlement is, and the role of the Court in this pattern was discussed at some length during the preparatory stages.

In section 10 are found the original texts or the official English translations (with indication of the original language version) of all the Declarations accepting the so-called compulsory jurisdiction of the present Court and those made in relation to the Permanent Court the effect of which has been transferred to the present Court through Article 36, paragraph 5, of the Statute. Instruments relating to the termination of those Declarations, where they contain more than the bare notification of the termination, have also been included. The English translations are those prepared by the Secretariat of the League of Nations or the United Nations for inclusion in the appropriate *Treaty Series*. Indications are also furnished of the cases in which these Declarations have been invoked.

In section 11 the authorizations made by the General Assembly under Article 96, paragraph 2, of the Charter, to organs of the United Nations other than the Security Council and to the Specialized Agencies and the International Atomic Energy Agency to request advisory opinions have been given in full. In the case of the Specialized Agencies the details are contained in the so-called Relationship Agreements, the terms of which at times slightly vary, while the authorization itself follows from approval of these agreements by the General Assembly. As before, indications are

furnished of cases in which these different authorizations have been invoked.

Sections 12 and 13 illustrate in a purely factual way the composition of the Permanent Court and of the present Court, and describe each one of the elections, occasional and regular, of members of the present Court. Full documentary references are given in notes.

In sections 14 and 15 are found some miscellaneous data regarding the Court's finances. Here one might notice on the one hand the enormous increase, in absolute figures, of the Court's budget since 1946, and on the other its steady decrease as a percentage of the general United Nations budget. The inflation since the end of the Second World War has pressed heavily on the Court and accounts for the repeated changes in the judges' emoluments and in the pensions scheme.

The statistics of the Court's judicial work, in section 16, embrace also those of the Permanent Court. This is for purposes of comparison.

Section 17 attempts to "photograph" as it were the votes which appear in the judgments, advisory opinions and orders since 1946. As far as possible it indicates how the national judge (i.e. a member of the Court possessing the nationality of one of the parties in a case) and the judge *ad hoc* voted. It also shows the number of separate and dissenting opinions appended in each case. The voting record shows a generally high standard of attendance by the judges.

In section 18 the material on the dissolution of the Permanent Court has been brought up to date as regards the continuing actions relating to the pensions funds.

Omitted from this compilation are the *Staff Regulations for the Registry* and the *Instructions for the Registry*. Both of these have been promulgated by virtue of authority contained in Articles 18 and 23 of the Rules of 1946 (reproduced unchanged in the Rules of 1972). Appropriate references appear with those Articles.

THE CHARTER OF THE UNITED NATIONS

CHARTE DES NATIONS UNIES *

Nous, Peuples des Nations Unies
résolus

à préserver les générations futures du fléau de la guerre qui deux fois en l'espace d'une vie humaine a infligé à l'humanité d'indicibles souffrances,

à proclamer à nouveau notre foi dans les droits fondamentaux de l'homme, dans la dignité et la valeur de la personne humaine, dans l'égalité de droits des hommes et des femmes, ainsi que des nations, grandes et petites,

à créer les conditions nécessaires au maintien de la justice et du respect des obligations nées des traités et autres sources du droit international,

à favoriser le progrès social et instaurer de meilleures conditions de vie dans une liberté plus grande.

et à ces fins

à pratiquer la tolérance, à vivre en paix l'un avec l'autre dans un esprit de bon voisinage,

à unir nos forces pour maintenir la paix et la sécurité internationales,

à accepter des principes et instituer des méthodes garantissant qu'il ne sera pas fait usage de la force des armes, sauf dans l'intérêt commun,

à recourir aux institutions internationales pour favoriser le progrès économique et social de tous les peuples,

avons décide d'associer nos efforts
pour réaliser ces desseins

En conséquence, nos Gouvernements respectifs, par l'intermédiaire de leurs représentants, réunis en la ville de San Francisco, et munis de pleins pouvoirs reconnus en bonne et due forme, ont adopté la présente Charte des Nations Unies et établissent par les présentes une organisation internationale qui prendra le nom de Nations Unies.

Chapitre I

BUTS ET PRINCIPES

Article 1

Les Buts des Nations Unies sont les suivants:

1. Maintenir la paix et la sécurité internationales et à cette fin: prendre des mesures collectives efficaces en vue de prévenir et d'écarter les menaces à la paix et de réprimer tout acte d'agression ou autre rupture de la paix, et réaliser, par des moyens pacifiques, conformément aux principes

---

* Documents de la Conférence des Nations Unies sur l'Organisation internationale (San Francisco, 1945), vol. 15, p. 366.

CHARTER OF THE UNITED NATIONS *

We the peoples of the United Nations
determined

to save succeeding generations from the scourge of war, which twice in our lifetime has brought untold sorrow to mankind, and

to reaffirm faith in fundamental human rights, in the dignity and worth of the human person, in the equal rights of men and women and of nations large and small, and

to establish conditions under which justice and respect for the obligations arising from treaties and other sources of international law can be maintained, and
to promote social progress and better standards of life in larger freedom,

and for these ends

to practice tolerance and live together in peace with one another as good neighbors, and
to unite our strength to maintain international peace and security, and
to ensure, by the acceptance of principles and the institution of methods, that armed force shall not be used, save in the common interest, and
to employ international machinery for the promotion of the economic and social advancement of all peoples,

have resolved to combine our efforts
to accomplish these aims.

Accordingly, our respective Governments, through representatives assembled in the city of San Francisco, who have exhibited their full powers found to be in good and due form, have agreed to the present Charter of the United Nations and do hereby establish an international organization to be known as the United Nations.

Chapter I

PURPOSES AND PRINCIPLES

Article 1

The Purposes of the United Nations are:

1. To maintain international peace and security, and to that end: to take effective collective measures for the prevention and removal of threats to the peace, and for the suppression of acts of aggression or other breaches of the peace, and to bring about by peaceful means, and in conformity

---

* Documents of the United Nations Conference on International Organization (San Francisco, 1945), vol. 15, p. 336.

de la justice et du droit international, l'ajustement ou le règlement de différends ou de situations, de caractère international susceptible de mener à une rupture de la paix;

2. Développer entre les nations des relations amicales fondées sur le respect du principe de l'égalité de droits des peuples et de leur droit à disposer d'eux-mêmes, et prendre toutes autres mesures propres à consolider la paix du monde;

3. Réaliser la coopération internationale en résolvant les problèmes internationaux d'ordre économique, social, intellectuel ou humanitaire, en développant et en encourageant le respect des droits de l'homme et des libertés fondamentales pour tous sans distinction de race, de sexe, de langue ou de religion;

4. Etre un centre où s'harmonisent les efforts des nations vers ces fins communes.

Article 2

L'Organisation des Nations Unies et ses Membres, dans la poursuite des Buts énoncés à l'article 1, doivent agir conformément aux Principes suivants:

1. L'Organisation est fondée sur le principe de l'égalité souveraine de tous ses Membres.

2. Les Membres de l'Organisation, afin d'assurer à tous la jouissance des droits et avantages résultant de leur qualité de Membre, doivent remplir de bonne foi les obligations qu'ils ont assumées aux termes de la présente Charte.

3. Les Membres de l'Organisation règlent leurs différends internationaux par des moyens pacifiques, de telle manère que la paix et la sécurité internationales ainsi que la justice ne soient pas mises en danger.

4. Les Membres de l'Organisation s'abstiennent, dans leurs relations internationales, de recourir à la menace ou à l'emploi de la force, soit contre l'intégrité territoriale ou l'indépendance politique de tout Etat, soit de toute autre manière incompatible avec les Buts des Nations Unies.

5. Les Membres de l'Organisation donnent à celle-ci pleine assistance dans toute action entreprise par elle conformément aux dispositions de la présente Charte et s'abstiennent de prêter assistance à un Etat contre lequel l'Organisation entreprend une action préventive ou coercitive.

6. L'Organisation fait en sorte que les Etats qui ne sont pas Membres des Nations Unies agissent conformément à ces Principes dans la mesure nécessaire au maintien de la paix et de la sécurité internationales.

7. Aucune disposition de la présente Charte n'autorise les Nations Unies à intervenir dans des affaires qui relèvent essentiellement de la compétence nationale d'un Etat ni n'oblige les Membres à soumettre des affaires de ce genre à une procédure de règlement aux termes de la présente Charte; toutefois ce principe ne porte en rien atteinte à l'application des mesures de coercition prévues au chapitre VII.

with the principles of justice and international law, adjustment or settlement of international disputes or situations which might lead to a breach of the peace;

2. To develop friendly relations among nations based on respect for the principle of equal rights and self-determination of peoples, and to take other appropriate measures to strengthen universal peace;

3. To achieve international cooperation in solving international problems of an economic, social, cultural, or humanitarian character, and in promoting and encouraging respect for human rights and for fundamental freedoms for all without distinction as to race, sex, language, or religion; and

4. To be a center for harmonizing the actions of nations in the attainment of these common ends.

Article 2

The Organization and its Members, in pursuit of the Purposes stated in Article 1, shall act in accordance with the following Principles.

1. The Organization is based on the principle of the sovereign equality of all its Members.

2. All Members, in order to ensure to all of them the rights and benefits resulting from membership, shall fulfil in good faith the obligations assumed by them in accordance with the present Charter.

3. All Members shall settle their international disputes by peaceful means in such a manner that international peace and security, and justice, are not endangered.

4. All Members shall refrain in their international relations from the threat or use of force against the territorial integrity or political independence of any state, or in any other manner inconsistent with the Purposes of the United Nations.

5. All Members shall give the United Nations every assistance in any action it takes in accordance with the present Charter, and shall refrain from giving assistance to any state against which the United Nations is taking preventive or enforcement action.

6. The Organization shall ensure that states which are not Members of the United Nations act in accordance with these Principles so far as may be necessary for the maintenance of international peace and security.

7. Nothing contained in the present Charter shall authorize the United Nations to intervene in matters which are essentially within the domestic jurisdiction of any state or shall require the Members to submit such matters to settlement under the present Charter; but this principle shall not prejudice the application of enforcement measures under Chapter VII.

Chapitre II

MEMBRES

Article 3

Sont Membres originaires des Nations Unies les Etats qui, ayant participé à la Conférence des Nations Unies pour l'Organisation Internationale
à San Francisco ou ayant antérieurement signé la Déclaration des Nations
Unies, en date du 1er janvier 1942, signent la présente Charte et la ratifient
conformément à l'article 110.

Article 4

1. Peuvent devenir Membres des Nations Unies tous autres Etats pacifiques qui acceptent les obligations de la présente Charte et, au jugement
de l'Organisation, sont capables de les remplir et disposés à le faire.

2. L'admission comme Membre des Nations Unies de tout Etat rem-
plissant ces conditions se fait par décision de l'Assemblée Générale sur
recommandation du Conseil de Sécurité.

Article 5

Un Membre de l'Organisation contre lequel une action préventive ou
coercitive a été entreprise par le Conseil de Sécurité, peut être suspendu
par l'Assemblée Générale, sur recommandation du Conseil de Sécurité,
de l'exercice des droits et privilèges inhérents à la qualité de Membre.
L'exercice de ces droits et privilèges peut être rétabli par le Conseil de
Sécurité.

Article 6

Si un Membre de l'Organisation enfreint de manière persistante les
Principes énoncés dans la présente Charte, il peut être exclu de l'Organisation par l'Assemblée Générale sur recommandation du Conseil de Sécurité.

Chapitre III

ORGANES

Article 7

1. Il est créé comme organes principaux de l'Organisation des Nations
Unies: une Assemblée Générale, un Conseil de Sécurité, un Conseil Economique et Social, un Conseil de Tutelle, une Cour Internationale de
Justice et un Secrétariat.
2. Les organes subsidiaires qui se révèleraient nécessaires pourront être
créés conformément à la présente Charte.

Chapter II

MEMBERSHIP

Article 3
The original Members of the United Nations shall be the states which, having participated in the United Nations Conference on International Organization at San Francisco, or having previously signed the Declaration by United Nations of January 1, 1942, sign the present Charter and ratify it in accordance with Article 110.

Article 4
1. Membership in the United Nations is open to all other peace-loving states which accept the obligations contained in the present Charter and, in the judgment of the Organization, are able and willing to carry out these obligations.

2. The admission of any such state to membership in the United Nations will be effected by a decision of the General Assembly upon the recommendation of the Security Council.

Article 5
A Member of the United Nations against which preventive or enforcement action has been taken by the Security Council may be suspended from the exercise of the rights and privileges of membership by the General Assembly upon the recommendation of the Security Council. The exercise of these rights and privileges may be restored by the Security Council.

Article 6
A Member of the United Nations which has persistently violated the Principles contained in the present Charter may be expelled from the Organization by the General Assembly upon the recommendation of the Security Council.

Chapter III

ORGANS

Article 7
1. There are established as the principal organs of the United Nations: a General Assembly, a Security Council, an Economic and Social Council, a Trusteeship Council, an International Court of Justice, and a Secretariat.

2. Such subsidiary organs as may be found necessary may be established in accordance with the present Charter.

Article 8

Aucune restriction ne sera imposée par l'Organisation à l'accès des hommes et des femmes, dans des conditions égales, à toutes les fonctions, dans ses organes principaux et subsidiaires.

Chapitre IV

ASSEMBLÉE GÉNÉRALE

Composition

Article 9

1. L'Assemblée Générale se compose de tous les Membres des Nations Unies.

2. Chaque Membre a cinq représentants au plus à l'Assemblée Générale.

Fonctions et Pouvoirs

Article 10

L'Assemblée Générale peut discuter toutes questions ou affaires rentrant dans le cadre de la présente Charte ou se rapportant aux pouvoirs et fonctions de l'un quelconque des organes prévus dans la présente Charte, et, sous réserve des dispositions de l'article 12, formuler sur ces questions ou affaires des recommandations aux Membres de l'Organisation des Nations Unies, au Conseil de Sécurité, ou aux Membres de l'Organisation et au Conseil de Sécurité.

Article 11

1. L'Assemblée Générale peut étudier les principes généraux de coopération pour le maintien de la paix et de la sécurité internationales, y compris les principes régissant le désarmement et la réglementation des armements, et faire, sur ces principes, des recommandations soit aux Membres de l'Organisation, soit au Conseil de Sécurité, soit aux Membres de l'Organisation et au Conseil de Sécurité.

2. L'Assemblée Générale peut discuter toutes questions se rattachant au maintien de la paix et de la sécurité internationales, dont elle aura été saisie par l'une quelconque des Nations Unies, ou par le Conseil de Sécurité, ou par un Etat qui n'est pas Membre de l'Organisation, conformément aux dispositions de l'article 35, paragraphe 2, et, sous réserve de l'article 12, faire sur toutes questions de ce genre des recommandations soit à l'Etat ou aux Etats intéressés, soit au Conseil de Sécurité, soit aux Etats et au Conseil de Sécurité. Toute question de ce genre qui appelle une action est renvoyée au Conseil de Sécurité par l'Assemblée Générale, avant ou après discussion.

3. L'Assemblée Générale peut attirer l'attention du Conseil de Sécurité sur les situations qui semblent devoir mettre en danger la paix et la sécurité internationales.

Article 8

The United Nations shall place no restrictions on the eligibility of men and women to participate in any capacity and under conditions of equality in its principal and subsidiary organs.

Chapter IV

THE GENERAL ASSEMBLY

Composition

Article 9

1. The General Assembly shall consist of all the Members of the United Nations.

2. Each Member shall have not more than five representatives in the General Assembly.

Functions and Powers

Article 10

The General Assembly may discuss any questions or any matters within the scope of the present Charter or relating to the powers and functions of any organs provided for in the present Charter, and, except as provided in Article 12, may make recommendations to the Members of the United Nations or to the Security Council or to both on any such questions or matters.

Article 11

1. The General Assembly may consider the general principles of co-operation in the maintenance of international peace and security, including the principles governing disarmament and the regulation of armaments, and may make recommendations with regard to such principles to the Members or to the Security Council or to both.

2. The General Assembly may discuss any questions relating to the maintenance of international peace and security brought before it by any Member of the United Nations, or by the Security Council, or by a state which is not a Member of the United Nations in accordance with Article 35, paragraph 2, and, except as provided in Article 12, may make recommendations with regard to any such question to the state or states concerned or to the Security Council or to both. Any such question on which action is necessary shall be referred to the Security Council by the General Assembly either before or after discussion.

3. The General Assembly may call the attention of the Security Council to situations which are likely to endanger international peace and security.

4. Les pouvoirs de l'Assemblée Générale énumérés dans le présent article ne limitent pas la portée générale de l'article 10.

Article 12

1. Tant que le Conseil de Sécurité remplit, à l'égard d'un différend ou d'une situation quelconque, les fonctions qui lui sont attribuées par la présente Charte, l'Assemblée Générale ne doit faire aucune recommandation sur ce différend ou cette situation, à moins que le Conseil de Sécurité ne le lui demande.

2. Le Secrétaire Général, avec l'assentiment du Conseil de Sécurité, porte à la connaissance de l'Assemblée Générale, lors de chaque session, les affaires relatives au maintien de la paix et de la sécurité internationales dont s'occupe le Conseil de Sécurité; il avise de même l'Assemblée Générale ou, si l'Assemblée Générale ne siège pas, les Membres de l'Organisation, dès que le Conseil de Sécurité cesse de s'occuper desdites affaires.

Article 13

1. L'Assemblée Générale provoque des études et fait des recommandations en vue de:

    a. développer la coopération internationale dans le domaine politique et encourager le développement progressif du droit international et sa codification;

    b. développer la coopération internationale dans les domaines économique, social, de la culture intellectuelle et de l'éducation, de la santé publique, et faciliter pour tous, sans distinction de race, de sexe, de langue ou de religion, la jouissance des droits de l'homme et des libertés fondamentales.

2. Les autres responsabilités, fonctions et pouvoirs de l'Assemblée Générale, relativement aux questions mentionnées au paragraphe 1 b ci-dessus sont énoncés aux chapitres IX et X.

Article 14

Sous réserve des dispositions de l'article 12, l'Assemblée Générale peut recommander les mesures propres à assurer l'ajustement pacifique de toute situation, quelle qu'en soit l'origine, qui lui semble de nature à nuire au bien général ou à compromettre les relations amicales entre nations, y compris les situations résultant d'une infraction aux dispositions de la présente Charte où sont énoncés les Buts et les Principes des Nations Unies.

Article 15

1. L'Assemblée Générale reçoit et étudie les rapports annuels et les rapports spéciaux du Conseil de Sécurité; ces rapports comprennent un compte-rendu des mesures que le Conseil de Sécurité a décidées ou prises pour maintenir la paix et la sécurité internationales.

4. The powers of the General Assembly set forth in this Article shall not limit the general scope of Article 10.

Article 12
1. While the Security Council is exercising in respect of any dispute or situation the functions assigned to it in the present Charter, the General Assembly shall not make any recommendations with regard to that dispute or situation unless the Security Council so requests.

2. The Secretary-General, with the consent of the Security Council, shall notify the General Assembly at each sessesion of any matters relative to the maintenance of international peace and security which are being dealt with by the Security Council and shall similarly notify the General Assembly, or the Members of the United Nations if the General Assembly is not in session, immediately the Security Council ceases to deal with such matters.

Article 13
1. The General Assembly shall initiate studies and make recommendations for the purpose of:
   a. promoting international cooperation in the political field and encouraging the progressive development of international law and its codification;
   b. promoting international cooperation in the economic, social, cultural, educational, and health fields, and assisting in the realization of human rights and fundamental freedoms for all without distinction as to race, sex, language, or religion.

2. The further responsibilities, functions, and powers of the General Assembly with respect to matters mentioned in paragraph 1 (*b*) above are set forth in Chapters IX and X.

Article 14
Subject to the provisions of Article 12, the General Assembly may recommend measures for the peaceful adjustment of any situation, regardless of origin, which it deems likely to impair the general welfare or friendly relations among nations, including situations resulting from a violation of the provisions of the present Charter setting forth the Purposes and Principles of the United Nations.

Article 15
1. The General Assembly shall receive and consider annual and special reports from the Security Council; these reports shall include an account of the measures that the Security Council has decided upon or taken to maintain international peace and security.

2. L'Assemblée Générale reçoit et étudie les rapports des autres organes de l'Organisation.

Article 16

L'Assemblée Générale remplit, en ce qui concerne le régime international de Tutelle, les fonctions qui lui sont dévolues en vertu des chapitres XII et XIII; entre autres, elle approuve les accords de Tutelle relatifs aux zones non désignées comme zones stratégiques.

Article 17

1. L'Assemblée Générale examine et approuve le budget de l'Organisation.

2. Les dépenses de l'Organisation sont supportées par les Membres selon la répartition fixée par l'Assemblée Générale.

3. L'Assemblée Générale examine et approuve tous arrangements financiers et budgétaires passés avec les institutions spécialisées visées à l'article 57 et examine les budgets administratifs desdites institutions en vue de leur adresser des recommandations.

Vote

Article 18

1. Chaque membre de l'Assemblée Générale dispose d'une voix.

2. Les décisions de l'Assemblée Générale sur les questions importantes sont prises à la majorité des deux-tiers des membres présents et votant. Sont considérées comme questions importantes: les recommandations relatives au maintien de la paix et de la sécurité internationales, l'élection des membres non permanents du Conseil de Sécurité, l'élection des membres du Conseil Economique et Social, l'élection des membres du Conseil de Tutelle conformément au paragraphe 1 c de l'article 86, l'admission de nouveaux Membres dans l'Organisation, la suspension des droits et privilèges de Membres, l'exclusion de Membres, les questions relatives au fonctionnement du régime de Tutelle et les questions budgétaires.

3. Les décisions sur d'autres questions, y compris la détermination de nouvelles catégories de questions à trancher à la majorité des deux-tiers, sont prises à la majorité des membres présents et votant.

Article 19

Un Membre des Nations Unies en retard dans le paiement de sa contribution aux dépenses de l'Organisation ne peut participer au vote à l'Assemblée Générale si le montant de ses arriérés est égal ou supérieur à la contribution due par lui pour les deux années complètes écoulées. L'Assemblée Générale peut néanmoins autoriser ce Membre à participer au vote si elle constate que le manquement est dû à des circonstances indépendantes de sa volonté.

2. The General Assembly shall receive and consider reports from other organs of the United Nations.

Article 16
The General Assembly shall perform such functions with respect to the international trusteeship system as are assigned to it under Chapters XII and XIII, including the approval of the trusteeship agreements for areas not designated as strategic.

Article 17
1. The General Assembly shall consider and approve the budget of the Organization.

2. The expenses of the Organization shall be borne by the Members as apportioned by the General Assembly.

3. The General Assembly shall consider and approve any financial and budgetary arrangements with specialized agencies referred to in Article 57 and shall examine the administrative budgets of such specialized agencies with a view to making recommendations to the agencies concerned.

Voting
Article 18
1. Each member of the General Assembly shall have one vote.

2. Decisions of the General Assembly on important questions shall be made by a two-thirds majority of the members present and voting. These questions shall include: recommendations with respect to the maintenance of international peace and security, the election of the non-permanent members of the Security Council, the election of the members of the Economic and Social Council, the election of members of the Trusteeship Council in accordance with paragraph 1 (*c*) of Article 86, the admission of new Members to the United Nations, the suspension of the rights and privileges of membership, the expulsion of Members, questions relating to the operation of the trusteeship system, and budgetary questions.

3. Decisions on other questions, including the determination of additional categories of questions to be decided by a two-thirds majority, shall be made by a majority of the members present and voting.

Article 19
A Member of the United Nations which is in arrears in the payment of its financial contributions to the Organization shall have no vote in the General Assembly if the amount of its arrears equals or exceeds the amount of the contributions due from it for the preceding two full years. The General Assembly may, nevertheless, permit such a Member to vote if it is satisfied that the failure to pay is due to conditions beyond the control of the Member.

Procédure

Article 20

L'Assemblée Générale tient une session annuelle régulière et, lorsque les circonstances l'exigent, des sessions extraordinaires. Celles-ci sont convoquées par le Secrétaire Général sur la demande du Conseil de Sécurité ou de la majorité des Membres des Nations Unies.

Article 21

L'Assemblée Générale établit son règlement intérieur. Elle désigne son Président pour chaque session.

Article 22

L'Assemblée Générale peut créer les organes subsidiaires qu'elle juge nécessaires à l'exercice de ses fonctions.

Chapitre V

CONSEIL DE SÉCURITÉ

Composition

Article 23 [a]

1. Le Conseil de Sécurité se compose de quinze Membres de l'Organisation. La République de Chine, la France, l'Union des Républiques Socialistes Soviétiques, le Royaume-Uni de Grande-Bretagne et d'Irlande du Nord et les États-Unis d'Amérique sont membres permanents du Conseil de Sécurité. Dix autres Membres de l'Organisation sont élus, à titre de membres non permanents du Conseil de sécurité, par l'Assemblée générale qui tient spécialement compte, en premier lieu, de la contribution des Membres de l'Organisation au maintien de la paix et de la sécurité inter-

---

a. Texte tel qu'amendé par la résolution 1991 A (XVIII) adoptée par l'Assemblée générale le 17 décembre 1963. Amendement entré en vigueur le 31 août 1965. Texte original:

1. Le Conseil de Sécurité se compose de onze Membres de l'Organisation. La République de Chine, la France, l'Union des Républiques Soviétiques Socialistes, le Royaume-Uni de Grande Bretagne et d'Irlande du Nord et les Etats-Unis d'Amérique sont membres permanents du Conseil de Sécurité. Six autres Membres de l'Organisation sont élus, à titre de membres non permanents du Conseil de Sécurité, par l'Assemblée Générale qui tient spécialement compte, en premier lieu, de la contribution des Membres de l'Organisation au maintien de la paix et de la sécurité internationales et aux autres fins de l'Organisation, et aussi d'une répartition géographique équitable.

2. Les membres non permanents du Conseil de Sécurité sont élus pour une période de deux ans. Toutefois, lors de la première élection des membres non permanents, trois seront élus pour une période d'un an. Les membres sortants ne sont pas immédiatement rééligibles.

3. Chaque membre du Conseil de Sécurité a un représentant au Conseil.

Procedure

Article 20

The General Assembly shall meet in regular annual sessions and in such special sessions as occasion may require. Special sessions shall be convoked by the Secretary-General at the request of the Security Council or of a majority of the Members of the United Nations.

Article 21

The General Assembly shall adopt its own rules of procedure. It shall elect its President for each session.

Article 22

The General Assembly may establish such subsidiary organs as it deems necessary for the performance of its functions.

Chapter V

THE SECURITY COUNCIL

Composition

Article 23 [a]

1. The Security Council shall consist of fifteen Members of the United Nations. The Republic of China, France, the Union of Soviet Socialist Republics, the United Kingdom of Great Britain and Northern Ireland, and the United States of America shall be permanent members of the Security Council. The General Assembly shall elect ten other Members of the United Nations to be non-permanent members of the Security Council, due regard being specially paid, in the first instance to the contribution of Members of the United Nations to the maintenance of inter-

---

a. Text as amended by General Assembly Resolution 1991 A (XVIII) of 17 December 1963. Amendment entered into force on 31 August 1965. Original text:

1. The Security Council shall consist of eleven Members of the United Nations. The Republic of China, France, the Union of Soviet Socialist Republics, the United Kingdom of Great Britain and Northern Ireland, and the United States of America shall be permanent members of the Security Council. The General Assembly shall elect six other Members of the United Nations to be non-permanent members of the Security Council, due regard being specially paid, in the first instance to the contribution of Members of the United Nations to the maintenance of international peace and security and to the other purposes of the Organization, and also to equitable geographical distribution.

2. The non-permanent members of the Security Council shall be elected for a term of two years. In the first election of the non-permanent members, however, three shall be chosen for a term of one year. A retiring member shall not be eligible for immediate re-election.

3. Each member of the Security Council shall have one representative.

nationales et aux autres fins de l'Organisation, et aussi d'une répartition géographique équitable.

2. Les membres non permanents du Conseil de Sécurité sont élus pour une période de deux ans. Lors de la première élection des membres non permanents après que le nombre des membres du Conseil de Sécurité aura été porté de onze à quinze, deux des quatre membres supplémentaires seront élus pour une période d'un an. Les membres sortants ne sont pas immédiatement rééligibles.

3. Chaque membre du Conseil de Sécurité a un représentant au Conseil.

Fonctions et Pouvoirs

Article 24

1. Afin d'assurer l'action rapide et efficace de l'Organisation, ses Membres confèrent au Conseil de Sécurité la responsabilité principale du maintien de la paix et de la sécurité internationales et reconnaissent qu'en s'acquittant des devoirs que lui impose cette responsabilité, le Conseil de Sécurité agit en leur nom.

2. Dans l'accomplissement de ces devoirs, le Conseil de Sécurité agit conformément aux Buts et Principes des Nations Unies. Les pouvoirs spécifiques accordés au Conseil de Sécurité pour lui permettre d'accomplir lesdits devoirs sont définis aux chapitres VI, VII, VIII et XII.

3. Le Conseil de Sécurité soumet pour examen des rapports annuels et, le cas échéant, des rapports spéciaux à l'Assemblée Générale.

Article 25

Les Membres de l'Organisation conviennent d'accepter et d'appliquer les décisions du Conseil de Sécurité conformément à la présente Charte.

Article 26

Afin de favoriser l'établissement et le maintien de la paix et de la sécurité internationales en ne détournant vers les armements que le minimum des ressources humaines et économiques du monde, le Conseil de Sécurité est chargé, avec l'assistance du Comité d'Etat-Major prévu à l'article 47, d'élaborer des plans qui seront soumis aux Membres de l'Organisation en vue d'établir un système de réglementation des armements.

Vote

Article 27 [b]

1. Chaque membre du Conseil de Sécurité dispose d'une voix.

2. Les décisions du Conseil de Sécurité sur des questions de procédure

---

b. Texte tel qu'amendé par la résolution 1991 A (XVIII) adoptée par l'Assemblée générale le 17 décembre 1963. Amendement entré en vigueur le 31 août 1965. Texte original:

1. Chaque membre du Conseil de Sécurité dispose d'une voix.

2. Les décisions du Conseil de Sécurité sur des questions de procédure sont prises

national peace and security and to the other purposes of the Organization, and also to equitable geographical distribution.

2. The non-permanent members of the Security Council shall be elected for a term of two years. In the first election of the non-permanent members after the increase of the membership of the Security Council from eleven to fifteen, two of the four additional members shall be chosen for a term of one year. A retiring member shall not be eligible for immediate re-election.

3. Each member of the Security Council shall have one representative.

Functions and Powers
Article 24
1. In order to ensure prompt and effective action by the United Nations, its Members confer on the Security Council primary responsibility for the maintenance of international peace and security, and agree that in carrying out its duties under this responsibility the Security Council acts on their behalf.

2. In discharging these duties the Security Council shall act in accordance with the Purposes and Principles of the United Nations. The specific powers granted to the Security Council for the discharge of these duties are laid down in Chapters VI, VII, VIII, and XII.

3. The Security Council shall submit annual and, when necessary, special reports to the General Assembly for its consideration.

Article 25
The Members of the United Nations agree to accept and carry out the decisions of the Security Council in accordance with the present Charter.

Article 26
In order to promote the establishment and maintenance of international peace and security with the least diversion for armaments of the world's human and economic resources, the Security Council shall be responsible for formulating, with the assistance of the Military Staff Committee referred to in Article 47, plans to be submitted to the Members of the United Nations for the establishment of a system for the regulation of armaments.

Voting
Article 27 [b]
1. Each member of the Security Council shall have one vote.
2. Decisions of the Security Council on procedural matters shall be

---

b. Text as amended by General Assembly Resolution 1991 A (XVIII) of 17 December 1963. Amendment entered into force on 31 August 1965. Original text:

1. Each member of the Security Council shall have one vote.
2. Decisions of the Security Council on procedural matters shall be made by an

sont prises par un vote affirmatif de neuf membres.

3. Les décisions du Conseil de Sécurité sur toutes autres questions sont prises par un vote affirmatif de neuf de ses membres dans lequel sont comprises les voix de tous les membres permanents, étant entendu que, dans les décisions prises aux termes du Chapitre VI et du paragraphe 3 de l'Article 52, une partie à un différend s'abstient de voter.

Procédure
Article 28
1. Le Conseil de Sécurité est organisé de manière à pouvoir exercer ses fonctions en permanence. A cet effet, chaque membre du Conseil de Sécurité doit avoir en tout temps un représentant au siège de l'Organisation.

2. Le Conseil de Sècurité tient des réunions périodiques auxquelles chacun de ses membres peut, s'il le désire, se faire représenter par un membre de son gouvernement ou par quelqu'autre représentant spécialement désigné.

3. Le Conseil de Sécurité peut tenir des réunions à tous endroits autres que le siège de l'Organisation qu'il juge les plus propres à faciliter sa tâche.

Article 29
Le Conseil de Sécurité peut créer les organes subsidiaires qu'il juge nécessaires à l'exercice de ses fonctions.

Article 30
Le Conseil de Sécurité établit son règlement intérieur, dans lequel il fixe le mode de désignation de son Président.

Article 31
Tout Membre de l'Organisation qui n'est pas membre du Conseil de Sécurité, peut participer, sans droit de vote, à la discussion de toute question soumise au Conseil de Sécurité, chaque fois que celui-ci estime que les intérêts de ce Membre sont particulièrement affectés.

Article 32
Tout Membre des Nations Unies qui n'est pas membre du Conseil de Sécurité ou tout Etat qui n'est pas Membre des Nations Unies, s'il est partie à un différend examiné par le Conseil de Sécurité, est convié à participer, sans droit de vote, aux discussions relatives à ce différend. Le

---

par un vote affirmatif de sept membres.

3. Les décisions du Conseil de Sécurité sur toutes autres questions sont prises par un vote affirmatif de sept de ses membres dans lequel sont comprises les voix de tous les membres permanents, étant entendu que, dans les décisions prises aux termes du chapitre VI et du paragraphe 3 de l'article 52, une partie à un différend s'abstient de voter.

made by an affirmative vote of nine members.

3. Decisions of the Security Council on all other matters shall be made by an affirmative vote of nine members including the concurring votes of the permanent members; provided that, in decisions under Chapter VI, and under paragraph 3 of Article 52, a party to a dispute shall abstain from voting.

Procedure

Article 28

1. The Security Council shall be so organized as to be able to function continuously. Each member of the Security Council shall for this purpose be represented at all times at the seat of the Organization.

2. The Security Council shall hold periodic meetings at which each of its members may, if it so desires, be represented by a member of the government or by some other specially designated representative.

3. The Security Council may hold meetings at such places other than the seat of the Organization as in its judgment will best facilitate its work.

Article 29

The Security Council may establish such subsidiary organs as it deems necessary for the performance of its functions.

Article 30

The Security Council shall adopt its own rules of procedure, including the method of selecting its President.

Article 31

Any Member of the United Nations which is not a member of the Security Council may participate, without vote, in the discussion of any question brought before the Security Council whenever the latter considers that the interests of that Member are specially affected.

Article 32

Any Member of the United Nations which is not a member of the Security Council or any state which is not a Member of the United Nations, if it is a party to a dispute under consideration by the Security Council, shall be invited to participate, without vote, in the discussion relating to

---

affirmative vote of seven members.

3. Decisions of the Security Council on all other matters shall be made by an affirmative vote of seven members, including the concurring votes of the permanent members; provided that, in decisions under Chapter VI, and under paragraph 3 of Article 52, a party to a dispute shall abstain from voting.

Conseil de Sécurité détermine les conditions qu'il estime juste de mettre à la participation d'un Etat qui n'est pas Membre de l'Organisation.

Chapitre VI

RÈGLEMENT PACIFIQUE DES DIFFÉRENDS

Article 33

1. Les parties à tout différend dont la prolongation est susceptible de menacer le maintien de la paix et de la sécurité internationales, doivent en rechercher la solution, avant tout, par voie de négociation, d'enquête, de médiation, de conciliation, d'arbitrage, de règlement judiciaire, de recours aux organismes ou accords régionaux, ou par d'autres moyens pacifiques de leur choix.

2. Le Conseil de Sécurité, s'il le juge nécessaire, invite les parties à régler leur différend par de tels moyens.

Article 34

Le Conseil de Sécurité peut enquêter sur tout différend ou toute situation qui pourrait entraîner un désaccord entre nations ou engendrer un différend, afin de déterminer si la prolongation de ce différend ou de cette situation semble devoir menacer le maintien de la paix et de la sécurité internationales.

Article 35

1. Tout Membre de l'Organisation peut attirer l'attention du Conseil de Sécurité ou de l'Assemblée Générale sur un différend ou une situation de la nature visée dans l'article 34.

2. Un Etat qui n'est pas Membre de l'Organisation peut attirer l'attention du Conseil de Sécurité ou de l'Assemblée Générale sur tout différend auquel il est partie, pourvu qu'il accepte préalablement, aux fins de ce différend, les obligations de règlement pacifique prévues dans la présente Charte.

3. Les actes de l'Assemblée Générale relativement aux affaires portées à son attention en vertu du présent article sont soumis aux dispositions des articles 11 et 12.

Article 36

1. Le Conseil de Sécurité peut, à tout moment de l'évolution d'un différend de la nature mentionnée à l'article 33 ou d'une situation analogue, recommander les procédures ou méthodes d'ajustement appropriées.

2. Le Conseil de Sécurité devra prendre en considération toutes procédures déjà adoptées par les parties pour le règlement de ce différend.

3. En faisant les recommandations prévues au présent article, le Con-

the dispute. The Security Council shall lay down such conditions as it deems just for the participation of a state which is not a Member of the United Nations.

Chapter VI

PACIFIC SETTLEMENT OF DISPUTES

Article 33

1. The parties to any dispute, the continuance of which is likely to endanger the maintenance of international peace and security, shall, first of all, seek a solution by negotiation, enquiry, mediation, conciliation, arbitration, judicial settlement, resort to regional agencies or arrangements, or other peaceful means of their own choice.

2. The Security Council shall, when it deems necessary, call upon the parties to settle their dispute by such means.

Article 34

The Security Council may investigate any dispute, or any situation which might lead to international friction or give rise to a dispute, in order to determine whether the continuance of the dispute or situation is likely to endanger the maintenance of international peace and security.

Article 35

1. Any Member of the United Nations may bring any dispute, or any situation of the nature referred to in Article 34, to the attention of the Security Council or of the General Assembly.
2. A state which is not a Member of the United Nations may bring to the attention of the Security Council or of the General Assembly any dispute to which it is a party if it accepts in advance, for the purposes of the dispute, the obligations of pacific settlement provided in the present Charter.
3. The proceedings of the General Assembly in respect of matters brought to its attention under this Article will be subject to the provisions of Articles 11 and 12.

Article 36

1. The Security Council may, at any stage of a dispute of the nature referred to in Article 33 or of a situation of like nature, recommend appropriate procedures or methods of adjustment.
2. The Security Council should take into consideration any procedures for the settlement of the dispute which have already been adopted by the parties.
3. In making recommendations under this Article, the Security Council

seil de Sécurité doit aussi tenir compte du fait que, d'une manière générale, les différends d'ordre juridique devraient être soumis par les parties à la Cour Internationale de Justice conformément aux dispositions du Statut de la Cour.

Article 37

1. Si les parties à un différend de la nature mentionnée à l'article 33 ne réussissent pas à le régler par les moyens indiqués audit article, elles le soumettent au Conseil de Sécurité.

2. Si le Conseil de Sécurité estime que la prolongation du différend semble, en fait, menacer le maintien de la paix et de la sécurité internationales, il décide s'il doit agir en application de l'article 36 ou recommander tels termes de règlement qu'il juge appropriés.

Article 38

Sans préjudice des dispositions des articles 33 à 37, le Conseil de Sécurité peut, si toutes les parties à un différend le demandent, faire des recommandations à celles-ci en vue d'un règlement pacifique de ce différend.

Chapitre VII

ACTION EN CAS DE MENACE CONTRE LE PAIX, DE RUPTURE DE LA PAIX ET D'ACTE D'AGRESSION

Article 39

Le Conseil de Sécurité constate l'existence d'une menace contre la paix, d'une rupture de la paix ou d'un acte d'agression et fait des recommandations ou décide quelles mesures seront prises conformément aux articles 41 et 42 pour maintenir ou rétablir la paix et la sécurité internationales.

Article 40

Afin d'empêcher la situation de s'aggraver, le Conseil de Sécurité, avant de faire les recommandations ou de décider des mesures à prendre conformément à l'article 39, peut inviter les parties intéressées à se conformer aux mesures provisoires qu'il juge nécessaires ou souhaitables. Ces mesures provisoires ne préjugent en rien les droits, les prétentions ou la position des parties intéressées. En cas de non exécution de ces mesures provisoires, le Conseil de Sécurité tient dûment compte de cette défaillance.

Article 41

Le Conseil de Sécurité peut décider quelles mesures n'impliquant pas l'emploi de la force armée doivent être prises pour donner effet à ses décisions, et peut inviter les Membres des Nations Unies à appliquer ces mesures. Celles-ci peuvent comprendre l'interruption complète ou par-

should also take into consideration that legal disputes should as a general rule be referred by the parties to the International Court of Justice, in accordance with the provisions of the Statute of the Court.

Article 37
1. Should the parties to a dispute of the nature referred to in Article 33 fail to settle it by the means indicated in that Article, they shall refer it to the Security Council.

2. If the Security Council deems that the continuance of the dispute is in fact likely to endanger the maintenance of international peace and security, it shall decide whether to take action under Article 36 or to recommend such terms of settlement as it may consider appropriate.

Article 38
Without prejudice to the provisions of Articles 33 to 37, the Security Council may, if all the parties to any dispute so request, make recommendations to the parties with a view to a pacific settlement of the dispute.

Chapter VII

ACTION WITH RESPECT TO THREATS TO THE PEACE, BREACHES OF THE PEACE, AND ACTS OF AGGRESSION

Article 39
The Security Council shall determine the existence of any threat to the peace, breach of the peace, or act of aggression, and shall make recommendations, or decide what measures shall be taken in accordance with Articles 41 and 42, to maintain or restore international peace and security.

Article 40
In order to prevent an aggravation of the situation, the Security Council may, before making the recommendations or deciding upon the measures provided for in Article 39, call upon the parties concerned to comply with such provisional measures as it deems necessary or desirable. Such provisional measures shall be without prejudice to the rights, claims, or position of the parties concerned. The Security Council shall duly take account of failure to comply with such provisional measures.

Article 41
The Security Council may decide what measures not involving the use of armed force are to be employed to give effect to its decisions, and it may call upon the Members of the United Nations to apply such measures. These may include complete or partial interruption of economic relations

tielle des relations économiques et des communications ferroviaires, maritimes, aériennes, postales, télégraphiques, radio-électriques et des autres moyens de communication, ainsi que la rupture des relations diplomatiques.

Article 42

Si le Conseil de Sécurité estime que les mesures prévues à l'article 41 seraient inadéquates ou qu'elles se sont révélées telles, il peut entreprendre, au moyen de forces aériennes, navales ou terrestres, toute action qu'il juge nécessaire au maintien ou au rétablissement de la paix et de la sécurité internationales. Cette action peut comprendre des démonstrations, des mesures de blocus et d'autres opérations exécutées par des forces aériennes, navales ou terrestres de Membres des Nations Unies.

Article 43

1. Tous les Membres des Nations Unies, afin de contribuer au maintien de la paix et de la sécurité internationales, s'engagent à mettre à la disposition du Conseil de Sécurité, sur son invitation et conformément à un accord spécial ou à des accords spéciaux, les forces armées, l'assistance et les facilités, y compris le droit de passage, nécessaires au maintien de la paix et de la sécurité internationales.

2. L'accord ou les accords susvisés fixeront les effectifs et la nature de ces forces, leur degré de préparation et leur emplacement général, ainsi que la nature des facilités et de l'assistance à fournir.

3. L'accord ou les accords seront négociés aussitôt que possible, sur l'initiative du Conseil de Sécurité. Ils seront conclus entre le Conseil de Sécurité et des Membres de l'Organisation, ou entre le Conseil de Sécurité et des groupes de Membres de l'Organisation, et devront être ratifiés par les Etats signataires selon leurs règles constitutionnelles respectives.

Article 44

Lorsque le Conseil de Sécurité a décidé de recourir à la force, il doit, avant d'inviter un Membre non représenté au Conseil à fournir des forces armées en exécution des obligations contractées en vertu de l'article 43, convier ledit Membre, si celui-ci le désire, à participer aux décisions du Conseil de Sécurité touchant l'emploi de contingents des forces armées de ce Membre.

Article 45

Afin de permettre à l'Organisation de prendre d'urgence des mesures d'ordre militaire, des Membres des Nations Unies maintiendront des contingents nationaux de forces aériennes immédiatement utilisables en vue de l'exécution combinée d'une action coercitive internationale. Dans les limites prévues par l'accord spécial ou les accords spéciaux mentionnés à l'article 43, le Conseil de Sécurité, avec l'aide du Comité d'Etat-Major, fixe l'importance et le degré de préparation de ces contingents et établit des plans prévoyant leur action combinée.

and of rail, sea, air, postal, telegraphic, radio, and other means of communication, and the severance of diplomatic relations.

Article 42
Should the Security Council consider that measures provided for in Article 41 would be inadequate or have proved to be inadequate, it may take such action by air, sea, or land forces as may be necessary to maintain or restore international peace and security. Such action may include demonstrations, blockade, and other operations by air, sea, or land forces of Members of the United Nations.

Article 43
1. All Members of the United Nations, in order to contribute to the maintenance of international peace and security, undertake to make available to the Security Council, on its call and in accordance with a special agreement or agreements, armed forces, assistance, and facilities, including rights of passage, necessary for the purpose of maintaining international peace and security.
2. Such agreement or agreements shall govern the numbers and types of forces, their degree of readiness and general location, and the nature of the facilities and assistance to be provided.
3. The agreement or agreements shall be negotiated as soon as possible on the initiative of the Security Council. They shall be concluded between the Security Council and Members or between the Security Council and groups of Members, and shall be subject to ratification by the signatory states in accordance with their respective constitutional processes.

Article 44
When the Security Council has decided to use force it shall, before calling upon a Member not represented on it to provide armed forces in fulfilment of the obligations assumed under Article 43, invite that Member, if the Member so desires, to participate in the decisions of the Security Council concerning the employment of contingents of that Member's armed forces.

Article 45
In order to enable the United Nations to take urgent military measures, Members shall hold immediately available national air-force contingents for combined international enforcement action. The strength and degree of readiness of these contingents and plans for their combined action shall be determined, within the limits laid down in the special agreement or agreements referred to in Article 43, by the Security Council with the assistance of the Military Staff Committee.

Article 46

Les plans pour l'emploi de la force armée sont établis par le Conseil de Sécurité avec l'aide du Comité d'Etat-Major.

Article 47

1. Il est établi un Comité d'Etat-Major chargé de conseiller et d'assister le Conseil de Sécurité pour tout ce qui concerne les moyens d'ordre militaire nécessaires au Conseil pour maintenir la paix et la sécurité internationales, l'emploi et le commandement des forces mises à sa disposition, la règlementation des armements et le désarmement éventuel.

2. Le Comité d'Etat-Major se compose des chefs d'Etat-Major des membres permanents du Conseil de Sécurité ou de leurs représentants. Il convie tout Membre des Nations Unies qui n'est pas représenté au Comité d'une façon permanente à s'associer à lui, lorsque la participation de ce Membre à ses travaux lui est nécessaire pour la bonne exécution de sa tâche.

3. Le Comité d'Etat-Major est responsable, sous l'autorité du Conseil de Sécurité, de la direction stratégique de toutes forces armées mises à la disposition du Conseil. Les questions relatives au commandement de ces forces seront réglées ultérieurement.

4. Des sous-comités régionaux du Comité d'Etat-Major peuvent être établis par lui avec l'autorisation du Conseil de Sécurité et après consultation des organismes régionaux appropriés.

Article 48

1. Les mesures nécessaires à l'exécution des décisions du Conseil de Sécurité pour le maintien de la paix et de la sécurité internationales sont prises par tous les Membres des Nations Unies ou certains d'entre eux, selon l'appréciation du Conseil.

2. Ces décisions sont exécutées par les Membres des Nations Unies directement et grâce à leur action dans les organismes internationaux appropriés dont ils font partie.

Article 49

Les Membres des Nations Unies s'associent pour se prêter mutuellement assistance dans l'exécution des mesure arrêtées par le Coneil de Sécurité.

Article 50

Si un Etat est l'objet de mesures préventives ou coercitives prises par le Conseil de Sécurité, tout autre Etat, qu'il soit ou non Membre des Nations Unies, s'il se trouve en présence de difficultés économiques particulières dues à l'exécution desdites mesures, a le droit de consulter le Conseil de Sécurité au sujet de la solution de ces difficultés.

Article 46

Plans for the application of armed force shall be made by the Security Council with the assistance of the Military Staff Committee.

Art. 47

1. There shall be established a Military Staff Committee to advice and assist the Security Council on all questions relating to the Security Council's military requirements for the maintenance of international peace and security, the employment and command of forces placed at its disposal, the regulation of armaments, and possible disarmament.

2. The Military Staff Committee shall consist of the Chiefs of Staff of the permanent members of the Security Council or their representatives. Any Member of the United Nations not permanently represented on the Committee shall be invited by the Committee to be associated with it when the efficient discharge of the Committee's responsibilities requires the participation of that Member in its work.

3. The Military Staff Committee shall be responsible under the Security Council for the strategic direction of any armed forces placed at the disposal of the Security Council. Questions relating to the command of such forces shall be worked out subsequently.

4. The Military Staff Committee, with the authorization of the Security Council and after consultation with appropriate regional agencies, may establish regional subcommittees.

Article 48

1. The action required to carry out the decisions of the Security Council for the maintenance of international peace and security shall be taken by all the Members of the United Nations or by some of them, as the Security Council may determine.

2. Such decisions shall be carried out by the Members of the United Nations directly and through their action in the appropriate international agencies of which they are members.

Article 49

The Members of the United Nations shall join in affording mutual assistance in carrying out the measures decided upon by the Security Council.

Article 50

If preventive or enforcement measures against any state are taken by the Security Council, any other state, whether a Member of the United Nations or not, which finds itself confronted with special economic problems arising from the carrying out of those measures, shall have the right to consult the Security Council with regard to a solution of those problems.

Article 51

Aucune disposition de la présente Charte ne porte atteinte au droit naturel de légitime défense, individuelle ou collective, dans le cas où un Membre des Nations Unies est l'objet d'une agression armée, jusqu'à ce que le Conseil de Sécurité ait pris les mesures nécessaires pour maintenir la paix et la sécurité internationales. Les mesures prises par des Membres dans l'exercice de ce droit de légitime défense sont immédiatement portées à la connaissance du Conseil de Sécurité et n'affectent en rien le pouvoir et le devoir qu'a le Conseil, en vertu de la présente Charte, d'agir à tout moment de la manière qu'il juge nécessaire pour maintenir ou rétablir la paix et la sécurité internationales.

Chapitre VIII

ACCORDS RÉGIONAUX

Article 52

1. Aucune disposition de la présente Charte ne s'oppose à l'existence d'accords ou d'organismes régionaux destinés à régler les affaires qui, touchant au maintien de la paix et de la sécurité internationales, se prêtent à une action de caractère régional, pourvu que ces accords ou ces organismes et leur activité soient compatibles avec les Buts et les Principes des Nations Unies.

2. Les Membres des Nations Unies qui concluent ces accords ou constituent ces organismes doivent faire tous leurs efforts pour régler d'une manière pacifique, par le moyen desdits accords ou organismes, les différends d'ordre local, avant de les soumettre au Conseil de Sécurité.

3. Le Conseil de Sécurité encourage le développement du règlement pacifique des différends d'ordre local par le moyen de ces accords ou de ces organismes régionaux, soit sur l'initiative des Etats intéressés, soit sur renvoi du Conseil de Sécurité.

4. Le présent article n'affecte en rien l'application des articles 34 et 35.

Article 53

1. Le Conseil de Sécurité utilise, s'il y a lieu, les accords ou organismes régionaux pour l'application des mesures coercitives prises sous son autorité. Toutefois, aucune action coercitive ne sera entreprise en vertu d'accords régionaux ou par des organismes régionaux sans l'autorisation du Conseil de Sécurité; sont exceptées les mesures contre tout Etat ennemi au sens de la définition donnée au paragraphe 2 du présent article, prévues en application de l'article 107 ou dans les accords régionaux dirigés contre la reprise, par un tel Etat, d'une politique d'agression, jusqu'au moment où l'Organisation pourra, à la demande des gouvernements intéressés, être chargée de la tâche de prévenir toute nouvelle agression de la part d'un tel Etat.

2. Le terme "Etat ennemi", employé au paragraphe 1 du présent ar-

Article 51

Nothing in the present Charter shall impair the inherent right of individual or collective self-defense if an armed attack occurs against a Member of the United Nations, until the Security Council has taken the measures necessary to maintain international peace and security. Measures taken by Members in the exercise of this right of self-defense shall be immediately reported to the Security Council and shall not in any way affect the authority and responsibility of the Security Council under the present Charter to take at any time such action as it deems necessary in order to maintain or restore international peace and security.

Chapter VIII

REGIONAL ARRANGEMENTS

Article 52

1. Nothing in the present Charter precludes the existence of regional arrangements or agencies for dealing with such matters relating to the maintenance of international peace and security as are appropriate for regional action, provided that such arrangements or agencies and their activities consistent with the Purposes and Principles of the United Nations.

2. The Members of the United Nations entering into such arrangements or constituting such agencies shall make every effort to achieve pacific settlement of local disputes through such regional arrangements or by such regional agencies before referring them to the Security Council.

3. The Security Council shall encourage the development of pacific settlement of local disputes through such regional arrangements or by such regional agencies either on the initiative of the states concerned or by reference from the Security Council.

4. This Article in no way impairs the application of Articles 34 and 35.

Article 53

1. The Security Council shall, where appropriate, utilize such regional arrangements or agencies for enforcement action under its authority. But no enforcement action shall be taken under regional arrangements or by regional agencies without the authorization of the Security Council, with the exception of measures against any enemy state, as defined in paragraph 2 of this Article, provided for pursuant to Article 107 or in regional arrangements directed against renewal of aggressive policy on the part of any such state, until such time as the Organization may, on request of the Governments concerned, be charged with the responsibility for preventing further aggression by such a state.

2. The term enemy state as used in paragraph 1 of this Article applies

ticle, s'applique à tout Etat qui, au cours de la seconde guerre mondiale, a été l'ennemi de l'un quelconque des signataires de la présente Charte.

Article 54

Le Conseil de Sécurité doit, en tout temps, être tenu pleinement au courant de toute action entreprise ou envisagée en vertu d'accords régionaux ou par des organismes régionaux, pour le maintien de la paix et de la sécurité internationales.

Chapitre IX

COOPÉRATION ÉCONOMIQUE ET SOCIALE INTERNATIONALE

Article 55

En vue de créer les conditions de stabilité et de bien-être nécessaires pour assurer entre les nations des relations pacifiques et amicales fondées sur le respect du principe de l'égalité des droits des peuples et de leur droit à disposer d'eux-mêmes, les Nations Unies favoriseront:

    a. le relèvement des niveaux de vie, le plein emploi et des conditions de progrès et de développement dans l'ordre économique et social;

    b. la solution des problèmes internationaux dans les domaines économique, social, de la santé publique et autres problèmes connexes; et la coopération internationale dans les domaines de la culture intellectuelle et de l'éducation;

    c. le respect universel et effectif des droits de l'homme et des libertés fondamentales pour tous, sans distinction de race, de sexe, de langue ou de religion.

Article 56

Les Membres s'engagent, en vue d'atteindre les buts énoncés à l'article 55, à agir, tant conjointement que séparément, en coopération avec l'Organisation.

Article 57

1. Les diverses institutions spécialisées créées par accords intergouvernementaux et pourvues, aux termes de leurs statuts, d'attributions internationales étendues dans les domaines économique, social, de la culture intellectuelle et de l'éducation, de la santé publique et autres domaines connexes, sont reliées à l'Organisation conformément aux dispositions de l'article 63.

2. Les institutions ainsi reliées à l'Organisation sont désignées ci-après par l'expression "Institutions spécialisées".

to any state which during the Second World War has been an enemy of any signatory of the present Charter.

Article 54

The Security Council shall at all times be kept fully informed of activities undertaken or in contemplation under regional arrangements or by regional agencies for the maintenance of international peace and security.

Chapter IX

INTERNATIONAL ECONOMIC AND SOCIAL COOPERATION

Article 55

With a view to the creation of conditions of stability and well-being which are necessary for peaceful and friendly relations among nations based on respect for the principle of equal rights and self-determination of peoples, the United Nations shall promote:

a. higher standards of living, full employment, and conditions of economic and social progress and development;

b. solutions of international economic, social, health, and related problems; and international cultural and educational cooperation; and

c. universal respect for, and observance of, human rights and fundamental freedoms for all without distinction as to race, sex, language, or religion.

Article 56

All Members pledge themselves to take joint and separate action in cooperation with the Organization for the achievement of the purposes set forth in Article 55.

Article 57

1. The various specialized agencies, established by intergovernmental agreement and having wide international responsibilities, as defined in their basic instruments, in economic, social, cultural, educational, health, and related fields, shall be brought into relationship with the United Nations in accordance with the provisions of Article 63.

2. Such agencies thus brought into relationship with the United Nations are hereinafter referred to as specialized agencies.

Article 58

L'Organisation fait des recommandations en vue de coordonner les programmes et activités des institutions spécialisées.

Article 59

L'Organisation provoque, lorsqu'il y a lieu, des négociations entre les Etats intéressés en vue de la création de toutes nouvelles institutions spécialisées nécessaires pour atteindre les buts énoncés à l'article 55.

Article 60

L'Assemblée Générale et, sous son autorité, le Conseil Economique et Social qui dispose à cet effet des pouvoirs qui lui sont attribués aux termes du Chapitre X, sont chargés de remplir les fonctions de l'Organisation énoncées au présent chapitre.

Chapitre X

CONSEIL ÉCONOMIQUE ET SOCIAL

Composition

Article 61[c]

1. Le Conseil économique et social se compose de cinquante-quatre Membres de l'Organisation des Nations Unies, élus par l'Assemblée générale.

2. Sous réserve des dispositions du paragraphe 3, dix-huit membres du Conseil économique et social sont élus chaque année pour une période de trois ans. Les membres sortants sont immédiatement rééligibles.

3. Lors de la première élection qui aura lieu après que le nombre des membres du Conseil économique et social aura été porté de vingt-sept à

---

c. Texte tel qu'amendé par la résolution 2847 (XXVI) de l'Assemblée Générale du 20 décembre 1971. Amendment entré en vigueur le 24 septembre 1973. Par la résolution 1991 B (XVIII) de l'Assemblée Générale du 17 décembre 1963, la composition du Conseil avait été établie au nombre de 27 états membres. Cet amendement était en vigueur dès le 31 août 1965. Texte original:

1. Le Conseil Economique et Social se compose de dix-huit Membres des Nations Unies, élus par l'Assemblée Générale.

2. Sous réserve des dispositions du paragraphe 3, six membres du Conseil Economique et Social sont élus chaque année pour une période de trois ans. Les membres sortants sont immédiatement rééligibles.

3. Dix-huit membres du Conseil Economique et Social sont désignés lors de la première élection. Le mandat de six de ces membres expirera au bout d'un an et celui de six autres membres, au bout de deux ans, selon les dispositions prises par l'Assemblée Générale.

4. Chaque membre du Conseil Economique et Social a un représentant au Conseil.

Article 58

The Organization shall make recommendations for the coordination of the policies and activities of the specialized agencies.

Article 59

The Organization shall, where appropriate, initiate negotiations among the states concerned for the creation of any new specialized agencies required for the accomplishment of the purposes set forth in Article 55.

Article 60

Responsibility for the discharge of the functions of the Organization set forth in this Chapter shall be vested in the General Assembly and, under the authority of the General Assembly, in the Economic and Social Council, which shall have for this purpose the powers set forth in Chapter X.

Chapter X

THE ECONOMIC AND SOCIAL COUNCIL

Composition

Article 61 [c]

1. The Economic and Social Council shall consist of fifty-four Members of the United Nations elected by the General Assembly.

2. Subject to the provisions of paragraph 3, eighteen members of the Economic and Social Council shall be elected each year for a term of three years. A retiring member shall be eligible for immediate re-election.

3. At the first election after the increase in the membership of the Economic and Social Council from twenty-seven to fifty-four members,

---

c. Text as amended by resolution 2847 (XXVI) adopted by the General Assembly on 20 December 1971. Amendment entered into force on 24 September 1973. By resolution 1991 B (XVIII) adopted by the General Assembly on 17 December 1963, the composition of the Council had been fixed at 27 member States. That amendment was in force from 31 August 1965. Original text:

1. The Economic and Social Council shall consist of eighteen Members of the United Nations elected by the General Assembly.

2. Subject to the provisions of paragraph 3, six members of the Economic and Social Council shall be elected each year for a term of three years. A retiring member shall be eligible for immediate re-election.

3. At the first election, eighteen members of the Economic and Social Council shall be chosen. The term of office of six members so chosen shall expire at the end of one year, and of six other members at the end of two years, in accordance with arrangements made by the General Assembly.

4. Each member of the Economic and Social Council shall have one representative.

cinquante-quatre, vingt-sept membres seront élus en plus de ceux qui auront été élus en remplacement des neuf membres dont le mandat viendra à expiration à la fin de l'année. Le mandat de neuf de ces vingt-sept membres suplémentaires expirera au bout d'un an et celui de neuf autres au bout de deux ans, selon les dispositions prises par l'Assemblée générale.

4. Chaque membre du Conseil économique et social a un représentant au Conseil.

Fonctions et Pouvoirs

Article 62

1. Le Conseil Economique et Social peut faire ou provoquer des études et des rapports sur des questions internationales dans les domaines économique, social, de la culture intellectuelle et de l'éducation, de la santé publique et autres domaines connexes et peut adresser de recommandations sur toutes ces questions à l'Assemblée Générale, aux Membres de l'Organisation et aux institutions spécialisées intéressées.

2. Il peut faire des recommandations en vue d'assurer le respect effectif des droits de l'homme et des libertés fondamentales pour tous.

3. Il peut, sur des questions de sa compétence, préparer des projets de convention pour les soumettre à l'Assemblée Générale.

4. Il peut convoquer, conformément aux règles fixées par l'Organisation, des conférences internationales sur des questions de sa compétence.

Article 63

1. Le Conseil Economique et Social peut conclure avec toute institution visée à l'article 57, des accords fixant les conditions dans lesquelles cette institution sera reliée à l'Organisation. Ces accords sont soumis à l'approbation de l'Assemblée Générale.

2. Il peut coordonner l'activité des institutions spécialisées en se concertant avec elles, en leur adressant des recommandations, ainsi qu'en adressant des recommandations à l'Assemblée Générale et aux Membres des Nations Unies.

Article 64

1. Le Conseil Economique et Social peut prendre toutes mesures utiles pour recevoir des rapports réguliers des institutions spécialisées. Il peut s'entendre avec les Membres de l'Organisation et avec les institutions spécialisées afin de recevoir des rapports sur les mesures prises en exécution de ses propres recommandations et des recommandations de l'Assemblée Générale sur des objets relevant de la compétence du Conseil.

2. Il peut communiquer à l'Assemblée Générale ses observations sur ces rapports.

in addition to the members elected in place of the nine members whose term of office expires at the end of that year, twenty-seven additional members shall be elected. Of these twenty-seven additional members, the term of office of nine members so elected shall expire at the end of one year, and of nine other members at the end of two years, in accordance with arrangements made by the General Assembly.

4. Each member of the Economic and Social Council shall have one representative.

Functions and Powers

Article 62

1. The Economic and Social Council may make or initiate studies and reports with respect to international economic, social, cultural, educational, health, and related matters and may make recommendations with respect to any such matters to the General Assembly, to the Members of the United Nations, and to the specialized agencies concerned.

2. It may make recommendations for the purpose of promoting respect for, and observance of, human rights and fundamental freedoms for all.

3. It may prepare draft conventions for submission to the General Assembly, with respect to matters falling within its competence.

4. It may call, in accordance with the rules prescribed by the United Nations, international conferences on matters falling within its competence.

Article 63

1. The Economic and Social Council may enter into agreements with any of the agencies referred to in Article 57, defining the terms on which the agency concerned shall be brought into relationship with the United Nations. Such agreements shall be subject to approval by the General Assembly.

2. It may coordinate the activities of the specialized agencies through consultation with and recommendations to such agencies and through recommendations to the General Assembly and to the Members of the United Nations.

Article 64

1. The Economic and Social Council may take appropriate steps to obtain regular reports from the specialized agencies. It may make arrangements with the Members of the United Nations and with the specialized agencies to obtain reports on the steps taken to give effect to its own recommendations and to recommendations on matters falling within its competence made by the General Assembly.

2. It may communicate its observation on these reports to the General Assembly.

Article 65

Le Conseil Economique et Social peut fournir des informations au Conseil de Sécurité et l'assister si celui-ci le demande.

Article 66

1. Le Conseil Economique et Social, dans l'exécution des recommandations de l'Assemblée Générale, s'acquitte de toutes les fonctions qui entrent dans sa compétence.

2. Il peut, avec l'approbation de l'Assemblée Générale, rendre les services qui lui seraient demandés par des Membres de l'Organisation ou par des institutions spécialisées.

3. Il s'acquitte des autres fonctions qui lui sont dévolues dans d'autres parties de la présente Charte ou qui peuvent lui être attribuées par l'Assemblée Générale.

Vote

Article 67

1. Chaque membre du Conseil Economique et Social dispose d'une voix.

2. Les décisions du Conseil Economique et Social sont prises à la majorité des membres présents et votant.

Procédure

Article 68

Le Conseil Economique et Social institue des commissions pour les questions économiques et sociales et le progrès des droits de l'homme ainsi que toutes autres commissions nécessaires à l'exercice de ses fonctions.

Article 69

Le Conseil Economique et Social, lorsqu'il examine une question qui intéresse particulièrement un Membre de l'Organisation, convie celui-ci à participer, sans droit de vote, à ses délibérations.

Article 70

Le Conseil Economique et Social peut prendre toutes dispositions pour que des représentants des institutions spécialisées participent, sans droit de vote, à ses délibérations et à celles des commissions instituées par lui, et pour que ses propres représentants participent aux délibérations des institutions spécialisées.

Article 71

Le Conseil Economique et Social peut prendre toutes dispositions utiles pour consulter les organisations non gouvernementales qui s'occupent de questions relevant de sa compétence. Ces dispositions peuvent s'appliquer à des organisations internationales et, s'il y a lieu, à des organisations na-

Article 65

The Economic and Social Council may furnish information to the Security Council and shall assist the Security Council upon its request.

Article 66

1. The Economic and Social Council shall perform such functions as fall within its competence in connection with the carrying out of the recommendations of the General Assembly.

2. It may, with the approval of the General Assembly, perform services at the request of Members of the United Nations and at the request of specialized agencies.

3. It shall perform such other functions as are specified elsewhere in the present Charter or as may be assigned to it by the General Assembly.

Voting

Article 67

1. Each member of the Economic and Social Council shall have one vote.

2. Decisions of the Economic and Social Council shall be made by a majority of the members present and voting.

Procedure

Article 68

The Economic and Social Council shall set up commissions in economic and social fields and for the promotion of human rights, and such other commissions as may be required for the performance of its functions.

Article 69

The Economic and Social Council shall invite any Member of the United Nations to participate, without vote, in its deliberations on any matter of particular concern to that Member.

Article 70

The Economic and Social Council may make arrangements for representatives of the specialized agencies to participate, without vote, in its deliberations and in those of the commissions established by it, and for its representatives to participate in the deliberations of the specialized agencies.

Article 71

The Economic and Social Council may make suitable arrangements for consultation with non-governmental organizations which are concerned with matters within its competence. Such arrangements may be made with international organizations and, where appropriate, with national or-

tionales après consultation du Membre intéressé de l'Organisation.

Article 72

1. Le Conseil Economique et Social adopte son règlement intérieur dans lequel il fixe le mode de désignation de son Président.

2. Il se réunit selon les besoins conformément à son règlement; celui-ci comportera des dispositions prévoyant la convocation du Conseil sur la demande de la majorité de ses membres.

Chapitre XI

DÉCLARATION RELATIVE AUX TERRITOIRES NON AUTONOMES

Article 73

Les Membres des Nations Unies qui ont ou qui assument le responsabilité d'administrer des territoires dont les populations ne s'administrent pas encore complètement elles-mêmes, reconnaissent le principe de la primauté des intérêts des habitants de ces territoires. Ils acceptent comme une mission sacrée l'obligation de favoriser dans toute la mesure du possible leur prospérité, dans le cadre du système de paix et de sécurité internationales établi par la présente Charte et, à cette fin:

a. d'assurer, en respectant la culture des populations en question, leur progrès politique, économique et social, ainsi que le développement de leur instruction, de les traiter avec équité et de les protéger contre les abus;

b. de développer leur capacité de s'administrer elles-mêmes, de tenir compte des aspirations politiques des populations et de les aider dans le développement progressif de leur libres institutions politiques, dans la mesure appropriée aux conditions particulières de chaque territoire et de ses populations et à leurs degrés variables de développement;

c. d'affermir la paix et la sécurité internationales;

d. de favoriser des mesures constructives de développement, d'encourager des travaux de recherche, de coopérer entre eux et, quand les circonstances s'y prêteront, avec les organismes internationaux spécialisés, en vue d'atteindre effectivement les buts sociaux, économiques et scientifiques énoncés au présent article;

e. de communiquer régulièrement au Secrétaire Général, à titre d'information, sous réserve des exigences de la sécurité et de considérations d'ordre constitutionnel, des renseignements statistiques et autres de nature technique relatifs aux conditions économiques, sociales et de l'instruction dans les territoires dont ils sont respectivement responsables, autres que ceux auxquels s'appliquent les chapitres XII et XIII.

ganizations after consultation with the Member of the United Nations concerned.

Article 72

1. The Economic and Social Council shall adopt its own rules of procedure, including the method of selecting its President.

2. The Economic and Social Council shall meet as required in accordance with its rules, which shall include provision for the convening of meetings on the request of a majority of its members.

Chapter XI

DECLARATION REGARDING NON-SELF-GOVERNING TERRITORIES

Article 73

Members of the United Nations which have or assume responsibilities for the administration of territories whose peoples have not yet attained a full measure of self-government recognize the principle that the interests of the inhabitants of these territories are paramount, and accept as a sacred trust the obligation to promote to the utmost, within the system of international peace and security established by the present Charter, the well-being of the inhabitants of these territories, and, to this end:

a. to ensure, with due respect for the culture of the peoples concerned, their political, economic, social, and educational advancement, their just treatment, and their protection against abuses;

b. to develop self-government, to take due account of the political aspirations of the peoples, and to assist them in the progressive development of their free political institutions, according to the particular circumstances of each territory and its peoples and their varying stages of advancement;

c. to further international peace and security;

d. to promote constructive measures of development, to encourage research, and to cooperate with one another and, when and where appropriate, with specialized international bodies with a view to the practical achievement of the social, economic, and scientific purposes set forth in this Article; and

e. to transmit regularly to the Secretary-General for information purposes, subject to such limitation as security and constitutional considerations may require, statistical and other information of a technical nature relating to economic, social, and educational conditions in the territories for which they are respectively responsible other than those territories to which Chapters XII and XIII apply.

Article 74

Les Membres de l'Organisation reconnaissent aussi que leur politique doit être fondée, autant dans les territoires auxquels s'applique le présent chapitre que dans leurs territoires métropolitains, sur le principe général du bon voisinage dans le domaine social, économique et commercial, compte tenu des intérêts et de la prospérité du reste du monde.

Chapitre XII

RÉGIME INTERNATIONAL DE TUTELLE

Article 75

L'Organisation des Nations Unies établira, sous son autorité, un régime international de Tutelle pour l'administration et la surveillance des territoires qui pourront être placés sous ce régime en vertu d'accords particuliers ultérieurs. Ces territoires sont désignés ci-après par l'expression "territoires sous Tutelle".

Article 76

Conformément aux Buts des Nations Unies, énoncés à l'article 1 de la présente Charte, les fins essentielles du régime de Tutelle sont les suivantes:

    a. affermir la paix et la sécurité internationales;

    b. favoriser le progrès politique, économique et social des populations des territoires sous Tutelle ainsi que le développement de leur instruction; favoriser également leur évolution progressive vers la capacité à s'administrer eux-mêmes ou l'indépendance, compte tenu des conditions particulières à chaque territoire et à ses populations, des aspirations librement exprimées des populations intéressées et des dispositions qui pourront être prévues dans chaque accord de Tutelle;

    c. encourager le respect des droits de l'homme et des libertés fondamentales pour tous, sans distinction de race, de sexe, de langue ou de religion, et développer le sentiment de l'interdépendance des peuples du monde;

    d. assurer l'égalité de traitement dans le domaine social, économique et commercial à tous les Membres de l'Organisation et à leurs ressortissants; assurer de même à ces derniers l'égalité de traitement dans l'administration de la justice, sans porter préjudice à la réalisation des fins énoncées ci-dessus, et sous réserve des dispositions de l'article 80.

Article 77

1. Le régime de Tutelle s'appliquera aux territoires entrant dans les catégories ci-dessous et qui viendraient à être placés sous ce régime en vertu d'accords de Tutelle:

Article 74

Members of the United Nations also agree that their policy in respect of the territories to which this Chapter applies, no less than in respect of their metropolitan areas, must be based on the general principle of good-neighborliness, due account being taken of the interests and well-being of the rest of the world, in social, economic, and commercial matters.

Chapter XII

INTERNATIONAL TRUSTEESHIP SYSTEM

Article 75

The United Nations shall establish under its authority an international trusteeship system for the administration and supervision of such territories as may be placed thereunder by subsequent individual agreements. These territories are hereinafter referred to as trust territories.

Article 76

The basic objectives of the trusteeship system, in accordance with the Purposes of the United Nations laid down in Article 1 of the present Charter, shall be:

a. to further international peace and security;

b. to promote the political, economic, social, and educational advancement of the inhabitants of the trust territories, and their progressive development towards self-government or independence as may be appropriate to the particular circumstances of each territory and its peoples and the freely expressed wishes of the peoples concerned, and as may be provided by the terms of each trusteeship agreement;

c. to encourage respect for human rights and for fundamental freedoms for all without distinction as to race, sex, language, or religion, and to encourage recognition of the interdependence of the peoples of the world, and

d. to ensure equal treatment in social, economic, and commercial matters for all Members of the United Nations and their nationals, and also equal treatment for the latter in the administration of justice, without prejudice to the attainment of the foregoing objectives and subject to the provisions of Article 80.

Article 77

1. The trusteeship system shall apply to such territories in the following categories as may be placed thereunder by means of trusteeship agreements:

a. territoires actuellement sous mandat;

b. territoires qui peuvent être détachés d'Etats ennemies par suite de la seconde guerre mondiale;

c. territoires volontairement placés sous ce régime par les Etats responsables de leur administration.

2. Un accords ultérieur déterminera quels territoires, entrant dans les catégories susmentionnées, seront placés sous le régime de Tutelle, et dans quelles conditions.

Article 78

Le régime de Tutelle ne s'appliquera pas aux pays devenus Membres des Nations Unies, les relations entre celles-ci devant être fondées sur le respect du principe de l'égalité souveraine.

Article 79

Les termes du régime de Tutelle, pour chacun des territoires à placer sous ce régime, de même que les modifications et amendements qui peuvent y être apportés, feront l'objet d'un accord entre les Etats directement intéressés, y compris la Puissance mandataire dans le cas de territoires sous mandat d'un Membre des Nations Unies, et seront approuvés conformément aux articles 83 et 85.

Article 80

1. A l'exception de ce qui peut être convenu dans les accords particuliers de Tutelle conclus conformément aux articles 77, 79 et 81 et plaçant chaque territoire sous le régime de Tutelle, et jusqu'à ce que ces accords aient été conclus, aucune disposition du présent chapitre ne sera interprétée comme modifiant directement ou indirectement en aucune manière, les droits quelconques d'aucun Etat ou d'aucun peuple ou les dispositions d'actes internationaux en vigueur auxquels des Membres de l'Organisation peuvent être parties.

2. Le paragraphe 1 du présent article ne doit pas être interprété comme motivant un retard ou un ajournement de la négociation et de la conclusion d'accords destinés à placer sous le régime de Tutelle des territoires sous mandat ou d'autres territoires ainsi qu'il est prévu à l'article 77.

Article 81

L'accord de Tutelle comprend dans chaque cas, les conditions dans lesquelles le territoire sous Tutelle sera administré et désigne l'autorité qui en assurera l'administration. Cette autorité, désignée ci-après par l'expression "autorité chargée de l'administration", peut être constituée par un ou plusieurs Etats ou par l'Organisation elle-même.

Article 82

Un accord de Tutelle peut désigner une ou plusieurs zones stratégiques pouvant comprendre tout ou partie du territoire sous Tutelle auquel l'ac-

a. territories now held under mandate;

b. territories which may be detached from enemy states as a result of the Second World War; and

c. territories voluntarily placed under the system by states responsible for their administration.

2. It will be a matter for subsequent agreement as to which territories in the foregoing categories will be brought under the trusteeship system and upon what terms.

Article 78

The trusteeship system shall not apply to territories which have become Members of the United Nations, relationship among which shall be based on respect for the principle of sovereign equality.

Article 79

The terms of trusteeship for each territory to be placed under the trusteeship system, including any alteration or amendment, shall be agreed upon by the states directly concerned, including the mandatory power in the case of territories held under mandate by a Member of the United Nations, and shall be approved as provided for in Articles 83 and 85.

Article 80

1. Except as may be agreed upon in individual trusteeship agreements, made under Articles 77, 79, and 81, placing each territory under the trusteeship system, and until such agreements have been concluded, nothing in this Chapter shall be construed in or of itself to alter in any manner the rights whatsoever of any states or any peoples or the terms of existing international instruments to which Members of the United Nations may respectively be parties.

2. Paragraph 1 of this Article shall not be interpreted as giving grounds for delay or postponement of the negotiation and conclusion of agreements for placing mandated and other territories under the trusteeship system as provided for in Article 77.

Article 81

The trusteeship agreement shall in each case include the terms under which the trust territory will be administered and designate the authority which will exercise the administration of the trust territory. Such authority, hereinafter called the administering authority, may be one or more states or the Organization itself.

Article 82

There may be designated, in any trusteeship agreement, a strategic area or areas which may include part or all of the trust territory to which the

cord s'applique, sans préjudice de tout accord spécial ou de tous accords spéciaux conclus en application de l'article 43.

Article 83

1. En ce qui concerne les zones stratégiques, toutes les fonctions dévolues à l'Organisation, y compris l'approbation des termes des accords de Tutelle ainsi que de la modification ou de l'amendement éventuels de ceux-ci, sont exercées par le Conseil de Sécurité.

2. Les fins essentielles énoncées à l'article 76 valent pour la population de chacune des zones stratégiques.

3. Le Conseil de Sécurité, eu égard aux dispositions des accords de Tutelle et sous réserve des exigences de la sécurité, aura recours à l'assistance du Conseil de Tutelle dans l'exercice des fonctions assumées par l'Organisation au titre du régime de Tutelle, en matière politique, économique et sociale, et en matière d'instruction, dans les zones stratégiques.

Article 84

L'autorité chargée de l'administration a le devoir de veiller à ce que le territoire sous Tutelle apporte sa contribution au maintien de la paix et de la sécurité internationales. A cette fin, elle peut utiliser des contingents de volontaires, les facilités et l'aide du territoire sous Tutelle pour remplir les obligations qu'elle a contractées à cet égard envers le Conseil de Sécurité ainsi que pour assurer la défense locale et le maintien de l'ordre à l'intérieur du territoire sous Tutelle.

Article 85

1. En ce qui concerne les accords de Tutelle relatifs à toutes les zones qui ne sont pas désignées comme zones stratégiques, les fonctions de l'Organisation, y compris l'approbation des termes des accords de Tutelle et de leur modification ou amendement, sont exercées par l'Assemblée Générale.

2. Le Conseil de Tutelle, agissant sous l'autorité de l'Assemblée Générale, assiste celle-ci dans l'accomplissement de ces tâches.

Chapitre XIII

CONSEIL DE TUTELLE

Composition

Article 86

1. Le Conseil de Tutelle se compose des Membres suivants des Nations Unies:

    a. les Membres chargés d'administrer des territoires sous Tutelle;

    b. ceux des Membres désignés nommément à l'article 23 qui n'administrent pas de territoires sous Tutelle;

agreement applies, without prejudice to any special agreement or agreements made under Article 43.

Article 83
1. All functions of the United Nations relating to strategic areas, including the approval of the terms of the trusteeship agreements and of their alteration or amendment, shall be exercised by the Security Council.

2. The basic objectives set forth in Article 76 shall be applicable to the people of each strategic area.

3. The Security Council shall, subject to the provisions of the trusteeship agreements and without prejudice to security considerations, avail itself of the assistance of the Trusteeship Council to perform those functions of the United Nations under the trusteeship system relating to political, economic, social, and educational matters in the strategic areas.

Article 84
It shall be the duty of the administering authority to ensure that the trust territory shall play its part in the maintenance of inernational peace and security. To this end the administering authority may make use of volunteer forces, facilities, and assistance from the trust territory in carrying out the obligations towards the Security Council undertaken in this regard by the administering authority, as well as for local defense and the maintenance of law and order within the trust territory.

Article 85
1. The functions of the United Nations with regard to trusteeship agreements for all areas not designated as strategic, including the approval of the terms of the trusteeship agreements and of their alteration or amendment, shall be exercised by the General Assembly.

2. The Trusteeship Council, operating under the authority of the General Assembly, shall assist the General Assembly in carrying out these functions.

Chapter XIII

THE TRUSTEESHIP COUNCIL

Composition
Article 86
1. The Trusteeship Council shall consist of the following Members of the United Nations:
    a. those Members administering trust territories;
    b. such of those Members mentioned by name in Article 23 as are not administering trust territories; and

c. autant d'autres Membres élus pour trois ans, par l'Assemblée Générale, qu'il sera nécessaire pour que le nombre total des membres du Conseil de Tutelle se partage également entre les Membres des Nations Unies qui administrent des territoires sous Tutelle et ceux qui n'en administrent pas.

2. Chaque membre du Conseil de Tutelle désigne une personne particulièrement qualifiée pour le représenter au Conseil.

Fonctions et Pouvoirs
Article 87
L'Assemblée Générale et, sous son autorité, le Conseil de Tutelle, dans l'exercice de leurs fonctions, peuvent:

a. examiner les rapports soumis par l'autorité chargée de l'administration;

b. recevoir des pétitions et les examiner en consultation avec ladite autorité;

c. faire procéder à des visites périodiques dans les territoires administrés par ladite autorité, à des dates convenues avec elle;

d. prendre ces dispositions et toutes autres conformément aux termes des accords de Tutelle.

Article 88
Le Conseil de Tutelle établit un questionnaire portant sur les progrès des habitants de chaque territoire sous Tutelle dans les domaines politique, économique et social et dans celui de l'instruction; l'autorité chargée de l'administration de chaque territoire sous Tutelle relevant de la compétence de l'Assemblée Générale adresse à celle-ci un rapport annuel fondé sur le questionnaire précité.

Vote
Article 89
1. Chaque membre du Conseil de Tutelle dispose d'une voix.

2. Les décisions du Conseil de Tutelle sont prises à la majorité des membres présents et votant.

Procédure
Article 90
1. Le Conseil de Tutelle adopte son règlement intérieur dans lequel il fixe le mode de désignation de son Président.

2. Il se réunit selon les besoins, conformément à son règlement; celui-ci comprend des dispositions prévoyant la convocation du Conseil à la demande de la majorité de ses membres.

Article 91
Le Conseil de Tutelle recourt, quand il y a lieu, à l'assistance du Conseil Economique et Social et à celle des institutions spécialisées, pour les ques-

c. as many other Members elected for three-year terms by the General Assembly as may be necessary to ensure that the total number of members of the Trusteeship Council is equally divided between those Members of the United Nations which administer trust territories and those which do not.

2. Each member of the Trusteeship Council shall designate one specially qualified person to represent it therein.

Functions and Powers

Article 87

The General Assembly and, under its authority, the Trusteeship Council, in carrying out their functions, may:

a. consider reports submitted by the administering authority;

b. accept petitions and examine them in consultation with the administering authority;

c. provide for periodic visits to the respective trust territories at times agreed upon with the administering authority; and

d. take these and other actions in conformity with the terms of the trusteeship agreements.

Article 88

The Trusteeship Council shall formulate a questionnaire on the political, economic, social, and educational advancement of the inhabitants of each trust territory, and the administering authority for each trust territory within the competence of the General Assembly shall make an annual report to the General Assembly upon the basis of such questionnaire.

Voting

Article 89

1. Each member of the Trusteeship Council shall have one vote.

2. Decisions of the Trusteeship Council shall be made by a majority of the members present and voting.

Procedure

Article 90

1. The Trusteeship Council shall adopt its own rules of procedure, including the method of selecting its President.

2. The Trusteeship Council shall meet as required in accordance with its rules, which shall include provision for the convening of meetings on the request of a majority of its members.

Article 91

The Trusteeship Council shall, when appropriate, avail itself of the assistance of the Economic and Social Council and of the specialized

tions qui relèvent de leurs compétences respectives.

Chapitre XIV

COUR INTERNATIONALE DE JUSTICE

Article 92

La Cour Internationale de Justice constitue l'organe judiciaire principal des Nations Unies. Elle fonctionne conformément à un Statut établi sur la base du Statut de la Cour Permanente de Justice Internationale et annexé à la présente Charte dont il fait partie intégrante.

Article 93

1. Tous les Membres des Nations Unies sont *ipso facto* parties au Statut de la Cour Internationale de Justice.

2. Les conditions dans lesquelles les Etats qui ne sont Membres de l'Organisation peuvent devenir parties au Statut de la Cour Internationale de Justice sont déterminées, dans chaque cas, par l'Assemblée Générale sur recommandation du Conseil de Sécurité.

Article 94

1. Chaque Membre des Nations Unies s'engage à se conformer à la décision de la Cour Internationale de Justice dans tout litige auquel il est partie.

2. Si une partie à un litige ne satisfait pas aux obligations qui lui incombent en vertu d'un arrêt rendu par la Cour, l'autre partie peut recourir au Conseil de Sécurité et celui-ci, s'il le juge nécessaire, peut faire des recommandations ou décider des mesures à prendre pour faire exécuter l'arrêt.

Article 95

Aucune disposition de la présente Charte n'empêche les Membres de l'Organisation de confier la solution de leurs différends à d'autres tribunaux en vertu d'accords déjà existants ou qui pourront être conclus à l'avenir.

Article 96

1. L'Assemblée Générale ou le Conseil de Sécurité peut demander à la Cour Internationale de Justice un avis consultatif sur toute question juridique.

2. Tous autres organes de l'Organisation et institutions spécialisées qui peuvent, à un moment quelconque, recevoir de l'Assemblée Générale une autorisation à cet effet, ont également le droit de demander à la Cour des avis consultatifs sur des questions juridiques qui se poseraient dans le cadre de leur activité.

agencies in regard to matters with which they are respectively concerned.

Chapter XIV

THE INTERNATIONAL COURT OF JUSTICE

Article 92
The International Court of Justice shall be the principal judicial organ of the United Nations. It shall function in accordance with the annexed Statute, which is based upon the Statute of the Permanent Court of International Justice and forms an integral part of the present Charter.

Article 93
1. All Members of the United Nations are *ipso facto* parties to the Statute of the International Court of Justice.
2. A state which is not a Member of the United Nations may become a party to the Statute of the International Court of Justice on conditions to be determined in each case by the General Assembly upon the recommendation of the Security Council.

Article 94
1. Each Member of the United Nations undertakes to comply with the decision of the International Court of Justice in any case to which it is a party.
2. If any party to a case fails to perform the obligations incumbent upon it under a judgment rendered by the Court, the other party may have recourse to the Security Council, which may, if it deems necessary, make recommendations or decide upon measures to be taken to give effect to the judgment.

Article 95
Nothing in the present Charter shall prevent Members of the United Nations from entrusting the solution of their differences to other tribunals by virtue of agreements already in existence or which may be concluded in the future.

Article 96
1. The General Assembly or the Security Council may request the International Court of Justice to give an advisory opinion on any legal question.
2. Other organs of the United Nations and specialized agencies, which may at any time be so authorized by the General Assembly, may also request advisory opinions of the Court on legal questions arising within the scope of their activities.

Chapitre XV

SECRÉTARIAT

Article 97

Le Secrétariat comprend un Secrétaire Général et le personnel que peut exiger l'Organisation. Le Secrétaire Général est nommé par l'Assemblee Générale sur recommandation du Conseil de Sécurité. Il est le plus haut fonctionnaire de l'Organisation.

Article 98

Le Secrétaire Général agit en cette qualité à toutes les réunions de l'Assemblée Générale, du Conseil de Sécurité, du Conseil Economique et Social et du Conseil de Tutelle. Il remplit toutes autres fonctions dont il est chargé par ces organes. Il présente à l'Assemblée Générale un rapport annuel sur l'activité de l'Organisation.

Article 99

Le Secrétaire Général peut attirer l'attention du Conseil de Sécurité sur toute affaire qui, à son avis, pourrait mettre en danger le maintien de la paix et de la sécurité internationales.

Article 100

1. Dans l'accomplissement de leurs devoirs, le Secrétaire Général et le personnel ne solliciteront ni n'accepteront d'instructions d'aucun gouvernement ni d'aucune autorité extérieure à l'Organisation. Ils s'abstiendront de tout acte incompatible avec leur situation de fonctionnaires internationaux et ne sont responsables qu'envers l'Organisation.

2. Chaque Membre de l'Organisation s'engage à respecter le caractère exclusivement international des fonctions du Secrétaire Général et du personnel et à ne pas chercher à les influencer dans l'exécution de leur tâche.

Article 101

1. Le personnel est nommé par le Secrétaire Général conformément aux règles fixées par l'Assemblée Générale.

2. Un personnel spécial est affecté d'une manière permanente au Conseil Economique et Social, au Conseil de Tutelle et, s'il y a lieu, à d'autres organes de l'Organisation. Ce personnel fait partie du Secrétariat.

3. La considération dominante dans le recrutement et la fixation des conditions d'emploi du personnel doit être la nécessité d'assurer à l'Organisation les services de personnes possédant les plus hautes qualités de travail, de compétence et d'intégrité. Sera dûment prise en considération l'importance d'un recrutement effectué sur une base géographique aussi large que possible.

Chapter XV

THE SECRETARIAT

Article 97

The Secretariat shall comprise a Secretary-General and such staff as the Organization may require. The Secretary-General shall be appointed by the General Assembly upon the recommendation of the Security Council. He shall be the chief administrative officer of the Organization.

Article 98

The Secretary-General shall act in that capacity in all meetings of the General Assembly, of the Security Council, of the Economic and Social Council, and of the Trusteeship Council, and shall perform such other functions as are entrusted to him by these organs. The Secretary-General shall make an annual report to the General Assembly on the work of the Organization.

Article 99

The Secretary-General may bring to the attention of the Security Council any matter which in his opinion may threaten the maintenance of international peace and security.

Article 100

1. In the performance of their duties the Secretary-General and the staff shall not seek or receive instructions from any government or from any other authority external to the Organization. They shall refrain from any action which might reflect on their position as international officials responsible only to the Organization.

2. Each Member of the United Nations undertakes to respect the exclusively international character of the responsibilities of the Secretary-General and the staff and not to seek to influence them in the discharge of their responsibilities.

Article 101

1. The staff shall be appointed by the Secretary-General under regulations established by the General Assembly.

2. Appropriate staffs shall be permanently assigned to the Economic and Social Council, the Trusteeship Council, and, as required, to other organs of the United Nations. These staffs shall form a part of the Secretariat.

3. The paramount consideration in the employment of the staff and in the determination of the conditions of service shall be the necessity of securing the highest standards of efficiency, competence, and integrity. Due regard shall be paid to the importance of recruiting the staff on as wide a geographical basis as possible.

Chapitre XVI

DISPOSITIONS DIVERSES

Article 102

1. Tout traité ou accord international conclu par un membre des Nations Unies après l'entrée en vigueur de la présente Charte sera, le plus tôt possible, enregistré au Secrétariat et publié par lui.

2. Aucune partie à un traité ou accord international qui n'aura pas été enregistré conformément aux dispositions du paragraphe 1 du présent article ne pourra invoquer ledit traité ou accord devant un organe de l'Organisation.

Article 103

En cas de conflit entre les obligations des Membres des Nations Unies en vertu de la présente Charte et leurs obligations en vertu de tout autre accord international, les premières prévaudront.

Article 104

L'Organisation jouit, sur le territoire de chacun de ses Membres, de la capacité juridique qui lui est nécessaire pour exercer ses fonctions et atteindre set buts.

Article 105

1. L'Organisation jouit, sur le territoire de chacun de ses Membres, des privilèges et immunités qui lui sont nécessaires pour atteindre ses buts.

2. Les représentants des Membres des Nations Unies et les fonctionnaires de l'Organisation jouissent également des privilèges et immunités qui leur sont nécessaires pour exercer en toute indépendance leurs fonctions en rapport avec l'Organisation.

3. L'Assemblée Générale peut faire des recommandations en vue de fixer les détails d'application des paragraphes 1 et 2 du présent article ou proposer aux Membres des Nations Unies des conventions à cet effet.

Chapitre XVII

DISPOSITIONS TRANSITOIRES DE SÉCURITÉ

Article 106

En attendant l'entrée en vigueur des accords spéciaux mentionnés à l'article 43, qui, de l'avis du Conseil de Sécurité, lui permettront de commencer à assumer les responsabilités lui incombant en application de

Chapter XVI

MISCELLANEOUS PROVISIONS

Article 102

1. Every treaty and every international agreement entered into by any Member of the United Nations after the present Charter comes into force shall as soon as possible be registered with the Secretariat and published by it.

2. No party to any such treaty or international agreement which has not been registered in accordance with the provisions of paragraph 1 of this Article may invoke that treaty or agreement before any organ of the United Nations.

Article 103

In the event of a conflict between the obligations of the Members of the United Nations under the present Charter and their obligations under any other international agreement, their obligations under the present Charter shall prevail.

Article 104

The Organization shall enjoy in the territory of each of its Members such legal capacity as may be necessary for the exercise of its functions and the fulfilment of its purposes.

Article 105

1. The Organization shall enjoy in the territory of each of its Members such privileges and immunities as are necessary for the fulfilment of its purposes.

2. Representatives of the Members of the United Nations and officials of the Organization shall similarly enjoy such privileges and immunities as are necessary for the independent exercise of their functions in connection with the Organization.

3. The General Assembly may make recommendations with a view to determining the details of the application of paragraphs 1 and 2 of this Article or may propose conventions to the Members of the United Nations for this purpose.

Chapter XVII

TRANSITIONAL SECURITY ARRANGEMENTS

Article 106

Pending the coming into force of such special agreements referred to in Article 43 as in the opinion of the Security Council enable it to begin the exercise of its responsibilities under Article 42, the parties to the Four-

l'article 42, les parties à la Déclaration des Quatre Nations signée à Moscou le 30 octobre 1943 et la France se concerteront entre elles et, s'il y a lieu, avec d'autres Membres de l'Organisation, conformément aux dispositions du paragraphe 5 de cette Déclaration, en vue d'entreprendre en commun, au nom des Nations Unies, toute action qui pourrait être nécessaire pour maintenir la paix et la sécurité internationales.

Article 107
Aucune disposition de la présente Charte n'affecte ou n'interdit vis-à-vis d'un Etat qui, au cours de la seconde guerre mondiale, a été l'ennemi de l'un quelconque des signataires de la présente Charte, une action entreprise ou autorisée, comme suite de cette guerre, par les gouvernements qui ont la responsabilité de cette action.

Chapitre XVIII

AMENDEMENTS

Article 108
Les amendements à la présente Charte entreront en vigueur pour tous les Membres des Nations Unies quand ils auront été adoptés à la majorité des deux-tiers des membres de l'Assemblée Générale et ratifiés, conformément à leurs règles constitutionnelles respectives, par les deux-tiers des Membres de l'Organisation, y compris tous les membres permanents du Conseil de Sécurité.

Article 109 [d]
1. Une Conférence Générale des Membres des Nations Unies, aux fins d'une revision de la présente Charte, pourra être réunie aux lieu et date qui seront fixés par un vote de l'Assemblée générale à la majorité des deux-tiers et par un vote de neuf quelconques des membres du Conseil de Sécurité. Chaque Membre de l'Organisation disposera d'une voix à la conférence.
2. Toute modification à la présente Charte recommandée par la con-

---

d. Texte du paragraphe 1 tel qu'amendé par la résolution 2101 (XX) adoptée par l'Assemblée générale le 20 décembre 1965. Amendement entré en vigueur le 12 juin 1968. Texte original:
1. Une Conférence Générale des Membres des Nations Unies, aux fins d'une révision de la présente Charte, pourra être réunie aux lieu et date qui seront fixés par un vote de l'Assemblée Générale à la majorité des deux-tiers et par un vote de sept quelconques des membres du Conseil de Sécurité. Chaque Membre de l'Organisation disposera d'une voix à la conférence.
Le paragraphe 3 a été maintenu sous sa forme originale bien qu'il porte "par un vote de sept quelconques des membres du Conseil de Sécurité", l'Assemblée et le Conseil de Sécurité ayant donnée suite à ce paragraphe à la dixième session ordinaire de l'Assemblée, en 1955.

Nation Declaration, signed at Moscow, October 30, 1943, and France, shall, in accordance with the provisions of paragraph 5 of that Declaration, consult with one another and as occasion requires with other Members of the United Nations with a view to such joint action on behalf of the Organization as may be necessary for the purpose of maintaining international peace and security.

Article 107

Nothing in the present Charter shall invalidate or preclude action, in relation to any state which during the Second World War has been an enemy of any signatory to the present Charter, taken or authorized as a result of that war by the Governments having responsibility for such action.

Chapter XVIII

AMENDMENTS

Article 108

Amendments to the present Charter shall come into force for all Members of the United Nations when they have been adopted by a vote of two thirds of the members of the General Assembly and ratified in accordance with their respective constitutional processes by two thirds of the Members of the United Nations, including all the permanent members of the Security Council.

Article 109 [d]

1. A General Conference of the Members of the United Nations for the purpose of reviewing the present Charter may be held at a date and place to be fixed by a two-thirds vote of the members of the General Assembly and by a vote of any nine members of the Security Council. Each Member of the United Nations shall have one vote in the conference.

2. Any alteration of the present Charter recommended by a two-thirds

---

d. Text of paragraph 1 as amended by General Assembly Resolution 2101 (XX) of 20 December 1965. Amendment entered into force on 12 June 1968. Original text:

1. A General Conference of the Members of the United Nations for the purpose of reviewing the present Charter may be held at a date and place to be fixed by a two-thirds vote of the members of the General Assembly and by a vote of any seven members of the Security Council. Each Member of the United Nations shall have one vote in the conference.

Paragraph 3 has been retained in its original form in its reference to a "vote of any seven members of the Security Council", the paragraph having been acted upon in 1955 by the General Assembly, at its tenth regular session, and by the Security Council.

férence à la majorité des deux-tiers prendra effet lorsqu'elle aura été ratifiée conformément à leurs règles constitutionnelles respectives, par les deux-tiers des Membres des Nations Unies, y compris tous les membres permanents du Conseil de Sécurité.

3. Si cette conférence n'a pas été réunie avant la dixième session annuelle de l'Assemblée Générale qui suivra l'entrée en vigueur de la présente Charte, une proposition en vue de la convoquer sera inscrite à l'ordre du jour de cette session, et la conférence sera réunie, s'il en est ainsi décidé par un vote de la majorité de l'Assemblée Générale et par un vote de sept quelconques des membres du Conseil de Sécurité.

Chapitre XIX

RATIFICATION ET SIGNATURE

Article 110

1. La présente Charte sera ratifiée par les Etats signataires conformément à leurs règles constitutionnelles respectives.

2. Les ratifications seront déposées auprès du Gouvernement des Etats-Unis d'Amérique, qui notifiera chaque dépôt à tous les Etats signataires ainsi qu'au Secrétaire Général de l'Organisation, lorsque celui-ci aura été nommé.

3. La présente Charte entrera en vigueur après le dépôt des ratifications par la République de Chine, la France, l'Union des Républiques Soviétiques Socialistes, le Royaume-Uni de Grande-Bretagne et d'Irlande du Nord, les Etats-Unis d'Amérique et par la majorité des autres Etats signataires. Un procès-verbal de dépôt des ratifications sera ensuite dressé par le Gouvernement des Etats-Unis d'Amérique qui en communiquera copie à tous les Etats signataires.

4. Les Etats signataires de la présente Charte qui la ratifieront après son entrée en vigueur deviendront Membres originaires des Nations Unies à la date du dépôt de leurs ratifications respectives.

Article 111

La présente Charte, dont les textes chinois, français, russe, anglais et espagnol feront également foi, sera déposée dans les archives du Gouvernement des Etats-Unis d'Amérique. Des copies dûment certifiées conformes en seront remises par lui aux Gouvernements des autres Etats signataires.

En foi de quoi, les représentants des Gouvernements des Nations Unies ont signé la présente Charte.

Fait à San Francisco, le vingt-six juin mil neuf cent quarante cinq.

vote of the conference shall take effect when ratified in accordance with their respective constitutional processes by two thirds of the Members of the United Nations including all the permanent members of the Security Council.

3. If such a conference has not been held before the tenth annual session of the General Assembly following the coming into force of the present Charter, the proposal to call such a conference shall be placed on the agenda of that session of the General Assembly, and the conference shall be held if so decided by a majority vote of the members of the General Assembly and by a vote of any seven members of the Security Council.

Chapter XIX

RATIFICATION AND SIGNATURE

Article 110

1. The present Charter shall be ratified by the signatory states in accordance with their respective constitutional processes.

2. The ratifications shall be deposited with the Government of the United States of America, which shall notify all the signatory states of each deposit as well as the Secretary-General of the Organization when he has been appointed.

3. The present Charter shall come into force upon the deposit of ratifications by the Republic of China, France, the Union of Soviet Socialist Republics, the United Kingdom of Great Britain and Northern Ireland, and the United States of America, and by a majority of the other signatory states. A protocol of the ratifications deposited shall thereupon be drawn up by the Government of the United States of America which shall communicate copies thereof to all the signatory states.

4. The states signatory to the present Charter which ratify it after it has come into force will become original Members of the United Nations on the date of the deposit of their respective ratifications.

Article 111

The present Charter, of which the Chinese, French, Russian, English, and Spanish texts are equally authentic, shall remain deposited in the archives of the United States of America. Duly certified copies thereof shall be transmitted by that Government to the Governments of the other signatory states.

In faith whereof the representatives of the Governments of the United Nations have signed the present Charter.

Done at the city of San Francisco the twenty-sixth day of June, one thousand nine hundred and forty-five.

THE STATUTE OF THE COURT

STATUT DE LA COUR INTERNATIONALE DE JUSTICE *

Article 1
La Cour Internationale de Justice instituée par la Charte des Nations Unies comme organe judiciaire principal de l'Organisation sera constituée et fonctionnera conformément aux dispositions du présent Statut.

Chapitre I

ORGANISATION DE LA COUR

Article 2
La Cour est un corps de magistrats indépendants, élus, sans égard à leur nationalité, parmi les personnes jouissant de la plus haute considération morale, et qui réunissent les conditions requises pour l'exercice, dans leurs pays respectifs, des plus hautes fonctions judiciaires, ou qui sont des jurisconsultes possédant une compétence notoire en matière de droit international.

Article 3
1. La Cour se compose de quinze membres. Elle ne pourra comprendre plus d'un ressortissant du même Etat.

2. A cet égard celui qui pourrait être considéré comme le ressortissant de plus d'un Etat, sera censé être ressortissant de celui où il exerce habituellement ses droits civils et politiques.

Article 4
1. Les membres de la Cour sont élus par l'Assemblée Générale et par le Conseil de Sécurité sur une liste de personnes présentées par les groupes nationaux de la Cour Permanente d'Arbitrage, conformément aux dispositions suivantes.

2. En ce qui concerne les Membres des Nations Unies qui ne sont pas représentés à la Cour Permanente d'Arbitrage, les candidats seront présentés par des groupes nationaux, désignés à cet effet par leurs gouvernements, dans les mêmes conditions que celles stipulées pour les membres de la Cour Permanente d'Arbitrage par l'article 44 de la Convention de La Haye de 1907 sur le règlement pacifique des conflits internationaux.

3. En l'absence d'accord spécial, l'Assemblée Générale, sur la recommandation du Conseil de Sécurité, règlera les conditions auxquelles peut participer à l'élection des membres de la Cour un Etat qui, tout en étant partie au présent Statut, n'est pas Membre des Nations Unies.

---

* Documents de la Conférence des Nations Unies sur l'Organisation internationale (San Francisco, 1945), vol. 15, p. 386.

STATUTE OF THE INTERNATIONAL COURT OF JUSTICE *

Article 1

The International Court of Justice established by the Charter of the United Nations as the principal judicial organ of the United Nations shall be constituted and shall function in accordance with the provisions of the present Statute.

Chapter I

ORGANIZATION OF THE COURT

Article 2

The Court shall be composed of a body of independent judges, elected regardless of their nationality from among persons of high moral character, who possess the qualifications required in their respective countries for appointment to the highest judicial offices, or are jurisconsults of recognized competence in international law.

Article 3

1. The Court shall consist of fifteen members, no two of whom may be nationals of the same state.

2. A person who for the purposes of membership in the Court could be regarded as a national of more than one state shall be deemed to be a national of the one in which he ordinarily exercises civil and political rights.

Article 4

1. The members of the Court shall be elected by the General Assembly and by the Security Council from a list of persons nominated by the national groups in the Permanent Court of Arbitration, in accordance with the following provisions.

2. In the case of Members of the United Nations not represented in the Permanent Court of Arbitration, candidates shall be nominated by national groups appointed for this purpose by their governments under the same conditions as those prescribed for members of the Permanent Court of Arbitration by Article 44 of the Convention of The Hague of 1907 for the pacific settlement of international disputes.

3. The conditions under which a state which is a party to the present Statute but is not a Member of the United Nations may participate in electing the members of the Court shall, in the absence of a special agreement, be laid down by the General Assembly upon recommendation of the Security Council.

* Documents of the United Nations Conference on International Organization (San Francisco, 1945), vol. 15, p. 355.

Article 5
1. Trois mois au moins avant la date de l'élection, le Secrétaire Général
des Nations Unies invite par écrit les membres de la Cour Permanente
d'Arbitrage appartenant aux Etats qui sont parties au présent Statut, ainsi
que les membres des groupes nationaux désignés conformément au paragraphe 2 de l'article 4, à procéder dans un délai déterminé, par groupes
nationaux, à la présentation de personnes en situation de remplir les fonctions de membre de la Cour.
2. Chaque groupe ne peut, en aucun cas, présenter plus de quatre personnes dont deux au plus de sa nationalité. En aucun cas, il ne peut être
présenté un nombre de candidats plus élevé que le double des sièges à
pourvoir.

Article 6
Avant de procéder à cette désignation, il est recommandé à chaque
groupe national de consulter la plus haute cour de justice, les facultés et
écoles de droit, les académies nationales et les sections nationales d'académies internationales, vouées à l'étude du droit.

Article 7
1. Le Sécretaire Général dresse, par ordre alphabétique, une liste de
toutes les personnes ainsi désignées; seules ces personnes sont éligibles,
sauf le cas prévu à l'article 12, paragraphe 2.
2. Le Secrétaire Général communique cette liste à l'Assemblée Générale et au Conseil de Sécurité.

Article 8 *
L'Assemblée Générale et le Conseil de Sécurité procèdent indépendam-
ment l'un de l'autre à l'élection des membres de la Cour.

---

* Le Règlement intérieur de l'Assemblée générale (A/520/Rev.12) dispose:
COUR INTERNATIONALE DE JUSTICE

Mode d'élection
Article 150
L'élection des membres de la Cour internationale de Justice a lieu conformément
au Statut de la Cour.

Article 151
Toute séance de l'Assemblée générale tenue, conformément au Statut de la Cour
internationale de Justice, pour procéder à l'élection de membres de la Cour se poursuit jusqu'a ce que la majorité absolue des voix soit allée, en un ou plusieurs tours
de scrutin, à autant de candidats qu'il est nécessaire pour que tous les sièges vacants
soient pourvus.

Le Règlement intérieur provisoire du Conseil de Sécurité (S/96/Rev.6) dispose:

Article 5

1. At least three months before the date of the election, the Secretary-General of the United Nations shall address a written request to the members of the Permanent Court of Arbitration belonging to the states which are parties to the present Statute, and to the members of the national groups appointed under Article 4, paragraph 2, inviting them to undertake, within a given time, by national groups, the nomination of persons in a position to accept the duties of a member of the Court.

2. No group may nominate more than four persons, not more than two of whom shall be of their own nationality. In no case may the number of candidates nominated by a group be more than double the number of seats to be filled.

Article 6

Before making these nominations, each national group is recommended to consult its highest court of justice, its legal faculties and schools of law, and its national academies and national sections of international academies devoted to the study of law.

Article 7

1. The Secretary-General shall prepare a list in alphabetical order of all the persons thus nominated. Save as provided in Article 12, paragraph 2, these shall be the only persons eligible.

2. The Secretary-General shall submit this list to the General Assembly and to the Security Council.

Article 8 *

The General Assembly and the Security Council shall proceed independently of one another to elect the members of the Court.

---

* The Rules of Procedure of the General Assembly (A/520/Rev.12) provide:
INTERNATIONAL COURT OF JUSTICE

Method of election
Rule 150
The election of the members of the International Court of Justice shall take place in accordance with the Statute of the Court.

Rule 151
Any meeting of the General Assembly held in pursuance of the Statute of the International Court of Justice for the purpose of electing members of the Court shall continue until as many candidates as are required for all the seats to be filled have obtained in one or more ballots an absolute majority of votes.

The Provisional Rules of Procedure of the Security Council (A/96/Rev.6) provide:

Article 9

Dans toute élection, les électeurs auront en vue que les personnes appelées à faire partie de la Cour, non seulement réunissent individuellement les conditions requises, mais assurent dans l'ensemble la représentation des grandes formes de civilisation et des principaux systèmes juridiques du monde.

Article 10

1. Sont élus ceux qui ont réuni la majorité absolue des voix dans l'Assemblée Générale et dans le Conseil de Sécurité.

2. Le vote au Conseil de Sécurité, soit pour l'élection des juges, soit pour la nomination des membres de la commission visée à l'article 12 ci-après, ne comportera aucune distinction entre membres permanents et membres non-permanents du Conseil de Sécurité.

3. Au cas où le double scrutin de l'Assemblée Générale et du Conseil de Sécurité se porterait sur plus d'un ressortissant du même Etat, le plus âgé est seul élu.

Article 11

Si, après la première séance d'élection, il reste encore des sièges à pourvoir, il est procédé, de la même manière, à une seconde et, s'il est nécessaire, à une troisième.

Article 12

1. Si, après la troisième séance d'élection, il reste encore des sièges à pourvoir, il peut être à tout moment formé sur la demande, soit de l'Assemblée Générale, soit du Conseil de Sécurité, une Commission médiatrice de six membres, nommés trois par l'Assemblée Générale, trois par le Conseil de Sécurité, en vue de choisir par un vote à la majorité absolue, pour chaque siège non pourvu, un nom à présenter à l'adoption séparée de l'Assemblée Générale et du Conseil de Sécurité.

2. La Commission médiatrice peut porter sur sa liste le nom de toute personne satisfaisant aux conditions requises et qui recueille l'unanimité de ses suffrages, lors même qu'il n'aurait pas figuré sur la liste de présen-

---

Article 40

La procédure de vote du Conseil de sécurité est conforme aux articles pertinents de la Charte et du Statut de la Cour internationale de Justice.

Article 60

Toute séance du Conseil de sécurité tenue conformément au Statut de la Cour internationale de Justice pour procéder à l'élection de membres de la Cour se poursuivra jusqu'à ce que la majorité absolue des voix soit allée, en un ou plusieurs tours de scrutin, à autant de candidats qu'il sera nécessaire pour que tous les sièges vacants soient pourvus.

Article 9

At every election, the electors shall bear in mind not only that the persons to be elected should individually possess the qualifications required, but also that in the body as a whole the representation of the main forms of civilization and of the principal legal systems of the world should be assured.

Article 10

1. Those candidates who obtain an absolute majority of votes in the General Assembly and in the Security Council shall be considered as elected.

2. Any vote of the Security Council, whether for the election of judges or for the appointment of members of the conference envisaged in Article 12, shall be taken without any distinction between permanent and non-permanent members of the Security Council.

3. In the event of more than one national of the same state obtaining an absolute majority of the votes both of the General Assembly and of the Security Council, the eldest of these only shall be considered as elected.

Article 11

If, after the first meeting held for the purpose of the election, one or more seats remain to be filled, a second and, if necessary, a third meeting shall take place.

Article 12

1. If, after the third meeting, one or more seats still remain unfilled, a joint conference consisting of six members, three appointed by the General Assembly and three by the Security Council, may be formed at any time at the request of either the General Assembly or the Security Council, for the purpose of choosing by the vote of an absolute majority one name for each seat still vacant, to submit to the General Assembly and the Security Council for their respective acceptance.

2. If the joint conference is unanimously agreed upon any person who fulfils the required conditions, he may be included in its list, even though he was not included in the list of nominations referred to in Article 7.

Rule 40

Voting in the Security Council shall be in accordance with the relevant Articles of the Charter and of the Statute of the International Court of Justice.

Rule 60

Any meeting of the Security Council held in pursuance of the Statute of the International Court of Justice for the purpose of the election of members of the Court shall continue until as many candidates as are required for all the seats to be filled have obtained in one or more ballots an absolute majority of votes.

tation visée à l'article 7.

3. Si la Commission médiatrice constate qu'elle ne peut réussir à assurer l'élection, les membres de la Cour déjà nommés pourvoient aux sièges vacants, dans un délai à fixer par le Conseil de Sécurité, en choisissant parmi les personnes qui ont obtenu des suffrages soit dans l'Assemblée Générale, soit dans le Conseil de Sécurité.

4. Si, parmi les juges, il y a partage égal des voix, la voix du juge le plus âgé l'emporte.

Article 13

1. Les membres de la Cour sont élus pour neuf ans et ils sont rééligibles; toutefois, en ce qui concerne les juges nommés à la première élection de la Cour, les fonctions de cinq juges prendront fin au bout de trois ans, et celles de cinq autres juges prendront fin au bout de six ans.

2. Les juges dont les fonctions prendront fin au terme des périodes initiales de trois et six ans mentionnées ci-dessus seront désignés par tirage au sort effectué par le Secrétaire Général, immédiatement après qu'il aura été procédé à la première élection.

3. Les membres de la Cour restent en fonction jusqu'à leur remplacement. Après ce remplacement, ils continuent de connaître des affaires dont ils sont déjà saisis.

4. En cas de démission d'un membre de la Cour, la démission sera adressée au Président de la Cour, pour être transmise au Secrétaire Général. Cette dernière notification emporte vacance de siège.

Article 14

Il est pourvu aux sièges devenus vacants selon la méthode suivi pour la première élection, sous réserve de la disposition ci-après: dans le mois qui suivra la vacance, le Secrétaire Général procèdera à l'invitation prescrite par l'article 5, et la date d'élection sera fixée par le Conseil de Sécurité.

Article 15

Le membre de la Cour élu en remplacement d'un membre dont le mandat n'est pas expiré achève le terme du mandat de son prédécesseur.

Article 16

1. Les membres de la Cour ne peuvent exercer aucune fonction politique ou administrative, ni se livrer à aucune autre occupation de caractère professionnel.

2. En cas de doute, la Cour décide.

Article 17

1. Les membres de la Cour ne peuvent exercer les fonctions d'agent, de conseil ou d'avocat dans aucune affaire.

3. If the joint conference is satisfied that it will not be successful in procuring an election, those members of the Court who have already been elected shall, within a period to be fixed by the Security Council, proceed to fill the vacant seats by selection from among those candidates who have obtained votes either in the General Assembly or in the Security Council.

4. In the event of an equality of votes among the judges, the eldest judge shall have a casting vote.

Article 13

1. The members of the Court shall be elected for nine years and may be re-elected; provided, however, that of the judges elected at the first election, the terms of five judges shall expire at the end of three years and the terms of five more judges shall expire at the end of six years.

2. The judges whose terms are to expire at the end of the above-mentioned initial periods of three and six years shall be chosen by lot to be drawn by the Secretary-General immediately after the first election has been completed.

3. The members of the Court shall continue to discharge their duties until their places have been filled. Though replaced, they shall finish any cases which they may have begun.

4. In the case of the resignation of a member of the Court, the resignation shall be addressed to the President of the Court for transmission to the Secretary-General. This last notification makes the place vacant.

Article 14

Vacancies shall be filled by the same method as that laid down for the first election, subject to the following provision: the Secretary-General shall, within one month of the occurrence of the vacancy, proceed to issue the invitations provided for in Article 5, and the date of the election shall be fixed by the Security Council.

Article 15

A member of the Court elected to replace a member whose term of office has not expired shall hold office for the remainder of his predecessor's term.

Article 16

1. No member of the Court may exercise any political or administrative function, or engage in any other occupation of a professional nature.

2. Any doubt on this point shall be settled by the decision of the Court.

Article 17

1. No member of the Court may act as agent, counsel, or advocate in any case.

2. Ils ne peuvent participer au règlement d'aucune affaire dans laquelle ils sont antérieurement intervenus comme agents, conseils ou avocats de l'une des parties, membres d'un tribunal national ou international, d'une commission d'enquête, ou à tout autre titre.

3. En cas de doute, la Cour décide.

Article 18

1. Les membres de la Cour ne peuvent être relevés de leurs fonctions que si, au jugement unanime des autres membres, ils ont cessé de répondre aux conditions requises.

2. Le Secrétaire Général en est officiellement informé par le Greffier.

3. Cette communication emporte vacance de siège.

Article 19

Les membres de la Cour jouissent, dans l'exercice de leurs fonctions, des privilèges et immunités diplomatiques.

Article 20

Tout membre de la Cour doit, avant d'entrer en fonction, en séance publique, prendre l'engagement solennel d'exercer ses attributions en pleine impartialité et en toute conscience.

Article 21

1. La Cour nomme, pour trois ans, son Président et son Vice-Président; ils sont rééligibles.

2. Elle nomme son Greffier et peut pourvoir à la nomination de tels autres fonctionnaires qui seraient nécessaires.

Article 22

1. Le siège de la Cour est fixé à La Haye. La Cour peut toutefois siéger et exercer ses fonctions ailleurs lorsqu'elle le juge désirable.

2. Le Président et le Greffier résident au siège de la Cour.

Article 23

1. La Cour reste toujours en fonction, excepté pendant les vacances judiciaires, dont les périodes et la durée sont fixées par la Cour.

2. Les membres de la Cour ont droit à des congés périodiques dont la date et la durée seront fixées par la Cour, en tenant compte de la distance qui sépare La Haye de leurs foyers.

3. Les membres de la Cour sont tenus, à moins de congé, d'empêchement pour cause de maladie ou autre motif grave dûment justifié auprès du Président, d'être à tout moment à la disposition de la Cour.

2. No member may participate in the decision of any case in which he has previously taken part as agent, counsel, or advocate for one of the parties, or as a member of a national or international court, or of a commission of enquiry, or in any other capacity.

3. Any doubt on this point shall be settled by the decision of the Court.

Article 18

1. No member of the Court can be dismissed unless, in the unanimous opinion of the other members, he has ceased to fulfil the required conditions.

2. Formal notification thereof shall be made to the Secretary-General by the Registrar.

3. This notification makes the place vacant.

Article 19

The members of the Court, when engaged on the business of the Court, shall enjoy diplomatic privileges and immunities.

Article 20

Every member of the Court shall, before taking up his duties, make a solemn declaration in open Court that he will exercise his powers impartially and conscientiously.

Article 21

1. The Court shall elect its President and Vice-President for three years: they may be re-elected.

2. The Court shall appoint its Registrar and may provide for the appointment of such other officers as may be necessary.

Article 22

1. The seat of the Court shall be established at The Hague. This, however, shall not prevent the Court from sitting and exercising its functions elsewhere whenever the Court considers it desirable.

2. The President and the Registrar shall reside at the seat of the Court.

Article 23

1. The Court shall remain permanently in session, except during the judicial vacations, the dates and duration of which shall be fixed by the Court.

2. Members of the Court are entitled to periodic leave, the dates and duration of which shall be fixed by the Court, having in mind the distance between The Hague and the home of each judge.

3. Members of the Court shall be bound, unless they are on leave or prevented from attending by illness or other serious reasons duly explained to the President, to hold themselves permanently at the disposal of the Court.

Article 24

1. Si, pour une raison spéciale, l'un des membres de la Cour estime devoir ne pas participer au jugement d'une affaire déterminée, il en fait part au Président.

2. Si le Président estime qu'un des membres de la Cour ne doit pas, pour une raison spéciale, siéger dans une affaire déterminée, il en avertit celui-ci.

3. Si, en pareils cas, le membre de la Cour et le Président sont en désaccord, la Cour décide.

Article 25

1. Sauf exception expressément prévue par le présent Statut, la Cour exerce ses attributions en séance plénière.

2. Sous la condition que le nombre des juges disponibles pour constituer la Cour ne soit pas réduit à moins de onze, le Règlement de la Cour pourra prévoir que, selon les circonstances et à tour de rôle, un ou plusieurs juges pourront être dispensés de siéger.

3. Le quorum de neuf est suffisant pour constituer la Cour.

Article 26

1. La Cour peut, à toute époque, constituer une ou plusieurs chambres composées de trois juges au moins selon ce qu'elle décidera, pour connaître de catégories déterminées d'affaires, par exemple d'affaires de travail et d'affaires concernant le transit et les communications.

2. La Cour peut, à tout époque, constituer une chambre pour connaître d'une affaire déterminée. Le nombre des juges de cette chambre sera fixé par la Cour avec l'assentiment des parties.

3. Les chambres prévues au présent article statueront, si les parties le demandent.

Article 27

Tout arrêt rendu par l'une des chambres prévues aux articles 26 et 29 sera considéré comme rendu par la Cour.

Article 28

Les chambres prévues aux articles 26 et 29 peuvent, avec le consentement des parties, siéger et exercer leurs fonctions ailleurs qu'à La Haye.

Article 29

En vue de la prompte expédition des affaires, la Cour compose annuellement une chambre de cinq juges, appelés à statuer en procédure sommaire lorsque les parties le demandent. Deux juges seront, en outre, désignés pour remplacer celui des juges qui se trouverait dans l'impossibilité de siéger.

Article 24

1. If, for some special reason, a member of the Court considers that he should not take part in the decision of a particular case, he shall so inform the President.

2. If the President considers that for some special reason one of the members of the Court should not sit in a particular case, he shall give him notice accordingly.

3. If in any such case the member of the Court and the President disagree, the matter shall be settled by the decision of the Court.

Article 25

1. The full Court shall sit except when it is expressly provided otherwise in the present Statute.

2. Subject to the condition that the number of judges available to constitute the Court is not thereby reduced below eleven, the Rules of the Court may provide for allowing one or more judges, according to circumstances and in rotation, to be dispensed from sitting.

3. A quorum of nine judges shall suffice to constitute the Court.

Article 26

1. The Court may from time to time form one or more chambers, composed of three or more judges as the Court may determine, for dealing with particular categories of cases; for example, labour cases and cases relating to transit and communications.

2. The Court may at any time form a chamber for dealing with a particular case. The number of judges to constitute such a chamber shall be determined by the Court with the approval of the parties.

3. Cases shall be heard and determined by the chambers provided for in this Article if the parties so request.

Article 27

A judgment given by any of the chambers provided for in Articles 26 and 29 shall be considered as rendered by the Court.

Article 28

The chambers provided for in Articles 26 and 29 may, with the consent of the parties, sit and exercise their functions elsewhere than at The Hague.

Article 29

With a view to the speedy despatch of business, the Court shall form annually a chamber composed of five judges which, at the request of the parties, may hear and determine cases by summary procedure. In addition, two judges shall be selected for the purpose of replacing judges who find it impossible to sit.

Article 30

1. La Cour détermine par un règlement le mode suivant lequel elle exerce ses attributions. Elle règle notamment sa procédure.

2. Le Règlement de la Cour peut prévoir des assesseurs siégeant à la Cour ou dans ses chambres, sans droit de vote.

Article 31

1. Les juges de la nationalité de chacune des parties conservent le droit de siéger dans l'affaire dont la Cour est saisie.

2. Si la Cour compte sur le siège un juge de la nationalité d'une des parties, toute autre partie peut désigner une personne de son choix pour siéger en qualité de juge. Celle-ci devra être prise de préférence parmi les personnes qui ont été l'objet d'une présentation en conformité des articles 4 et 5.

3. Si la Cour ne compte sur le siège aucun juge de la nationalité des parties, chacune de ces parties peut procéder à la désignation d'une juge de la même manière qu'au paragraphe précédent.

4. Le présent article s'applique dans le cas des articles 26 et 29. En pareils cas, le Président priera un, ou, s'il y a lieu, deux des membres de la Cour composant la chambre, de céder leur place aux membres de la Cour de la nationalité des parties intéressées et, à défaut ou en cas d'empêchement, aux juges spécialement désignés par les parties.

5. Lorsque plusieurs parties font cause commune, elles ne comptent, pour l'application des dispositions qui précèdent, que pour une seule. En cas de doute, la Cour décide.

6. Les juges désignés, comme il est dit aux paragraphes 2, 3 et 4 du présent article, doivent satisfaire aux prescriptions des articles 2, 17, paragraphe 2, 20 et 24 du présent Statut. Ils participent à la décision dans des conditions de complète égalité avec leurs collègues.

Article 32

1. Les membres de la Cour reçoivent un traitement annuel.

2. Le Président reçoit une allocation annuelle spéciale.

3. Le Vice-Président reçoit une allocation spéciale pour chaque jour où il remplit les fonctions de Président.

4. Les juges désignés par application de l'article 31, autres que les membres de la Cour, reçoivent une indemnité pour chaque jour où ils exercent leurs fonctions.

5. Ces traitements, allocations et indemnités sont fixés par l'Assemblée Générale. Ils ne peuvent être diminués pendant la durée des fonctions.

6. Le traitement du Greffier est fixé par l'Assemblée Générale sur la proposition de la Cour.

7. Un règlement adopté par l'Assemblée Générale fixe les conditions dans lesquelles des pensions sont allouées aux membres de la Cour et au Greffier, ainsi que les conditions dans lesquelles les membres de la Cour

Article 30

1. The Court shall frame rules for carrying out its functions. In particular, it shall lay down rules of procedure.

2. The Rules of the Court may provide for assessors to sit with the Court or with any of its chambers, without the right to vote.

Article 31

1. Judges of the nationality of each of the parties shall retain their right to sit in the case before the Court.

2. If the Court includes upon the Bench a judge of the nationality of one of the parties, any other party may choose a person to sit as judge. Such person shall be chosen preferably from among those persons who have been nominated as candidates as provided in Articles 4 and 5.

3. If the Court includes upon the Bench no judge of the nationality of the parties, each of these parties may proceed to choose a judge as provided in paragraph 2 of this Article.

4. The provisions of this Article shall apply to the case of Articles 26 and 29. In such cases, the President shall request one or, if necessary, two of the members of the Court forming the chamber to give place to the members of the Court of the nationality of the parties concerned, and, failing such, or if they are unable to be present, to the judges specially chosen by the parties.

5. Should there be several parties in the same interest, they shall, for the purpose of the preceding provisions, be reckoned as one party only. Any doubt upon this point shall be settled by the decision of the Court.

6. Judges chosen as laid down in paragraphs 2, 3, and 4 of this Article shall fulfil the conditions required by Articles 2, 17 (paragraph 2), 20, and 24 of the present Statute. They shall take part in the decision on terms of complete equality with their colleagues.

Article 32

1. Each member of the Court shall receive an annual salary.

2. The President shall receive a special annual allowance.

3. The Vice-President shall receive a special allowance for every day on which he acts as President.

4. The judges chosen under Article 31, other than members of the Court, shall receive compensation for each day on which they exercise their functions.

5. These salaries, allowances, and compensation shall be fixed by the General Assembly. They may not be decreased during the term of office.

6. The salary of the Registrar shall be fixed by the General Assembly on the proposal of the Court.

7. Regulations made by the General Assembly shall fix the conditions under which retirement pensions may be given to members of the Court and to the Registrar, and the conditions under which members of the

et le Greffier reçoivent le remboursement de leurs frais de voyage.

8. Les traitements, allocations et indemnités sont exempts de tout impôt.

Article 33

Les frais de la Cour sont supportés par les Nations Unies de la manière que l'Assemblée Générale décide.

Chapitre II

COMPÉTENCE DE LA COUR

Article 34

1. Seuls les Etats ont qualité pour se présenter devant la Cour.

2. La Cour, dans les conditions prescrites par son Règlement, pourra demander aux organisations internationales publiques des renseignements relatifs aux affaires portées devant elle, et recevra également les dits renseignements qui lui seraient présentés par ces organisations de leur propre initiative.

3. Lorsque l'interprétation de l'acte constitutif d'une organisation internationale publique ou celle d'une convention internationale adoptée en vertu de cet acte est mise en question dans une affaire soumise à la Cour, le Greffier en avise cette organisation et lui communique toute la procédure écrite.

Article 35

1. La Cour est ouverte aux Etats parties au présent Statut.

2. Les conditions auxquelles elle est ouverte aux autres Etats sont, sous réserve des dispositions particulières des traités en vigueur, réglées par le Conseil de Sécurité, et, dans tout les cas, sans qu'il puisse en résulter pour les parties aucune inégalité devant la Cour.

3. Lorsqu'un Etat, qui n'est pas Membre des Nations Unies, est partie en cause, la Cour fixera la contribution aux frais de la Cour que cette partie devra supporter. Toutefois, cette disposition ne s'appliquera pas, si cet Etat participe aux dépenses de la Cour.

Article 36

1. La compétence de la Cour s'étend à toutes les affaires que les parties lui soumettront, ainsi qu'à tous les cas spécialement prévus dans la Charte des Nations Unies ou dans les traités et conventions en vigueur.

2. Les Etats Parties au présent Statut, pourront, à n'importe quel moment, déclarer reconnaître comme obligatoire de plein droit et sans convention spéciale, à l'égard de tout autre Etat acceptant la même obligation, la juridiction de la Cour sur tous les différends d'ordre juridique ayant pour objet:

    a. l'interprétation d'un traité;

Court and the Registrar shall have their travelling expenses refunded.

8. The above salaries, allowances, and compensation shall be free of all taxation.

Article 33

The expenses of the Court shall be borne by the United Nations in such a manner as shall be decided by the General Assembly.

Chapter II

COMPETENCE OF THE COURT

Article 34

1. Only states may be parties in cases before the Court.

2. The Court, subject to and in conformity with its Rules, may request of public international organizations information relevant to cases before it, and shall receive such information presented by such organizations on their own initiative.

3. Whenever the construction of the constituent instrument of a public international organization or of an international convention adopted thereunder is in question in a case before the Court, the Registrar shall so notify the public international organization concerned and shall communicate to it copies of all the written proceedings.

Article 35

1. The Court shall be open to the states parties to the present Statute.

2. The conditions under which the Court shall be open to other states shall, subject to the special provisions contained in treaties in force, be laid down by the Security Council, but in no case shall such conditions place the parties in a position of inequality before the Court.

3. When a state which is not a Member of the United Nations is a party to a case, the Court shall fix the amount which that party is to contribute towards the expenses of the Court. This provision shall not apply if such state is bearing a share of the expenses of the Court.

Article 36

1. The jurisdiction of the Court comprises all cases which the parties refer to it and all matters specially provided for in the Charter of the United Nations or in treaties and conventions in force.

2. The states parties to the present Statute may at any time declare that they recognize as compulsory *ipso facto* and without special agreement, in relation to any other state accepting the same obligation, the jurisdiction of the Court in all legal disputes concerning:

    a. the interpretation of a treaty;

    b. tout point de droit international;
    c. la réalité de tout fait qui, s'il était établi, constituerait la viola-
tion d'un engagement international;
    d. la nature ou l'étendue de la réparation due pour la rupture d'un
engagement international.
    3. Les déclarations ci-dessus visées pourront être faites purement et
simplement ou sous condition de réciprocité de la part de plusieurs ou de
certains Etats, ou pour un délai déterminé.
    4. Ces déclarations seront remises au Secrétaire Géneral des Nations
Unies qui en transmettra copie aux parties au présent Statut ainsi qu'au
Greffier de la Cour.
    5. Les déclarations faites en application de l'article 36 du Statut de la
Cour Permanente de Justice Internationale pour une durée qui n'cst pas
encore expirée seront considérées, dans les rapports entre parties au
présent Statut, comme comportant acceptation de la juridiction obligatoire
de la Cour Internationale de Justice pour la durée restant à courir d'après
ces déclarations et conformément à leurs termes.
    6. En cas de contestation sur le point de savoir si la Cour est compé-
tente, la Cour décide.

Article 37
    Lorsqu'un traité ou une convention en vigueur prévoit le renvoi à une
juridiction que devait instituer la Société des Nations ou à la Cour Permanente de Justice Internationale, la Cour Internationale de Justice con-
stituera cette juridiction entre les parties au présent Statut.

Article 38
    1. La Cour, dont la mission et de régler conformément au droit inter-
national les différends qui lui sont soumis, applique:
    a. les conventions internationales, soit générales, soit spéciales,
établissant des règles expressément reconnues par les Etats en litige;
    b. la coutume internationale comme preuve d'une pratique géné-
rale acceptée comme étant le droit;
    c. les principes généraux de droit reconnus par les nations civili-
sées;
    d. sous réserve de la disposition de l'article 59, les décisions judi-
ciaires et la doctrine des publicistes les plus qualifiés des différentes
nations, comme moyen auxiliaire de détermination des règles de
droit.
    2. La présente disposition ne porte pas atteinte à la faculté pour la
Cour, si les parties sont d'accord, de statuer *ex aequo et bono*.

b. any question of international law;

c. the existence of any fact which, if established, would constitute a breach of an international obligation;

d. the nature or extent of the reparation to be made for the breach of an international obligation.

3. The declarations referred to above may be made unconditionally or on condition of reciprocity on the part of several or certain states, or for a certain time.

4. Such declarations shall be deposited with the Secretary-General of the United Nations, who shall transmit copies thereof to the parties to the Statute and to the Registrar of the Court.

5. Declarations made under Article 36 of the Statute of the Permanent Court of International Justice and which are still in force shall be deemed, as between the parties to the present Statute, to be acceptances of the compulsory jurisdiction of the International Court of Justice for the period which they still have to run and in accordance with their terms.

6. In the event of a dispute as to whether the Court has jurisdiction, the matter shall be settled by the decision of the Court.

Article 37

Whenever a treaty or convention in force provides for reference of a matter to a tribunal to have been instituted by the League of Nations, or to the Permanent Court of International Justice, the matter shall, as between the parties to the present Statute, be referred to the International Court of Justice.

Article 38

1. The Court, whose function is to decide in accordance with international law such disputes as are submitted to it, shall apply:

a. international conventions, whether general or particular, establishing rules expressly recognized by the contesting states;

b. international custom, as evidence of a general practice accepted as law;

c. the general principles of law recognized by civilized nations;

d. subject to the provisions of Article 59, judicial decisions and the teachings of the most highly qualified publicists of the various nations, as subsidiary means for the determination of rules of law.

2. This provision shall not prejudice the power of the Court to decide a case *ex aequo et bono*, if the parties agree thereto.

Chapitre III

PROCÉDURE

Article 39

1. Les langues officielles de la Cour sont le français et l'anglais. Si les parties sont d'accord pour que toute la procédure ait lieu en français, le jugement sera prononcé en cette langue. Si les parties sont d'accord pour que toute la procédure ait lieu en anglais, le jugement sera prononcé en cette langue.

2. A défaut d'un accord fixant la langue dont il sera fait usage, les parties pourront employer pour les plaidoiries celle des deux langues qu'elles préféreront, et l'arrêt de la Cour sera rendu en français et en anglais. En ce cas, la Cour désignera en même temps celui des deux textes qui fera foi.

3. La Cour, à la demande de toute partie, autorisera l'emploi par cette partie d'une langue autre que le français ou l'anglais.

Article 40

1. Les affaires sont portées devant la Cour, selon le cas, soit par notification du compromis, soit par une requête, adressées au Greffier; dans les deux cas, l'objet du différend et les parties doivent être indiqués.

2. Le Greffier donne immédiatement communication de la requête à tous intéressés.

3. Il en informe également les Membres des Nations Unies par l'entremise du Secrétaire Général, ainsi que les autres Etats admis à ester en justice devant la Cour.

Article 41

1. La Cour a le pouvoir d'indiquer, si elle estime que les circonstances l'exigent, quelles mesures conservatoires du droit de chacun doivent être prises à titre provisoire.

2. En attendant l'arrêt définitif, l'indication de ces mesures est immédiatement notifiée aux parties et au Conseil de Sécurité.

Article 42

1. Les parties sont représentées par des agents.

2. Elles peuvent se faire assister devant la Cour par des conseils ou des avocats.

3. Les agents, conseils et avocats des parties devant la Cour jouiront des privilèges et immunités nécessaires à l'exercice indépendant de leurs fonctions.

Chapter III

PROCEDURE

Article 39

1. The official languages of the Court shall be French and English. If the parties agree that the case shall be conducted in French, the judgment shall be delivered in French. If the parties agree that the case shall be conducted in English, the judgment shall be delivered in English.

2. In the absence of an agreement as to which language shall be employed, each party may, in the pleadings, use the language which it prefers; the decision of the Court shall be given in French and English. In this case the Court shall at the same time determine which of the two texts shall be considered as authoritative.

3. The Court shall, at the request of any party, authorize a language other than French or English to be used by that party.

Article 40

1. Cases are brought before the Court, as the case may be, either by the notification of the special agreement or by a written application addressed to the Registrar. In either case the subject of the dispute and the parties shall be indicated.

2. The Registrar shall forthwith communicate the application to all concerned.

3. He shall also notify the Members of the United Nations through the Secretary-General, and also any other states entitled to appear before the Court.

Article 41

1. The Court shall have the power to indicate, if it considers that circumstances so require, any provisional measures which ought to be taken to preserve the respective rights of either party.

2. Pending the final decision, notice of the measures suggested shall forthwith be given to the parties and to the Security Council.

Article 42

1. The parties shall be represented by agents.

2. They may have the assistance of counsel or advocates before the Court.

3. The agents, counsel, and advocates of parties before the Court shall enjoy the privileges and immunities necessary to the independent exercise of their duties.

Article 43

1. La procédure a deux phases: l'une écrite, l'autre orale.

2. La procédure écrite comprend la communication à juge et à partie des mémoires, des contre-mémoires, et éventuellement, des répliques, ainsi que de toute pièce et document à l'appui.

3. La communication se fait par l'entremise du Greffier dans l'ordre et les délais déterminés par la Cour.

4. Toute pièce produite par l'une des parties doit être communiquée à l'autre en copie certifiée conforme.

5. La procédure orale consiste dans l'audition par la Cour des témoins, experts, agents, conseils et avocats.

Article 44

1. Pour toute notification à faire à d'autres personnes que les agents, conseils et avocats, la Cour s'adresse directement au gouvernement de l'Etat sur le territoire duquel la notification doit produire effet.

2. Il en est de même s'il s'agit de faire procéder sur place à l'établissement de tous moyens de preuve.

Article 45

Les débats sont dirigés par le Président et, à défaut de celui-ci, par le Vice-Président; en cas d'empêchement, par le plus ancien des juges présents.

Article 46

L'audience est publique, à moins qu'il n'en soit autrement décidé par la Cour ou que les deux parties ne demandent que le public ne soit pas admis.

Article 47

1. Il est tenu de chaque audience un procès-verbal signé par le Greffier et le Président.

2. Ce procès-verbal a seul caractère authentique.

Article 48

La Cour rend des ordonnances pour la direction du procès, la détermination des formes et délais dans lesquels chaque partie doit finalement conclure; elle prend toutes les mesures que comporte l'administration des preuves.

Article 49

La Cour peut, même avant tout débat, demander aux agents de produire tout document et de fournir toutes explications. En cas de refus, elle en prend acte.

Article 43

1. The procedure shall consist of two parts: written and oral.

2. The written proceedings shall consist of the communication to the Court and to the parties of memorials, counter-memorials and, if necessary, replies; also all papers and documents in support.

3. These communications shall be made through the Registrar, in the order and within the time fixed by the Court.

4. A certified copy of every document produced by one party shall be communicated to the other party.

5. The oral proceedings shall consist of the hearing by the Court of witnesses, experts, agents, counsel, and advocates.

Article 44

1. For the service of all notices upon persons other than the agents, counsel, and advocates, the Court shall apply direct to the government of the state upon whose territory the notice has to be served.

2. The same provision shall apply whenever steps are to be taken to procure evidence on the spot.

Article 45

The hearing shall be under the control of the President or, if he is unable to preside, of the Vice-President; if neither is able to preside, the senior judge present shall preside.

Article 46

The hearing in Court shall be public, unless the Court shall decide otherwise, or unless the parties demand that the public be not admitted.

Article 47

1. Minutes shall be made at each hearing and signed by the Registrar and the President.

2. These minutes alone shall be authentic.

Article 48

The Court shall make orders for the conduct of the case, shall decide the form and time in which each party must conclude its arguments, and make all arrangements connected with the taking of evidence.

Article 49

The Court may, even before the hearing begins, call upon the agents to produce any document or to supply any explanations. Formal note shall be taken of any refusal.

Article 50
A tout moment, la Cour peut confier une enquête ou une expertise à toute personne, corps, bureau, commission ou organe de son choix.

Article 51
Au cours des débats, toutes questions utiles sont posées aux témoins et experts dans les conditions que fixera la Cour dans le règlement visé à l'article 30.

Article 52
Après avoir reçu les preuves et témoignages dans les délais déterminés par elle, la Cour peut écarter toutes dépositions ou documents nouveaux qu'une des parties voudrait lui présenter sans l'assentiment de l'autre.

Article 53
1. Lorqu'une des parties ne se présente pas, ou s'abstient de faire valoir ses moyens, l'autre partie peut demander à la Cour de lui adjuger ses conclusions.

2. La Cour, avant d'y faire droit, doit s'assurer non seulement qu'elle a compétence aux termes des articles 36 et 37, mais que les conclusions sont fondées en fait et en droit.

Article 54
1. Quand les agents, conseils et avocats ont fait valoir, sous le contrôle de la Cour, tous les moyens qu'ils jugent utiles, le Président prononce la clôture des débats.

2. La Cour se retire en Chambre du Conseil pour délibérer.

3. Les délibérations de la Cour sont et restent secrètes.

Article 55
1. Les décisions de la Cour sont prises à la majorité des juges présents.

2. En cas de partage des voix, la voix du Président ou de celui qui le remplace est prépondérante.

Article 56
1. L'arrêt est motivé.

2. Il mentionne les noms des juges qui y ont pris part.

Article 57
Si l'arrêt n'exprime pas en tout ou en partie l'opinion unanime des juges, tout juge aura le droit d'y joindre l'exposé de son opinion individuelle.

Article 50
The Court may, at any time, entrust any individual, body, bureau, commission, or other organization that it may select, with the task of carrying out an enquiry or giving an expert opinion.

Article 51
During the hearing any relevant questions are to be put to the witnesses and experts under the conditions laid down by the Court in the rules of procedure referred to in Article 30.

Article 52
After the Court has received the proofs and evidence within the time specified for the purpose, it may refuse to accept any further oral or written evidence that one party may desire to present unless the other side consents.

Article 53
1. Whenever one of the parties does not appear before the Court, or fails to defend its case, the other party may call upon the Court to decide in favor of its claim.
2. The Court must, before doing so, satisfy itself, not only that it has jurisdiction in accordance with Articles 36 and 37, but also that the claim is well founded in fact and law.

Article 54
1. When, subject to the control of the Court, the agents, counsel, and advocates have completed their presentation of the case, the President shall declare the hearing closed.
2. The Court shall withdraw to consider the judgment.
3. The deliberations of the Court shall take place in private and remain secret.

Article 55
1. All questions shall be decided by a majority of the judges present.
2. In the event of an equality of votes, the President or the judge who acts in his place shall have a casting vote.

Article 56
1. The judgment shall state the reasons on which it is based.
2. It shall contain the names of the judges who have taken part in the decision.

Article 57
If the judgment does not represent in whole or in part the unanimous opinion of the judges, any judge shall be entitled to deliver a separate opinion.

Article 58

L'arrêt est signé par le Président et par le Greffier. Il est lu en séance publique, les agents dûment prévenus.

Article 59

La décision de la Cour n'est obligatoire que pour les parties en litige et dans le cas qui a été décidé.

Article 60

L'arrêt est définitif et sans recours. En cas de contestation sur le sens et la portée de l'arrêt, il appartient à la Cour de l'interpréter, à la demande de toute partie.

Article 61

1. La revision de l'arrêt ne peut être éventuellement demandée à la Cour qu'en raison de la découverte d'un fait de nature à exercer une influence décisive et qui, avant le prononcé de l'arrêt, était inconnu de la Cour et la partie qui demande la revision, sans qu'il y ait, de sa part, faute à l'ignorer.

2. La procédure de revision s'ouvre par un arrêt de la Cour constatant expressément l'existence du fait nouveau, lui reconnaissant les caractères qui donnent ouverture à la revision, et déclarant de ce chef la demande recevable.

3. La Cour peut subordonner l'ouverture de la procédure en revision à l'exécution préalable de l'arrêt.

4. La demande en revision devra être formée au plus tard dans le délai de six mois après la découverte du fait nouveau.

5. Aucune demande de revision ne pourra être formée après l'expiration d'un délai de dix ans à dater de l'arrêt.

Article 62

1. Lorsqu'un Etat estime que, dans un différend, un intérêt d'ordre juridique est pour lui en cause, il peut adresser à la Cour une requête, à fin d'intervention.

2. La Cour décide.

Article 63

1. Lorsqu'il s'agit de l'interprétation d'une convention à laquelle ont participé d'autres Etats que les parties en litige, le Greffier les avertit sans délai.

2. Chacun d'eux a le droit d'intervenir au procès, et s'il exerce cette faculté, l'interprétation contenue dans la sentence est également obligatoire à son égard.

Article 58
The judgment shall be signed by the President and by the Registrar. It shall be read in open Court, due notice having been given to the agents.

Article 59
The decision of the Court has no binding force except between the parties and in respect of that particular case.

Article 60
The judgment is final and without appeal. In the event of dispute as to the meaning or scope of the judgment, the Court shall construe it upon the request of any party.

Article 61
1. An application for revision of a judgment may be made only when it is based upon the discovery of some fact of such a nature as to be a decisive factor, which fact was, when the judgment was given, unknown to the Court and also to the party claiming revision, always provided that such ignorance was not due to negligence.

2. The proceedings for revision shall be opened by a judgment of the Court expressly recording the existence of the new fact, recognizing that it has such a character as to lay the case open to revision, and declaring the application admissible on this ground.

3. The Court may require previous compliance with the terms of the judgment before it admits proceedings in revision.

4. The application for revision must be made at latest within six months of the discovery of the new fact.

5. No application for revision may be made after the lapse of ten years from the date of the judgment.

Article 62
1. Should a state consider that it has an interest of a legal nature which may be affected by the decision in the case, it may submit a request to the Court to be permitted to intervene.

2. It shall be for the Court to decide upon this request.

Article 63
1. Whenever the construction of a convention to which states other than those concerned in the case are parties is in question, the Registrar shall notify all such states forthwith.

2. Every state so notified has the right to intervene in the proceedings; but if it uses this right, the construction given by the judgment will be equally binding upon it.

Article 64

S'il n'en est autrement décidé par la Cour, chaque partie supporte ses frais de procédure.

Chapitre IV

AVIS CONSULTATIFS

Article 65

1. La Cour peut donner un avis consultatif sur toute question juridique, à la demande de tout organe ou institution qui aura été autorisé par la Charte des Nations Unies ou conformément à ses dispositions, à demander cet avis.

2. Les questions sur lesquelles l'avis consultatif de la Cour est demandé sont exposées à la Cour par une requête écrite qui formule, en termes précis, la question sur laquelle l'avis de la Cour est demandé. Il y est joint tout document pouvant servir à élucider la question.

Article 66

1. Le Greffier notifie immédiatement la requête demandant l'avis consultatif à tous les Etats admis à ester en justice devant la Cour.

2. En outre, à tout Etat admis à ester devant la Cour et à toute organisation internationale jugés, par la Cour ou par le Président si elle ne siège pas, susceptibles de fournir des renseignements sur la question, le Greffier fait connaître, par communication spéciale et directe, que la Cour est disposée à recevoir des exposés écrits dans un délai à fixer par le Président, ou à entendre des exposés oraux au cours d'une audience publique tenue à cet effet.

3. Si un de ces Etats, n'ayant pas été l'objet de la communication spéciale visée au paragraphe 2 du présent article, exprime le désir de soumettre un exposé écrit ou d'être entendu, la Cour statue.

4. Les Etats ou organisations qui ont présenté des exposés écrits ou oraux sont admis à discuter les exposés faits par d'autres Etats et organisations dans les formes, mesures et délais fixés, dans chaque cas d'espèce, par la Cour ou, si elle ne siège pas, par le Président. A cet effet, le Greffier communique, en temps voulu, les exposés écrits aux Etats ou organisations qui en ont eux-mêmes présenté.

Article 67

La Cour prononcera ses avis consultatifs en audience publique, le Secrétaire Général et les représentants des Membres des Nations Unies, des autres Etats et des organisations internationales directement intéressés étant prévenus.

Article 64

Unless otherwise decided by the Court, each party shall bear its own costs.

Chapter IV

ADVISORY OPINIONS

Article 65

1. The Court may give an advisory opinion on any legal question at the request of whatever body may be authorized by or in accordance with the Charter of the United Nations to make such a request.

2. Questions upon which the advisory opinion of the Court is asked shall be laid before the Court by means of a written request containing an exact statement of the question upon which an opinion is required, and accompanied by all documents likely to throw light upon the question.

Article 66

1. The Registrar shall forthwith give notice of the request for an advisory opinion to all states entitled to appear before the Court.

2. The Registrar shall also, by means of a special and direct communication, notify any state entitled to appear before the Court or international organization considered by the Court, or, should it not be sitting, by the President, as likely to be able to furnish information on the question, that the Court will be prepared to receive, within a time limit to be fixed by the President, written statements, or to hear, at a public sitting to be held for the purpose, oral statements relating to the question.

3. Should any such state entitled to appear before the Court have failed to receive the special communication referred to in paragraph 2 of this Article, such state may express a desire to submit a written statement or to be heard; and the Court will decide.

4. States and organizations having presented written or oral statements or both shall be permitted to comment on the statements made by other states or organizations in the form, to the extent and within the time limits which the Court, or, should it not be sitting, the President, shall decide in each particular case. Accordingly, the Registrar shall in due time communicate any such written statements to states and organizations having submitted similar statements.

Article 67

The Court shall deliver its advisory opinions in open Court, notice having been given to the Secretary-General and to the representatives of Members of the United Nations, of other states and of international organizations immediately concerned.

Article 68

Dans l'exercice de ses attributions consultatives, la Cour s'inspirera en outre des dispositions du présent Statut qui s'appliquent en matière contentieuse, dans la mesure où elle les reconnaîtra applicables.

Chapitre V

AMENDEMENTS

Article 69

Les amendements au présent Statut seront effectués par le même procédure que celle prévue pour les amendements à la Charte des Nations Unies, sous réserve des dispositions qu'adopterait l'Assemblée Générale, sur la recommandation du Conseil de Sécurité, pour régler la participation à cette procédure des Etats qui, tout en ayant accepté le present Statut de la Cour, ne sont pas Membres des Nations Unies.

Article 70

La Cour pourra proposer les amendements qu'elle jugera nécessaire d'apporter au présent Statut, par la voie de communications écrites adressées au Secrétaire Général, aux fins d'examen conformément aux dispositions de l'article 69.

[Suivent les signatures]

Article 68

In the exercise of its advisory functions the Court shall further be guided by the provisions of the present Statute which apply in contentious cases to the extent to which it recognizes them to be applicable.

Chapter V

AMENDMENT

Article 69

Amendments to the present Statute shall be effected by the same procedure as is provided by the Charter of the United Nations for amendments to that Charter, subject however to any provisions which the General Assembly upon recommendation of the Security Council may adopt concerning the participation of states which are parties to the present Statute but are not Members of the United Nations.

Article 70

The Court shall have power to propose such amendments to the present Statute as it may deem necessary, through written communications to the Secretary-General, for consideration in conformity with the provisions of Article 69.

[Here follow the signatures]

THE RULES OF COURT

RÈGLEMENT DE LA COUR *

Adopté le 6 mai 1946

PRÉAMBULE

La Cour,
Vu le chapitre XIV de la Charte des Nations unies;

Vu le Statut de la Cour annexé à ladite Charte;
Agissant en vertu de l'article 30 dudit Statut;
Arrête le présent Règlement:

RÈGLEMENT DE LA COUR *

Adopté le 6 mai 1946 et modifié le 10 mai 1972

PRÉAMBULE

La Cour,
Vue le chapitre XIV de la Charte des Nations Unies;

Vu le Statut de la Cour annexé à ladite Charte;
Agissant en vertu de l'article 30 du Statut:
Adopte les amendements au Règlement approuvés le 10 mai 1972 et autorise le Greffe à publier un nouveau Règlement incorporant ces amendements. Le Règlement modifié entrera en vigueur le 1er septembre 1972 et remplacera à compter de cette date le Règlement adopté par la Cour le 6 mai 1946; toutefois toute affaire soumise à la Cour avant le 1er septembre 1972, ou toute phase d'une telle affaire, restera régie par le Règlement applicable avant cette date.

Titre I

CONSTITUTION ET FONCTIONNEMENT DE LA COUR

Section 1. Constitution de la Cour

Des juges et des assesseurs

Article premier
La période de fonctions commence à courir le jour de l'élection

Titre I

CONSTITUTION ET FONCTIONNEMENT DE LA COUR

Section 1. Constitution de la Cour

Des juges et des assesseurs

Article 1
La période de fonctions commence à courir le jour de l'élection

* Actes et Documents relatifs à l'organisation de la Cour, 2e ed. (1947), p. 54.

* Actes et Documents relatifs à l'organisation de la Cour, No. 2 (1972).

RULES OF COURT *

Adopted on May 6th, 1946

PREAMBLE

The Court,
Having regard to Chapter XIV of the Charter of the United Nations;
Having regard to the Statute of the Court annexed thereto;
Acting in pursuance of Article 30 of the Statute;
Makes the present Rules:

RULES OF COURT *

*Adopted on 6 May 1946,
as amended on 10 May 1972*

PREAMBLE

The Court,
Having regard to Chapter XIV of the Charter of the United Nations;
Having regard to the Statute of the Court annexed thereto;
Acting in pursuance of Article 30 of the Statute;
Adopts the amendments to the Rules of Court approved on 10 May 1972 and authorizes the Registry to issue a new set of Rules embodying these amendments. The amended Rules will come into force on 1 September 1972 and will as from that date replace the Rules adopted by the Court on 6 May 1946, save in respect of any case submitted to the Court before 1 September 1972, or any phase of such a case, which shall continue to be governed by the Rules in force before that date.

Heading I

CONSTITUTION AND WORKING OF THE COURT

Section 1. Constitution of the Court

Judges and Assessors

Article 1
The term of office of members of the Court elected in February

Heading I

CONSTITUTION AND WORKING OF THE COURT

Section 1. Constitution of the Court

Judges and Assessors

Article 1
The term of office of Members of the Court elected in February

---

* Acts and Documents concerning the Organization of the Court, 2nd ed. (1947), p. 54.

* Acts and Documents concerning the Organization of the Court, No. 2 (1972).

1946

1972

pour les membres de la Cour élus en février 1946. Pour les membres de la Cour élus ultérieurement, ladite période commence à courir à la date d'expiration du terme des fonctions de leurs prédécesseurs. Toutefois, dans le cas d'élection effectuée pour pourvoir à un siège vacant, la période de fonctions commence à courir à la date de l'élection.

Article 2

1. Les membres de la Cour élus au cours de la même session de l'Assemblée générale des Nations unies prennent rang d'après leur ancienneté d'âge. Les membres élus au cours d'une session antérieure prennent rang avant les membres élus au cours des sessions ultérieures. En cas de réélection immédiate, le membre de la Cour conserve son rang antérieur. Les juges désignés en vertu des dispositions de l'article 31 du Statut prennent rang après les autres juges, dans l'ordre d'ancienneté d'âge.

2. Le Vice-Président siège à la droite du Président. Les autres juges siègent à la gauche et à la droite du Président, selon l'ordre ci-dessus établi.

Article 3

1. Tout État qui estime avoir et entend exercer la faculté de désigner un juge conformément à l'article 31 du Statut, doit le notifier au Greffe dans le délai fixé pour la présentation du mémoire ou du contre-mémoire suivant le cas ou, dans la procédure sommaire, de la

pour les membres de la Cour élus en février 1946. Pour les membres de la Cour élus ultérieurement, ladite période commence à courir à la date d'expiration du terme des fonctions de leurs prédécesseurs. Toutefois, dans le cas d'élection effectuée pour pourvoir à un siège vacant, la période de fonctions commence à courir à la date de l'élection.

Article 2

1. Les membres de la Cour élus au cours de la même session de l'Assemblée générale des Nations Unies prennent rang d'après leur ancienneté d'âge. Les membres élus au cours d'une session antérieure prennent rang avant les membres élus au cours des sessions ultérieures. En cas de réélection immédiate, le membre de la Cour conserve son rang antérieur. Les juges désignés en vertu des dispositions de l'article 31 du Statut prennent rang après les autres juges, dans l'ordre d'ancienneté d'âge.

2. Le Vice-Président siège à la droite du Président. Les autres juges siègent à la gauche et à la droite du Président, selon l'ordre ci-dessus établi.

Article 3

1. Tout Etat qui estime avoir et entend exercer la faculté de désigner un juge conformément à l'article 31 du Statut, doit le notifier au Greffe dans le délai fixé pour la présentation du mémoire ou du contre-mémoire suivant le cas ou, dans la procédure sommaire, de la pièce

1946

1946, begins to run on the date of their election. In the case of members of the Court elected later, the term of office shall begin to run on the date of the expiry of the term of their predecessors. Nevertheless, in the case of a member elected to fill an occasional vacancy, the term of office shall begin to run on the date of the election.

Article 2

1. Members of the Court elected during the same session of the General Assembly of the United Nations shall take precedence according to seniority of age. Members elected during an earlier session shall take precedence over members elected at a subsequent session. A member of the Court who is re-elected without interval, shall retain his former precedence. Judges chosen under Article 31 of the Statute from outside the Court shall take precedence after the other judges in order of seniority of age.

2. The Vice-President shall take his seat on the right of the President. The other judges shall take their seats on the left and right of the President in the order laid down above.

Article 3

1. Any State which considers that it possesses and which intends to exercise the right to choose a judge under Article 31 of the Statute shall so notify the Registry within the time-limit fixed for the filing of the Memorial or Counter-Memorial, as the case may be, or,

1972

1946, begins to run on the date of their election. In the case of Members of the Court elected later, the term of office shall begin to run on the date of the expiry of the term of their predecessors. Nevertheless, in the case of a Member elected to fill an occasional vacancy, the term of office shall begin to run on the date of the election.

Article 2

1. Members of the Court elected during the same session of the General Assembly of the United Nations shall take precedence according to seniority of age. Members elected during an earlier session shall take precedence over Members elected at a subsequent session. A Member of the Court who is re-elected without interval, shall retain his former precedence. Judges chosen under Article 31 of the Statute from outside the Court shall take precedence after the other judges in order of seniority of age.

2. The Vice-President shall take his seat on the right of the President. The other judges shall take their seats on the left and right of the President in the order laid down above.

Article 3

1. Any State which considers that it possesses and which intends to exercise the right to choose a judge under Article 31 of the Statute shall so notify the Registry within the time-limit fixed for the filing of the Memorial or Counter-Memorial, as the case may be, or,

1946   **1972**

pièce qui en tient lieu. Le nom de la personne choisie pour siéger comme juge doit être indiqué soit au moment de la notification ci-dessus mentionnée, soit dans le délai fixé par le Président. Ces notifications sont communiquées aux autres parties, qui peuvent faire connaître à la Cour leur opinion dans un délai également fixé par le Président. En cas de doute ou de contestation, la Cour décide, après avoir entendu les parties s'il y a lieu.

qui en tient lieu. Le nom de la personne choisie pour siéger comme juge doit être indiqué soit au moment de la notification ci-dessus mentionnée, soit dans le délai fixé par le Président. Ces notifications sont communiquées aux autres parties, qui peuvent faire connaître à la Cour leur opinion dans un délai également fixé par le Président. En cas de doute ou de contestation, la Cour décide, après avoir entendu les parties s'il y a lieu.

2. Si, après avoir reçu une ou plusieurs notifications en exécution du paragraphe précédent, la Cour constate que plusieurs parties font cause commune et qu'aucune d'elles ne compte sur le siège un juge de sa nationalité, la Cour leur fixe un délai pour désigner d'un commun accord un juge conformément aux dispositions de l'article 31 du Statut. Si, à l'expiration de ce délai, lesdites parties n'ont pas notifié leur désignation, la Cour poursuit néanmoins l'examen et le jugement de l'affaire.

2. Si, après avoir reçu une ou plusieurs notifications en exécution du paragraphe précédent, la Cour constate que plusieurs parties font cause commune et qu'aucune d'elles ne compte sur le siège un juge de sa nationalité, la Cour leur fixe un délai pour désigner d'un commun accord un juge conformément aux dispositions de l'article 31 du Statut. Si, à l'expiration de ce délai, lesdites parties n'ont pas notifié leur désignation, la Cour poursuit néanmoins l'examen et le jugement de l'affaire.

Article 4

Dans le cas où une ou plusieurs parties ont le droit de désigner un juge dans les conditions requises par l'article 31 du Statut, la Cour peut siéger avec un nombre de juges plus élevé que le nombre des membres de la Cour fixé par le Statut.

Article 4

Dans le cas où une ou plusieurs parties ont le droit de désigner un juge dans les conditions requises par l'article 31 du Statut, la Cour peut siéger avec un nombre de juges plus élevé que le nombre des membres de la Cour fixé par le Statut.

Article 5

1. La déclaration que doit faire tout juge conformément à l'article

Article 5

1. La déclaration que doit faire tout juge conformément à l'article

1946

when it is a case of summary procedure, the filing of the corresponding pleading. The name of the person chosen to sit as judge shall be stated either at the time of giving the notification above mentioned or within a time-limit to be fixed by the President. These notifications shall be communicated to the other parties and they may submit their views to the Court within a time-limit to be fixed by the President. If any doubt or objection should arise, the decision shall rest with the Court, if necessary after hearing the parties.

2. If, on receipt of one or more notifications under the terms of the preceding paragraph, the Court finds that there are several parties in the same interest and that none of them has a judge of its nationality upon the Bench, it shall fixe a time-limit within which these parties, acting in concert, may choose a judge under Article 31 of the Statute. If, at the expiration of this time-limit, they have not notified their choice, the Court shall nevertheless proceed to examine and adjudicate upon the case.

Article 4

Where one or more of the parties are entitled to choose a judge under Article 31 of the Statute, the Court may sit with a number of judges exceeding the number of members of the Court fixed by the Statute.

Article 5

1. The declaration to be made by every judge in accordance with

1972

when it is a case of summary procedure, the filing of the corresponding pleading. The name of the person chosen to sit as judge shall be stated either at the time of giving the notification above mentioned or within a time-limit to be fixed by the President. These notifications shall be communicated to the other parties and they may submit their views to the Court within a time-limit to be fixed by the President. If any doubt or objection should arise, the decision shall rest with the Court, if necessary after hearing the parties.

2. If, on receipt of one or more notifications under the terms of the preceding paragraph, the Court finds that there are several parties in the same interest and that none of them has a judge of its nationality upon the Bench, it shall fix a time-limit within which these parties, acting in concert, may choose a judge under Article 31 of the Statute. If, at the expiration of this time-limit, they have not notified their choice, the Court shall nevertheless proceed to examine and adjudicate upon the case.

Article 4

Where one or more of the parties are entitled to choose a judge under Article 31 of the Statute, the Court may sit with a number of judges exceeding the number of Members of the Court fixed by the Statute.

Article 5

1. The declaration to be made by every judge in accordance with

1946	**1972**
20 du Statut est ainsi rédigée:	20 du Statut est ainsi rédigée:

"Je déclare solennellement que j'exercerai tous mes devoirs et attributions de juge en tout honneur et dévouement, en pleine et parfaite impartialité et en toute conscience."

2. Cette déclaration doit être faite au cours de la première séance publique de la Cour à laquelle le juge assiste après son élection ou sa désignation en vertu de l'article 31 du Statut.

"Je déclare solennellement que j'exercerai tous mes devoirs et attributions de juge en tout honneur et dévouement, en pleine et parfaite impartialité et en toute conscience."

2. Cette déclaration doit être faite au cours de la première séance publique de la Cour à laquelle le juge assiste après son élection ou sa désignation en vertu de l'article 31 du Statut.

Article 6

Pour l'application de l'article 18 du Statut, le Président ou, le cas échéant, le Vice-Président, convoque les membres de la Cour. Le membre mis en cause est admis à fournir des explications, après quoi la question est discutée et mise aux voix hors la présence de ce membre. Si l'unanimité des membres présents est acquise, le Greffier procède à la notification prescrite dans ledit article.

Article 6

Pour l'application de l'article 18 du Statut, le Président ou, le cas échéant, le Vice-Président, convoque les membres de la Cour. Le membre mis en cause est admis à fournir des explications, après quoi la question est discutée et mise aux voix hors la présence de ce membre. Si l'unanimité des membres présents est acquise, le Greffier procède à la notification prescrite dans ledit article.

Article 7

1. La Cour peut, soit d'office, soit à la demande que présenterait une partie avant la fin de la procédure écrite, décider pour une affaire déterminée, de s'adjoindre des assesseurs siégeant sans droit de vote.

Article 7

1. La Cour peut, soit d'office, soit sur demande présentée avant la fin de la procédure écrite, décider, pour une affaire contentieuse ou consultative, de s'adjoindre des assesseurs siégeant sans droit de vote.

2. Lorsque la Cour a décidé cette adjonction, le Président recueille tous renseignements utiles pour le choix de ces assesseurs.

2. Lorsque la Cour a décidé cette adjonction, le Président recueille tous renseignements utiles pour le choix de ces assesseurs.

1946	1972

Article 20 of the Statute shall be as follows:

"I solemnly declare that I will perform my duties and exercise my powers as judge honourably, faithfully, impartially and conscientiously."

2. This declaration shall be made at the first public sitting of the Court at which the judge is present after his election or after being chosen under Article 31 of the Statute.

Article 6

For the purpose of applying Article 18 of the Statute the President, or if necessary the Vice-President, shall convene the members of the Court. The member affected shall be allowed to furnish explanations. When he has done so the question shall be discussed and a vote shall be taken, the member affected not being present. If the members present are unanimous, the Registrar shall issue the notification prescribed in the above-mentioned Article.

Article 7

1. The Court may, either upon its own initiative or upon the request of a party made not later than the end of the written proceedings, decide, for the purpose of a particular case, to appoint assessors to sit with it but without the power to vote.

2. When the Court so decides, the President shall take steps to obtain all the information relevant to the choice of the assessors.

Article 20 of the Statute shall be as follows:

"I solemnly declare that I will perform my duties and exercise my powers as judge honourably, faithfully, impartially and conscientiously."

2. This declaration shall be made at the first public sitting of the Court at which the judge is present after his election or after being chosen under Article 31 of the Statute.

Article 6

For the purpose of applying Article 18 of the Statute the President, or if necessary the Vice-President, shall convene the Members of the Court. The Member affected shall be allowed to furnish explanations. When he has done so the question shall be discussed and a vote shall be taken, the Member affected not being present. If the Members present are unanimous, the Registrar shall issue the notification prescribed in the above-mentioned Article.

Article 7

1. The Court may, either upon its own initiative or upon a request made not later than the end of the written proceedings, decide, for the purpose of a contentious case or request for advisory opinion, to appoint assessors so sit with it but without the power to vote.

2. When the Court so decides, the President shall take steps to obtain all the information relevant to the choice of the assessors.

3. Les assesseurs sont désignés à la majorité absolue et au scrutin secret, en Chambre du Conseil.

3. Les assesseurs sont désignés en chambre du conseil, au scrutin secret, à la majorité des membres composant la Cour au moment du scrutin.

4. Les mêmes pouvoirs appartiennent à la Chambre prévue par l'article 29 du Statut et à son Président, qui les exercent de la même façon.

4. Les mêmes pouvoirs appartiennent aux chambres prévues aux articles 26 et 29 du Statut et à leurs présidents, qui les exercent de la même façon.

Article 8
Les assesseurs, avant d'entrer en fonctions, prennent en séance publique l'engagement suivant:
    "Je déclare solennellement que je remplirai tous mes devoirs d'assesseur en tout honneur et dévouement, en pleine et parfaite impartialité et en toute conscience, et que j'observerai scrupuleusement toutes les prescriptions du Statut et du Règlement de la Cour".

Article 8
Les assesseurs, avant d'entrer en fonctions, prennent en séance publique l'engagement suivant:
    "Je déclare solennellement que je remplirai tous mes devoirs d'assesseur en tout honneur et dévouement, en pleine et parfaite impartialité et en toute conscience, et que j'observerai scrupuleusement toutes les prescriptions du Statut et du Règlement de la Cour."

De la Présidence

De la présidence

Article 9
1. La Cour procède à l'élection du Président et du Vice-Président dans le mois qui suit l'entrée en fonctions des juges élus lors d'un renouvellement partiel. Le Président et le Vice-Président ainsi élus entrent immédiatement en fonctions. Si, lors du renouvellement partiel, le Président n'est pas réélu comme membre de la Cour, la présidence est, dans l'intervalle, assurée conformément aux articles 11 et 12, paragraphe 2, du présent Règlement.

Article 9
1. La Cour procède à l'élection du Président et du Vice-Président dans le mois qui suit l'entrée en fonctions des juges élus lors d'un renouvellement partiel. Le Président et le Vice-Président ainsi élus entrent immédiatement en fonctions. Si, lors du renouvellement partiel, le Président n'est pas réélu comme membre de la Cour, la présidence est, dans l'intervalle, assurée conformément aux articles 11 et 12, paragraphe 2, du présent Règlement.

1946

3. The assessors shall be appointed, by secret ballot and by an absolute majority of votes, at a private meeting of the Court.

4. The same functions shall belong to the Chamber provided for by Article 29 of the Statute and to its President, and may be exercised in the same manner.

Article 8
Before entering upon their duties, assessors shall make the following declaration at a public sitting:
"I solemnly declare that I will perform my duties as an assessor honourably, faithfully, impartially and conscientiously, and that I will scrupulously observe all the provisions of the Statute and of the Rules of the Court."

The Presidency

Article 9
1. The Court shall proceed to elect the President and the Vice-President in the course of the month following the date on which the judges elected at the periodic election of members of the Court enter upon their duties. The President and Vice-President thus elected shall take up their duties forthwith. If, at the periodic election, the President is not re-elected a member of the Court, the duties of President shall in the meantime be discharged in accordance with Article 11 and

1972

3. The assessors shall be appointed, by secret ballot and by a majority of the votes of the Members of the Court composing it at the time, at a private meeting of the Court.

4. The same functions shall belong to the Chambers provided for by Articles 26 and 29 of the Statute and to the Presidents thereof, and may be exercised in the same manner.

Article 8
Before entering upon their duties, assessors shall make the following declaration at a public sitting:
"I solemnly declare that I will perform my duties as an assessor honourably, faithfully, impartially and conscientiously, and that I will scrupulously observe all the provisions of the Statute and of the Rules of the Court."

The Presidency

Article 9
1. The Court shall proceed to elect the President and the Vice-President in the course of the month following the date on which the judges elected at the periodic election of Members of the Court enter upon their duties. The President and Vice-President thus elected shall take up their duties forthwith. If, at the periodic election, the President is not re-elected a Member of the Court, the duties of President shall in the meantime be discharged in acordance with Article

2. Si le Président ou le Vice-Président cesse de faire partie de la Cour ou résigne ses fonctions de Président ou de Vice-Président avant le terme normal de celle-ci, une élection a lieu afin de lui désigner un successeur pour la période restant à courir.

2. Si le Président ou le Vice-Président cesse de faire partie de la Cour ou résigne ses fonctions de Président ou de Vice-Président avant le terme normal de celles-ci, une élection a lieu afin de lui désigner un successeur pour la période restant à courir.

3. Pour les élections visées au présent article, le vote a lieu au scrutin secret; le membre de la Cour qui obtient la majorité absolue est déclaré élu.

3. Pour les élections visées au présent article, le vote a lieu au scrutin secret; le membre de la Cour qui obtient la majorité absolue est déclaré élu.

Article 10
Le Président dirige les travaux et les services de la Cour; il en préside les séances.

Article 10
Le Président dirige les travaux et les services de la Cour; il en préside les séances.

Article 11
Le Vice-Président remplace le Président en cas d'empêchement de celui-ci ou en cas de vacance de la présidence.

Article 11
Le Vice-Président remplace le Président en cas d'empêchement de celui-ci ou en cas de vacance de la présidence.

Article 12
1. La présidence doit toujours rester assurée au siège de la Cour, soit par le Président, soit par le Vice-Président.

Article 12
1. La présidence doit toujours rester assurée au siège de la Cour, soit par le Président, soit par le Vice-Président.

2. En cas d'empêchement simultané du Président et du Vice-Président ou en cas de vacance simultanée de leurs fonctions, la présidence est exercée par le membre de la Cour le plus âgé parmi les plus anciens sur le siège.

2. En cas d'empêchement simultané du Président et du Vice-Président ou en cas de vacance simultanée de leurs fonctions, la présidence est exercée par le membre de la Cour le plus âgé parmi les plus anciens sur le siège.

1946	**1972**
Article 12, paragraph 2, of these Rules.	11 and Article 12, paragraph 2, of these Rules.
2. If the President or the Vice-President should cease to be a member of the Court or should resign the office of President or Vice-President before the expiry of his normal term, an election shall be held for the purpose of appointing successor for the unexpired portion of the term.	2. If the President or the Vice-President should cease to be a Member of the Court or should resign the office of President or Vice-President before the expiry of his normal term, an election shall be held for the purpose of appointing a successor for the unexpired portion of the term.
3. The elections referred to in the present Article shall take place by secret ballot. The member of the Court obtaining an absolute majority of votes shall be declared elected.	3. The elections referred to in the present Article shall take place by secret ballot. The Member of the Court obtaining an absolute majority of votes shall be declared elected.

Article 10

The President shall direct the work and administration of the Court; he shall preside at the meetings of the Court.

Article 10

The President shall direct the work and administration of the Court; he shall preside at the meetings of the Court.

Article 11

The Vice-President shall take the place of the President if the latter is unable to fulfil his duties or if the office of President is vacant.

Article 11

The Vice-President shall take the place of the President if the latter is unable to fulfil his duties or if the office of President is vacant.

Article 12

1. Provision shall be made to ensure at the seat of the Court the continuous discharge of the duties of the office of President either by the President or the Vice-President.

2. If at the same time both the President and the Vice-President are unable to fulfil their duties, or if both offices are vacant at the same time, the duties of President shall be discharged by the oldest among the members of the Court who have been longest on the Bench.

Article 12

1. Provision shall be made to ensure at the seat of the Court the continuous discharge of the duties of the office of President either by the President or the Vice-President.

2. If at the same time both the President and the Vice-President are unable to fulfil their duties, or if both offices are vacant at the same time, the duties of President shall be discharged by the oldest among the Members of the Court who have been longest on the Bench.

1946

Article 13

1. Si le Président se trouve être le ressortissant d'une partie en cause dans une affaire soumise à la Cour, il cède la présidence pour cette affaire. Le même principe s'applique, soit au Vice-Président soit à celui des membres de la Cour qui serait appelé à exercer les fonctions de Président.

2. Dans le cas où l'examen d'une affaire commencé avant le renouvellement partiel est continué après celui-ci, la présidence reste exercée par le membre de la Cour qui présidait lorsque l'affaire a été examinée pour la dernière fois. Si celui-ci est empêché de siéger, la présidence est exercée par le nouveau Président ou, à son défaut, par le nouveau Vice-Président, à condition qu'ils aient qualité pour siéger dans l'affaire. A leur défaut, la présidence est exercée par le membre de la Cour le plus âgé parmi les plus anciens sur le siège.

1972

Article 13

1. Si le Président se trouve être le ressortissant d'une partie en cause dans une affaire soumise à la Cour, il cède la présidence pour cette affaire. Le même principe s'applique, soit au Vice-Président soit à celui des membres de la Cour qui serait appelé à exercer les fonctions de Président.

2. Dans le cas où l'examen d'une affaire commencé avant le renouvellement partiel est continué après celui-ci, la présidence reste exercée par le membre de la Cour qui présidait lorsque l'affaire a été examinée pour la dernière fois. Si celui-ci est empêché de siéger, la présidence est exercée par le nouveau Président ou, à son défaut, par le nouveau Vice-Président, à condition qu'ils aient qualité pour siéger dans l'affaire. A leur défaut, la présidence est exercée par le membre de la Cour le plus âgé parmi les plus anciens sur le siège.

Du Greffe

Du Greffe

Article 14

1. La Cour choisit son Greffier parmi les candidats proposés par les membres de la Cour. Ceux-ci seront prévenus suffisamment à l'avance du jour où aura lieu la clôture du délai de présentation des candidats, de façon à permettre d'obtenir en temps utile les propositions et renseignements concernant les ressortissants des pays lointains.

Article 14

1. La Cour choisit son Greffier parmi les candidats proposés par les membres de la Cour. Ceux-ci seront prévenus suffisamment à l'avance du jour où aura lieu la clôture du délai de présentation des candidats, de façon à permettre d'obtenir en temps utile les propositions et renseignements concernant les ressortissants des pays lointains.

1946

1972

Article 13

1. If the President is a national of one of the parties to a case brought before the Court, he will abstain from exercising his functions as President in respect of that case. The same rule applies to the Vice-President or to any member of the Court who may be called on to act as President.

2. If a case is begun before a periodic election of members of the Court and continues after such election, the duties of President shall be discharged by the member of the Court who presided when the case was last under examination. If he is unable to sit, the duties of President shall be performed by the newly elected President or, failing him, the newly elected Vice-President, provided that the President or the Vice-President, as the case may be, is qualified to sit in the case. If neither is able to sit, the duties of President shall be performed by the oldest among the members of the Court who have been longest on the Bench.

The Registry

Article 14

1. The Court shall select its Registrar from amongst candidates proposed by members of the Court. The members of the Court shall receive adequate notice of the date on which the list of candidates will be closed so as to enable nominations and information concerning the nationals of distant countries to be received in sufficient time.

Article 13

1. If the President is a national of one of the parties to a case brought before the Court, he will abstain from exercising his functions as President in respect of that case. The same rule applies to the Vice-President or to any Member of the Court who may be called on to act as President.

2. If a case is begun before a periodic election of Members of the Court and continues after such election, the duties of President shall be discharged by the Member of the Court who presided when the case was last under examination. If he is unable to sit, the duties of President shall be performed by the newly elected President or, failing him, the newly elected Vice-President, provided that the President or the Vice-President, as the case may be, is qualified to sit in the case. If neither is able to sit, the duties of President shall be performed by the oldest among the Members of the Court who have been longest on the Bench.

The Registry

Article 14

1. The Court shall select its Registrar from amongst candidates proposed by Members of the Court. The Members of the Court shall receive adequate notice of the date on which the list of candidates will be closed so as to enable nominations and information concerning the nationals of distant countries to be received in sufficient time.

1946	1972

2. Les propositions doivent fournir les renseignements nécessaires sur l'âge, la nationalité, les titres universitaires, les connaissances linguistiques, les occupations actuelles des candidats, ainsi que sur leur expérience judiciaire et diplomatique et leur pratique des affaires des organisations internationales.

3. L'élection a lieu au scrutin secret et à la majorité absolue des voix.

4. Le Greffier est élu pour une période de sept ans. Il est rééligible.

5. Si le Greffier cesse ses fonctions avant l'expiration du terme ci-dessus fixé, une élection a lieu afin de lui choisir un successeur. Le mandat de celui-ci porte sur une période de sept ans.

6. La Cour nomme un Greffier-adjoint chargé d'assister le Greffier et de le remplacer pendant son absence ou, en cas de cessation de fonctions, jusqu'à ce qu'il ait été pourvu à la désignation de son successeur. Le Greffier-adjoint est élu dans les mêmes conditions et suivant la même procédure que le Greffier.

Article 15

1. Avant son entrée en fonctions, le Greffier fait, devant la Cour, la déclaration suivante:

"Je prends l'engagement solennel d'exercer en toute loyauté, discrétion et conscience les fonctions qui m'ont

---

2. Les propositions doivent fournir les renseignements nécessaires sur l'âge, la nationalité, les titres universitaires, les connaissances linguistiques, les occupations actuelles des candidats, ainsi que sur leur expérience judiciaire et diplomatique et leur pratique des affaires des organisations internationales.

3. L'élection a lieu au scrutin secret et à la majorité absolue des voix.

4. Le Greffier est élu pour une période de sept ans. Il est rééligible.

5. Si le Greffier cesse ses fonctions avant l'expiration du terme ci-dessus fixé, une élection a lieu afin de lui choisir un successeur. Le mandat de celui-ci porte sur une période de sept ans.

6. La Cour nomme un Greffier adjoint chargé d'assister le Greffier et de le remplacer pendant son absence ou, en cas de cessation de fonctions, jusqu'à ce qu'il ait été pourvu à la désignation de son successeur. Le Greffier adjoint est élu dans les mêmes conditions et suivant le même procédure que le Greffier.

Article 15

1. Avant son entrée en fonctions, le Greffier fait, devant la Cour, la déclaration suivante:

"Je prends l'engagement solennel d'exercer en toute loyauté, discrétion et conscience les fonctions qui m'ont été

1946

2. Nominations must give the necessary particulars regarding the candidates' age, nationality, university qualifications and linguistic attainments, their present occupation, their practical legal experience and their experience in diplomacy and in the work of international organizations.

3. The election shall be by secret ballot and by an absolute majority of votes.

4. The Registrar shall be elected for a term of seven years. He may be re-elected.

5. If the Registrar should cease to hold his office before the expiration of the term above mentioned, an election shall be held for the purpose of appointing a successor. Such election shall be for a term of seven years.

6. The Court shall appoint a Deputy-Registrar to assist the Registrar, to act as Registrar in his absence and, in the event of his ceasing to hold the office, to perform the duties until a new Registrar shall have been appointed. The Deputy-Registrar shall be appointed under the same conditions and in the same way as the Registrar.

Article 15

1. Before taking up his duties, the Registrar shall make the following declaration at a meeting of the Court:

"I solemnly declare that I will perform the duties incumbent upon me as Registrar of the International Court of

1972

2. Nominations must give the necessary particulars regarding the candidates' age, nationality, university qualifications and linguistic attainments, their present occupation, their practical legal experience and their experience in diplomacy and in the work of international organizations.

3. The election shall be by secret ballot and by an absolute majority of votes.

4. The Registrar shall be elected for a term of seven years. He may be re-elected.

5. If the Registrar should cease to hold his office before the expiration of the term above mentioned, an election shall be held for the purpose of appointing a successor. Such election shall be for a term of seven years.

6. The Court shall appoint a Deputy-Registrar to assist the Registrar, to act as Registrar in his absence and, in the event of his ceasing to hold the office, to perform the duties until a new Registrar shall have been appointed. The Deputy-Registrar shall be appointed under the same conditions and in the same ways as the Registrar.

Article 15

1. Before taking up his duties, the Registrar shall make the following declaration at a meeting of the Court:

"I solemnly declare that I will perform the duties incumbent upon me as Registrar of the International Court of

1946

été confiées, en ma qualité de Greffier de la Cour internationale de Justice."

2. Le Greffier-adjoint fait une déclaration semblable dans les mêmes conditions.

Article 16
Le Greffier a droit chaque année à deux mois de vacances.

Article 17
1. Les fonctionnaires du Greffe autres que le Greffier-adjoint sont nommés par la Cour, sur la proposition du Greffier.

2. Avant son entrée en fonctions, chaque fonctionnaire fait la déclaration suivante devant le Président et en présence du Greffier:

"Je prends l'engagement solennel d'exercer en toute loyauté, discrétion et conscience les fonctions qui m'ont été confiées en ma qualité de fonctionnaire du Greffe de la Cour internationale de Justice."

Article 18
1. La Cour établit et, quand il y a lieu, modifie le plan d'organisation du Greffe et, à cet effet, invite le Greffier à lui faire des propositions.
2. Le Statut du personnel du Greffe est préparé eu égard au plan d'organisation établi par la Cour ainsi qu'aux dispositions du Statut du personnel du Secrétariat de l'Organisation des Nations unies auxquelles il doit, autant que possible, se conformer. Il est arrêté par le Président sur la proposition du

1972

confiées en ma qualité de Greffier de la Cour internationale de Justice."

2. Le Greffier adjoint fait une déclaration semblable dans les mêmes conditions.

Article 16
Le Greffier a droit chaque année à deux mois de vacances.

Article 17
1. Les fonctionnaires du Greffe autres que le Greffier adjoint sont nommés par la Cour, sur la proposition du Greffier.

2. Avant son entrée en fonctions, chaque fonctionnaire fait la déclaration suivante devant le Président et en présence du Greffier:

"Je prends l'engagement solennel d'exercer en toute loyauté, discrétion et conscience les fonctions qui m'ont été confiées en ma qualité de fonctionnaire du Greffe de la Cour internationale de Justice."

Article 18
1. La Cour établit et, quand il y a lieu, modifie le plan d'organisation du Greffe et, à cet effet, invite le Greffier à lui faire des propositions.
2. Le Statut du personnel du Greffe est préparé eu égard au plan d'organisation établi par la Cour ainsi qu'aux dispositions du Statut du personnel du Secrétariat de l'Organisation des Nations Unies auxquelles il doit, autant que possible, se conformer. Il est arrêté par le Président sur la proposition du

1946

Justice in all loyalty, discretion and good conscience."

2. The Deputy-Registrar shall make a similar declaration in the same circumstances.

Article 16
The Registrar is entitled to two months' holiday in each year.

Article 17
1. The officials of the Registry, other than the Deputy-Registrar, shall be appointed by the Court on proposals submitted by the Registrar.
2. Before taking up his duties, each official shall make the following declaration before the President, the Registrar being present:
   "I solemnly declare that I will perform the duties incumbent upon me as an official of the International Court of Justice in all loyalty, discretion and good conscience."

Article 18
1. The Court shall prescribe and, when necessary, modify the plan of the organization of the Registry and for this purpose shall request the Registrar to make proposals.
2. The Regulations for the staff of the Registry shall be drawn up having regard to the plan of the organization prescribed by the Court and to the provisions of the Regulations for the staff of the Secretariat of the United Nations to which they shall, as far as possible, conform. Their adoption by the

1972

Justice in all loyalty, discretion and good conscience."

2. The Deputy-Registrar shall make a similar declaration in the same circumstances.

Article 16
The Registrar is entitled to two months' holiday in each year.

Article 17
1. The officials of the Registry, other than the Deputy-Registrar, shall be appointed by the Court on proposals submitted by the Registrar.
2. Before taking up his duties, each official shall make the following declaration before the President, the Registrar being present:
   "I solemnly declare that I will perform the duties incumbent upon me as an official of the International Court of Justice in all loyalty, discretion and good conscience."

Article 18
1. The Court shall prescribe and, when necessary, modify the plan of the organization of the Registry and for this purpose shall request the Registrar to make proposals.
2. The Regulations for the staff of the Registry shall be drawn up having regard to the plan of the organization prescribed by the Court and to the provisions of the Regulations for the staff of the Secretariat of the United Nations to which they shall, as far as possible, conform. Their adoption by the

1946	**1972**

Greffier, sauf approbation ultérieure de la Cour.*

Greffier, sauf approbation ultérieure de la Cour.*

Article 19
Au cas où le Greffier et le Greffier-adjoint seraient l'un et l'autre empêchés d'être présents et au cas où ces postes seraient simultanément vacants, le Président désigne le fonctionnaire du Greffe chargé de remplacer le Greffier pour tout le temps nécessaire.

Article 20
1. Le rôle général des affaires soumises à la Cour pour décision ou pour avis consultatif est dressé et tenu à jour par le Greffier sur les instructions et sous l'autorité du Président. Les affaires y sont inscrites avec un numéro d'ordre selon la date de réception de l'acte par lequel la Cour a été saisie.

2. Le rôle général comporte les rubriques suivantes:
    I. Numéro d'ordre.
    II. Titre abrégé.
    III. Date d'enregistrement au Greffe.
    IV. Numéro d'enregistrement au Greffe.
    V. Numéro de classement du dossier aux archives.
    VI. Nature de l'affaire (procédure contentieuse ou avis consultatif).
    VII. Parties.

Article 19
Au cas où le Greffier et le Greffier adjoint seraient l'un et l'autre empêchés d'être présents et au cas où ces postes seraient simultanément vacants, le Président désigne le fonctionnaire du Greffe chargé de remplacer le Greffier pour tout le temps nécessaire.

Article 20
1. Le rôle général des affaires soumises à la Cour pour décision ou pour avis consultatif est dressé et tenu à jour par le Greffier sur les instructions et sous l'autorité du Président. Les affaires y sont inscrites avec un numéro d'ordre selon la date de réception de l'acte par lequel la Cour a été saisie.

2. Le rôle général comporte les rubriques suivantes:
    I. Numéro d'ordre.
    II. Titre abrégé.
    III. Date d'enregistrement au Greffe.
    IV. Numéro d'enregistrement au Greffe.
    V. Numéro de classement du dossier aux archives.
    VI. Nature de l'affaire (procédure contentieuse ou avis consultatif).
    VII. Parties.

* Le *Statut du personnel du Greffe de la Cour internationale du Justice* fut arrêté par le Président le 10 mars 1947 et approuvé par la Cour le 14 mars 1947. Annuaire de la Cour internationale de Justice, 1946-1947, p. 60.

1946   **1972**

President on the proposal of the Registrar is subject to subsequent approval by the Court.*

President on the proposal of the Registrar is subject to subsequent approval by the Court.*

Article 19

If neither the Registrar nor the Deputy-Registrar can be present or if both these offices are vacant at the same time, the President shall appoint an official of the Registry to act as a substitute for the Registrar for such time as may be necessary.

Article 19

If neither the Registrar nor the Deputy-Registrar can be present or if both these offices are vacant at the same time, the President shall appoint an official of the Registry to act as a substitute for the Registrar for such time as may be necessary.

Article 20

1. The General List of cases submitted to the Court for decision or for advisory opinion shall be prepared and kept up to date by the Registrar on the instructions and subject to the authority of the President. Cases shall be entered in the list and numbered successively according to the date of the receipt of the document bringing the case before the Court.

2. The General List shall contain the following headings:

I. Number in list.
II. Short title.
III. Date of registration.

IV. Registration number.

V. File number in the archives.

VI. Class of case (contentious procedure or advisory opinion).
VII. Parties.

Article 20

1. The General List of cases submitted to the Court for decision or for advisory opinion shall be prepared and kept up to date by the Registrar on the instructions and subject to the authority of the President. Cases shall be entered in the list and numbered successively according to the date of the receipt of the document bringing the case before the Court.

2. The General List shall contain the following headings:

I. Number in list.
II. Short title.
III. Date of registration.

IV. Registration number.

V. File number in the archives.

VI. Class of case (contentious procedure or advisory opinion).
VII. Parties.

* *Staff Regulations for the Registry* were adopted by the President on 10 March 1947 and approved by the Court on 14 March 1947. Yearbook of the International Court of Justice, 1946-1947, p. 66.

VIII. Interventions.
IX. Voies d'introduction.
X. Date de la pièce introductive d'instance.
XI. Délais pour le dépôt des pièces de la procédure écrite.
XII. Prorogation éventuelle des délais.
XIII. Date de la clôture de la procédure écrite.
XIV. Remises.
XV. Date d'ouverture de la procédure orale (date de la première audience).
XVI. Observations.
XVII. Renvoi aux inscriptions antérieures ou ultérieures.
XVIII. Solution (nature et date).
XIX. Radiation du rôle (cause et date).
XX. Références aux publications de la Cour relatives à l'affaire.

3. Le rôle général contient, en outre, une case où sont portées des notes éventuelles, ainsi que des cases où sont portées, sur paraphe du Président et du Greffier, la date d'inscription de l'affaire et, le cas échéant, celles de la solution intervenue ainsi que de la radiation du rôle.

Article 21

1. Le Greffier sert d'intermédiaire pour les communications émanant de la Cour ou qui sont adressées à celle-ci.
2. Le Greffier veille à ce que la date d'expédition et de réception de toutes communications et notifications puisse être facilement contrôlée. Les communications adressées

VIII. Interventions.
IX. Voies d'introduction.
X. Date de la pièce introductive d'instance.
XI. Délais pour le dépôt des pièces de la procédure écrite.
XII. Prorogation éventuelle des délais.
XIII. Date de la clôture de la procédure écrite.
XIV. Remises.
XV. Date d'ouverture de la procédure orale (date de la première audience).
XVI. Observations.
XVII. Renvoi aux inscriptions antérieures ou ultérieures.
XVIII. Solution (nature et date).
XIX. Radiation du rôle (cause et date).
XX. Références aux publications de la Cour relatives à l'affaire.

3. Le rôle général contient, en outre, une case où sont portées des notes éventuelles, ainsi que des cases où sont portées, sur paraphe du Président et du Greffier, la date d'inscription de l'affaire et, le cas échéant, celles de la solution intervenue ainsi que de la radiation du rôle.

Article 21

1. Le Greffier sert d'intermédiaire pour les communications émanant de la Cour ou qui sont adressées à celle-ci.
2. Le Greffier veille à ce que la date d'expédition et de réception de toutes communications et notifications puisse être facilement contrôlée. Les communications adressées

1946	1972
VIII. Interventions.	VIII. Interventions.
IX. Method of submission.	IX. Method of submission.
X. Date of document instituting proceedings.	X. Date of document instituting proceedings.
XI. Time-limits for filing pleadings.	XI. Time-limits for filing pleadings.
XII. Prolongation, if any, of time-limits.	XII. Prolongation, if any, of time-limits.
XIII. Date of closure of the written proceedings.	XIII. Date of closure of the written proceedings.
XIV. Postponements.	XIV. Postponements.
XV. Date of the beginning of the hearing (date of the first public sitting).	XV. Date of the beginning of the hearing (date of the first public sitting).
XVI. Observations.	XVI. Observations.
XVII. References to earlier or subsequent cases.	XVII. References to earlier or subsequent cases.
XVIII. Result (nature and date).	XVIII. Result (nature and date).
XIX. Removal from the list (cause and date).	XIX. Removal from the list (cause and date).
XX. References to publications of the Court relating to the case.	XX. References to publications of the Court relating to the case.

3. The General List shall also contain a space for notes, if any, and spaces for the inscription, above the initials of the President and of the Registrar, of the dates of the entry of the case, of its result, or of its removal from the list, as the case may be.

3. The General List shall also contain a space for notes, if any, and spaces for the inscription, above the initials of the President and of the Registrar, of the dates of the entry of the case, of its result, or of its removal from the list, as the case may be.

Article 21

1. The Registrar shall be the regular channel for communications to and from the Court.

2. The Registrar shall ensure that the date of despatch and receipt of all communications and notifications may be readily verified. Communications addressed to the agents

Article 21

1. The Registrar shall be the regular channel for communications to and from the Court.

2. The Registrar shall ensure that the date of despatch and receipt of all communications and notifications may be readily verified. Communications addressed to

1946

1972

aux agents des parties sont considérées comme ayant été adressées aux parties elles-mêmes. La date de réception est notée sur tous les documents parvenant au Greffier et il en est donné à l'expéditeur un réçu portant la date de réception de ces documents et les numéros sous lesquels ils ont été enregistrés.

3. Le Greffier, dans les limites de la discrétion attachée à ses fonctions, répond aux demandes de renseignements concernant l'activité de la Cour, notamment à celles de la presse.

4. Le Greffier fait publier dans la presse toutes indications utiles sur la date et l'heure fixées pour ses séances publiques.

5. Le Greffier porte à la connaissance du gouvernement de l'État où siège la Cour, ou, le cas échéant, la Chambre saisie d'une affaire, les noms, prénoms et qualité des agents, conseils et avocats désignés pour cette affaire par l'une ou l'autre partie.

Article 22

Un recueil imprimé des arrêts et avis consultatifs de la Cour, ainsi que des ordonnances que la Cour décide d'y faire figurer, est publié sous la responsabilité du Greffier.

Article 23

1. Le Greffier a la responsabilité des archives, des comptes et de tous travaux administratifs. Il a la garde des sceaux et cachets. Le Greffier ou son remplaçant assiste à toutes les séances de la Cour, ainsi qu'à celles des Chambres. Les procès-

aux agents des parties sont considérées comme avant été adressées aux parties elles-mêmes. La date de réception est notée sur tous les documents parvenant au Greffier et il en est donné à l'expéditeur un reçu portant la date de réception de ces documents et les numéros sous lesquels ils ont été enregistrés.

3. Le Greffier, dans les limites de la discrétion attachée à ses fonctions, répond aux demandes de renseignements concernant l'activité de la Cour, notamment à celles de la presse.

4. Le Greffier fait publier dans la presse toutes indications utiles sur la date et l'heure fixées pour les séances publiques.

5. Le Greffier porte à la connaissance du gouvernement de l'Etat où siège la Cour, ou, le cas échéant, la chambre saisie d'une affaire, les noms, prénoms et qualité des agents, conseils et avocats désignés pour cette affaire par l'une ou l'autre partie.

Article 22

Un recueil imprimé des arrêts et avis consultatifs de la Cour, ainsi que des ordonnances que la Cour décide d'y faire figurer, est publié sous la responsabilité du Greffier.

Article 23

1. Le Greffier a la responsabilité des archives, des comptes et de tous travaux administratifs. Il a la garde des sceaux et cachets. Le Greffier ou son remplaçant assiste à toutes les séances de la Cour, ainsi qu'à celles des chambres. Les procès-

of the parties shall be considered as having been addressed to the parties themselves. The date of receipt shall be noted on all documents received by the Registrar, and a receipt bearing this date and the number under which the document has been registered shall be given to the sender.

3. The Registrar shall, subject to the obligations of secrecy attaching to his official duties, reply to all enquiries concerning the work of the Court, including enquiries from the Press.

4. The Registrar shall publish in the Press all necessary information as to the date and hour fixed for public sittings.

5. The Registrar shall communicate to the government of the country in which the Court, or a Chamber dealing with a case, is sitting, the names, first names and description of the agents, counsel and advocates appointed by each of the parties for the purposes of the case.

Article 22

A collection of the judgments and advisory opinions of the Court, and also of such orders as the Court may decide to include therein, shall be printed and published under the responsibility of the Registrar.

Article 23

1. The Registrar shall be responsible for the archives, the accounts and all administrative work. He shall have the custody of the seals and stamps of the Court. The Registrar or his substitute shall be present at all sittings of the Court

the agents of the parties shall be considered as having been addressed to the parties themselves. The date of receipt shall be noted on all documents received by the Registrar, and a receipt bearing this date and the number under which the document has been registered shall be given to the sender.

3. The Registrar shall, subject to the obligations of secrecy attaching to his official duties, reply to all enquiries concerning the work of the Court, including enquiries from the Press.

4. The Registrar shall publish in the Press all necessary information as to the date and hour fixed for public sittings.

5. The Registrar shall communicate to the government of the country in which the Court, or a Chamber dealing with a case, is sitting, the names, first names and description of the agents, counsel and advocates appointed by each of the parties for the purposes of the case.

Article 22

A collection of the judgments and advisory opinions of the Court, and also of such orders as the Court may decide to include therein, shall be printed and published under the responsibility of the Registrar.

Article 23

1. The Registrar shall be responsible for the archives, the accounts and all administrative work. He shall have the custody of the seals and stamps of the Court. The Registrar or his substitute shall be present at all sittings of the Court

1946   **1972**

verbaux des séances sont rédigés   verbaux des séances sont rédigés
sous la responsabilité du Greffier.   sous la responsabilité du Greffier.

2. Le Greffier remplit, en outre,   2. Le Greffier remplit, en outre,
toutes les fonctions qui peuvent lui   toutes les fonctions qui peuvent lui
être dévolues aux termes du pré-   être dévolues aux termes du présent
sent Règlement.   Règlement.

3. Des instructions préparées   3. Des instructions préparées
par le Greffier et arrêtées par le   par le Greffier et arrêtées par le
Président déterminent le détail des   Président déterminent le détail des
attributions du Greffe.*   attributions du Greffe.*

Des Chambres   *Des chambres*

                                          Article 24
                                          1. La chambre de procédure
                                          sommaire constituée chaque année
                                          conformément à l'article 29 du Sta-
                                          tut est composée de cinq membres
                                          de la Cour, à savoir le Président et
                                          le Vice-Président, membres de
                                          droit, et trois autres membres élus
                                          conformément à l'article 27, para-
                                          graphe 1 du Règlement. En outre,
                                          deux autres membres de la Cour
                                          sont élus chaque année comme sup-
                                          pléants.

                                          2. Les élections visées au para-
                                          graphe 1 du présent article ont lieu
                                          dans les trois mois qui suivent le 6
                                          février. Les membres de la chambre
                                          entrent en fonctions dès leur élec-
                                          tion et le demeurent jusqu'aux élec-
                                          tions suivantes; ils sont rééligibles.

                                          3. Lorsqu'un membre de la
                                          chambre n'est pas en mesure, pour

---

* *Les Instructions pour le Greffe* fu-   légèrement modifiées par le Président le
rent arrêtées par le Président le 13 mars 2 septembre 1949. Annuaire, 1949-
1947. Annuaire de la Cour internationale   1950, p. 19.
de Justice, 1946-1947, p. 66. Elles furent

1946

1972

and at sittings of the Chambers. The Registrar shall be responsible for drawing up the minutes of the meetings.

2. He shall undertake, in addition, all duties which may be laid upon him by these Rules.

3. Instructions for the Registry shall be drawn up by the Registrar and approved by the President.*

The Chambers

and at sittings of the Chambers. The Registrar shall be responsible for drawing up the minutes of the meetings.

2. He shall undertake, in addition, all duties which may be laid upon him by these Rules.

3. Instructions for the Registry shall be drawn up by the Registrar and approved by the President.*

The Chambers

Article 24

1. The Chamber of Summary Procedure to be formed annually under Article 29 of the Statute shall be composed of five Members of the Court, comprising the President and Vice-President of the Court, acting ex officio, and three other members elected in accordance with Article 27, paragraph 1, of these Rules. In addition, two Members of the Court shall also be elected annually to act as substitutes.

2. The election referred to in paragraph 1 of this Rule shall be held within three months after 6 February. The members of the Chamber shall enter upon their functions on election and continue to serve until the next election; they may be re-elected.

3. If a member of the Chamber is unable, for whatever reason, to

---

* *Instructions for the Registry* were approved by the President on 13 March 1947. Yearbook of the International Court of Justice, 1946-1947, p. 72. They were slightly amended by the President on 2 September 1949. Yearbook, 1949-1950, p. 24.

quelque motif que ce soit, de siéger dans une affaire donnée, il est remplacé aux fins de cette affaire par celui des deux suppléants qui prend rang le premier.

4. Lorsqu'un membre de la chambre cesse d'en faire partie pour une autre cause que son remplacement en vertu du paragraphe 1, sa place est occupée par celui des deux suppléants qui prend rang le premier; celui-ci devient alors membre titulaire de la chambre et un nouveau suppléant est élu pour le remplacer. S'il se produit plus de vacances qu'il n'y a de suppléants, il est procédé dès que possible à des élections pour pourvoir aux sièges encore vacants après que les suppléants sont devenus membres titulaires et pour combler les vacances parmi les suppléants.

Article 24

1. Lorsque la Cour juge à propos de constituer une ou plusieurs Chambres prévues à l'article 26, paragraphe 1, du Statut, elle prend à cet effet une décision par laquelle elle détermine la catégorie d'affaires en vue de laquelle chaque Chambre est constituée, la composition de celle-ci, la durée des pouvoirs des juges qui seront appelés à y siéger, ainsi que la date d'entrée en fonctions de ceux-ci après un renouvellement. Elle procède de même pour modifier la compétence, la composition ou le mode de renouvellement d'une Chambre ou pour en décider la suppression.

2. Les Présidents et les membres des Chambres prévues aux articles 26, paragraphes 1 et 2, et 29 du

Article 25

1. Lorsque la Cour juge à propos de constituer une ou plusieurs chambres prévues à l'article 26, paragraphe 1, du Statut, elle prend à cet effet une décision par laquelle elle détermine la catégorie d'affaires en vue de laquelle chaque chambre est constituée, le nombre de ses membres, la durée de leurs pouvoirs, ainsi que leur date d'entrée en fonctions.

2. Les membres de la chambre sont élus de la manière prévue à l'article 27, paragraphe 1, du Règ-

1946

1972

sit in a given case, he shall be replaced for the purposes of that case by the senior in rank of the two substitutes.

4. If a member of the Chamber ceases to be a member of it otherwise than by replacement under paragraph 1, his place shall be taken by the senior in rank of the two substitutes, who shall thereupon become a full member of the Chamber and be replaced as substitute by the election of another one. Should vacancies exceed the number of available substitutes, elections shall be held as soon as feasible in respect of the vacancies still existing after the substitutes have assumed full membership and in respect of the vacancies in the substitutes.

Article 24

1. When the Court decides to form one or more of the Chambers provided for in Article 26, paragraph 1, of the Statute, it shall determine the particular category of cases for which each Chamber is formed, its composition, the period for which its members will serve, and the date at which they will enter upon their duties. The Court may in the same way change its competence, its composition, or the method of renewing its membership, or decide upon its dissolution.

Article 25

1. When the Court decides to form one or more of the Chambers provided for in Article 26, paragraph 1, of the Statute, it shall determine the particular category of cases for which each Chamber is formed, the number of its members, the period for which they will serve, and the date at which they will enter upon their duties.

2. The Presidents and the members of the Chambers provided for in Article 26, paragraphs 1 and 2,

2. The members of the Chamber shall be elected in accordance with Article 27, paragraph 1, of these

Statut sont élus par la Cour, au scrutin secret et à la majorité absolue des voix.

lement parmi les membres de la Cour, compte tenu de leurs connaissances particulières, de leurs aptitudes techniques ou de l'expérience qu'ils ont acquise antérieurement eu égard à la catégorie d'affaires dont la chambre doit connaître.

3. Les membres de la Chambre de procédure sommaire prévue à l'article 29 du Statut sont élus pour un an. Il est procédé à leur élection dans les trois mois qui suivent le 6 février, et les membres ainsi élus entrent en fonctions à l'expiration du terme fixé pour les fonctions de leurs prédécesseurs. Toutefois, au cas où, par l'effet du renouvellement partiel, un ou plusieurs membres de ladite Chambre cesseraient d'être membres de la Cour au 6 février suivant, il serait pourvu dans les trois mois qui précèdent cette date à leur remplacement. Les juges ainsi élus achèvent le terme du mandat de leurs prédécesseurs.

4. Conformément à l'article 13, paragraphe 3, du Statut, les membres d'une Chambre continuent de connaître des affaires dont ils sont déjà saisis bien qu'ils aient cessé d'être membres de cette Chambre.

3. La Cour peut décider la suppression d'une chambre, mais sans préjudice du devoir incombant à celle-ci de terminer les affaires en instance devant elle.

Article 26
1. Lorsque, en vertu de l'article 26, paragraphe 2, du Statut, la Cour décide, à la demande des parties, de constituer une chambre pour connaître d'une affaire déterminée, le Président consulte les agents des parties sur la composition de la chambre et rend compte à la Cour.

2. Ayant fixé, avec l'assentiment

1946

and Article 29 of the Statute, shall be elected by the Court, by secret ballot, and by an absolute majority of votes.

3. The members of the Chamber of Summary Procedure provided for in Article 29 of the Statute shall be elected for one year. The election shall be held within three months after February 6th, and the members thus elected shall enter upon their duties at the expiration of their predecessors' term. If, however, as the result of a periodic election of members of the Court, one or more members of the Chambers will cease to be members of the Court on the ensuing February 6th, an election shall be held in the course of the three months preceding that date to replace them. The judges thus elected shall complete the term of office of their predecessors.

4. The members of a Chamber shall, in conformity with Article 13, paragraph 3, of the Statute, finish any case which they may have begun, though they have ceased to be members of the Chamber.

1972

Rules, from among the Members of the Court having regard to any special knowledge, expertise or previous experience which any of the Members of the Court may have in relation to the category of case the Chamber is being formed to deal with.

3. The Court may decide upon the dissolution of a Chamber, but without prejudice to the duty of the Chamber concerned to finish any cases pending before it.

Article 26

1. When the Court, acting under Article 26, paragraph 2, of the Statute, decides, at the request of the parties, to form a Chamber to deal with a particular case, the President shall consult the agents of the parties regarding the composition of the Chamber, and shall report to the Court accordingly.

2. When the Court has deter-

1946   **1972**

des parties, le nombre de ses membres qui siégeront à la chambre, la Cour procède à leur élection de la manière prévue à l'article 27, paragraphe 1, du Règlement. Les vacances éventuelles sont pourvues suivant la même procédure.

3. Tout membre d'une chambre constituée en application du présent article qui cesse d'être membre de la Cour en raison de l'expiration de sa période de fonctions continue à siéger en l'affaire quel que soit le stade atteint par celle-ci au moment où ses fonctions expirent.

Article 27
1. Les élections à toutes les chambres ont lieu au scrutin secret. Les membres de la Cour qui obtiennent le plus grand nombre de voix constituant une majorité des membres composant la Cour au moment du scrutin sont déclarés élus. Pour pourvoir les vacances, il est procédé, le cas échéant, à plusieurs tours de scrutin, chaque scrutin étant limité au nombre de vacances restant à pourvoir.

5. Sous réserve de l'article 13, paragraphe 1, du présent Règlement, le Président de la Cour, s'il est présent, présidera d'office toute Chambre dont il est membre; le Vice-Président de la Cour, s'il est présent, présidera d'office toute Chambre dont il fait partie, mais dont le Président n'est pas membre ou, dans le cas contraire, en l'absence du Président.

2. Sous réserve de l'article 13, paragraphe 1, du Règlement, le Président de la Cour préside toute chambre dont il est membre et il en est de même du Vice-Président de la Cour pour toute chambre dont il est membre mais dont le Président ne fait pas partie. Sous réserve de la même disposition, au cas où ni le Président ni le Vice-Président ne sont membres, la chambre élit son président au scrutin secret et à la

1946

1972

mined, with the approval of the parties, the number of its Members who are to constitute the Chamber, it will proceed to their election, in accordance with the provisions of Article 27, paragraph 1, of these Rules. The same procedure shall be followed as regards the filling of any vacancy that may occur on the Chamber.

3. Any member of a Chamber formed under this Rule who ceases to be a Member of the Court by reason of the expiry of his term of office, shall continue to sit in the case, whatever the stage reached when his term of office expires.

Article 27

1. Elections to all Chambers shall take place by secret ballot. The Members of the Court obtaining the largest number of votes constituting a majority of the Members of the Court composing it at the time shall be declared elected. If necessary to fill vacancies, more than one ballot shall take place, such ballot being limited to the number of vacancies that remain to be filled.

5. Subject to Article 13, paragraph 1, of these Rules, the President of the Court, if present, shall preside *ex officio* over any Chamber of which he is a member; and the Vice-President of the Court, if present, shall preside *ex officio* over any Chamber of which he is a member and of which the President is not a member, or from which the President, being a member, is absent.

2. Subject to Article 13, paragraph 1, of these Rules, the President of the Court shall preside over any Chamber of which he is a member, and the same shall apply to the Vice-President of the Court in respect of any Chamber of which he, but not the President, is a member. Subject to the same provision, if neither the President nor the Vice-President is a member, the Chamber shall elect its own Presi-

1946   **1972**

majorité absolue.

3. Le membre de la chambre qui prend rang immédiatement après le président exerce les fonctions de vice-président. L'article 10 du Règlement s'applique *mutatis mutandis* à toutes les chambres et à leur présidence.

4. Si, pour une affaire déterminée, le président de la chambre intéressée est empêché de siéger ou de présider, la présidence est assurée par le vice-président de la chambre ou, si celui-ci ne peut s'en charger, par le membre de la chambre prenant rang immédiatement après lui qui est en mesure d'exercer ces fonctions.

5. Sans préjudice de l'article 26, paragraphe 3, du Règlement, l'obligation incombant à un membre d'une chambre qui cesse d'être membre de la Cour de continuer à connaître d'une affaire dont il est déjà saisi n'existe que s'il cesse d'être membre de la Cour après la date à laquelle la chambre se réunit pour la procédure orale. L'arrêt rendu, cette obligation n'implique pas celle de siéger dans des phases ultérieures de la même affaire. Si le membre de la chambre intéressée en est également le président, il continue à exercer ses fonctions en cette qualité.

Section 2
Fonctionnement de la Cour

Section 2
Fonctionnement de la Cour

Article 25
1. A moins de résolution spéciale de la Cour, les périodes et la durée des vacances judiciaires sont

Article 28
1. A moins de résolution spéciale de la Cour, les périodes et la durée des vacances judiciaires sont

1946

1972

dent by secret ballot and an absolute majority vote of its members.

3. The member of the Chamber who, not being its President, is senior in rank shall act as Vice-President. The provisions of Article 10 shall be applicable, *mutatis mutandis*, in respect of all the Chambers and their presidencies.

4. If in any particular case the President of the Chamber concerned is prevented from sitting, or from acting as President, the functions of the presidency shall be assumed by the Vice-President of the Chamber or, failing him, by the next ranking member of the Chamber in a position to act.

5. Without prejudice to Article 26, paragraph 3, of these Rules the duty of a member of a Chamber who ceases to be a Member of the Court, to finish a case already begun by him, arises only if he ceases to be a Member of the Court after the date on which the Chamber convenes for the oral proceedings. When judgment has been pronounced, such a duty does not extend to sitting in future phases of the same case. If the member of the Chamber concerned is also its President, he shall continue to act as such.

Section 2
Working of the Court

Section 2
Working of the Court

Article 25
1. In the absence of a special resolution by the Court, the dates and duration of the vacations of

Article 28
1. In the absence of a special resolution by the Court, the dates and duration of the vacations of

1946

déterminées comme il suit: *a*) du 18 décembre au 7 janvier; *b*) du dimanche qui précède le jour de Pâques jusqu'au deuxième dimanche après le jour de Pâques; *c*) du 15 juillet au 15 septembre. La présidence reste néanmoins assurée au siège de la Cour, soit que le Président se tienne en contact avec le Greffier soit qu'il invite le Vice-Président à le remplacer.

2. En cas d'urgence, le Président peut toujours, pendant les périodes visées à l'alinéa qui précède, convoquer les membres de la Cour.

3. La Cour observe les jours fériés en usage dans le lieu où elle siège.

Article 26
1. Tout membre de la Cour qui désire obtenir un congé par application de l'article 23, paragraphe 2, du Statut, adresse sa demande au Greffe. La Cour statue sur la demande: la date et la durée du congé qu'elle accorde à un juge sont fixées en tenant compte des exigences du fonctionnement de la Cour et de la distance qui sépare La Haye des foyers de ce juge.

2. Le nombre des membres de la Cour simultanément en congé ne doit pas dépasser deux. Le Président et le Vice-Président ne peuvent pas être absents en même temps.

1972

déterminées comme il suit: *a*) du 18 décembre au 7 janvier; *b*) du dimanche qui précède le jour de Pâques jusqu'au deuxième dimanche après le jour de Pâques; *c*) du 15 juillet au 15 septembre. La présidence reste néanmoins assurée au siège de la Cour, soit que le Président se tienne en contact avec le Greffier soit qu'il invite le Vice-Président à le remplacer.

2. En cas d'urgence, le Président peut toujours, pendant les périodes visées à l'alinéa qui précède, convoquer les membres de la Cour.

3. La Cour observe les jours fériés en usage dans le lieu où elle siège.

Article 29
1. Tout membre de la Cour qui désire obtenir un congé par application de l'article 23, paragraphe 2, du Statut, adresse sa demande au Greffe. La Cour statue sur la demande: la date et la durée du congé qu'elle accorde à un juge sont fixées en tenant compte des exigences du fonctionnement de la Cour et de la distance qui sépare La Haye des foyers de ce juge.

2. Le nombre des membres de la Cour simultanément en congé ne doit pas dépasser deux. Le Président et le Vice-Président ne peuvent pas être absents en même temps.

1946   **1972**

the Court are fixed as follows: (*a*) from December 18th to January 7th; (*b*) from the Sunday before Easter to the second Sunday after Easter; (*c*) from July 15th to September 15th. The duties of President shall nevertheless be continously discharged at the seat of the Court. For this purpose, the President shall either himself maintain contact with the Registrar or shall request the Vice-President to take his place.

2. In case of urgency, the President may at any time convene the members of the Court during the periods mentioned in the preceding paragraph.

3. The public holidays which are customary at the place where the Court is sitting will be observed by the Court.

Article 26

1. Any member of the Court who desires to obtain leave in pursuance of Article 23, paragraph 2, of the Statute, shall send his request to the Registry. The Court shall consider the request, and the date and the duration of the leave which it grants to a judge shall be fixed having regard to what is required to ensure its proper working and to the distance between The Hague and his home.

2. The number of members of the Court on leave at the same time must not exceed two. The President and the Vice-President must not both be absent on leave at the same time.

---

the Court are fixed as follows: *(a)* from 18 December to 7 January; *(b)* from the Sunday before Easter to the second Sunday after Easter; *(c)* from 15 July to 15 September. The duties of President shall nevertheless be continuously discharged at the seat of the Court. For this purpose, the President shall either himself maintain contact with the Registrar or shall request the Vice-President to take his place.

2. In case of urgency, the President may at any time convene the Members of the Court during the periods mentioned in the preceding paragraph.

3. The public holidays which are customary at the place where the Court is sitting will be observed by the Court.

Article 29

1. Any Member of the Court who desires to obtain leave in pursuance of Article 23, paragraph 2, of the Statute, shall send his request to the Registry. The Court shall consider the request, and the date and the duration of the leave which it grants to a judge shall be fixed having regard to what is required to ensure its proper working and to the distance between The Hague and his home.

2. The number of Members of the Court on leave at the same time must not exceed two. The President and the Vice-President must not both be absent on leave at the same time.

1946

Article 27

Les membres de la Cour qui, par suite de maladie ou pour quelque autre motif grave, se trouvent empêchés de participer aux séances de la Cour, auxquelles le Président les a convoqués, doivent en faire part au Président, qui en rend compte à la Cour.

Article 28

1. Les dates et heures des séances de la Cour sont fixées par le Président.

2. La date pour laquelle est convoquée une des Chambres prévues aux articles 26 et 29 du Statut est fixée par le Président de la Cour. Les dates et heures des séances de ladite Chambre sont fixées par son Président.

3. La Cour ou, si elle ne siège pas, le Président peut fixer le lieu, autre que La Haye, où une des Chambres prévues aux articles 26 et 29 du Statut siégera et exercera ses fonctions.

Article 29

Si, la Cour étant convoquée, il est constaté que le quorum exigé n'est pas atteint, le Président ajourne la séance jusqu'à ce que le quorum soit atteint. Les juges désignés en vertu de l'article 31 du Statut ne sont pas comptés pour le calcul du quorum.

1972

Article 30

Les membres de la Cour qui, par suite de maladie ou pour quelque autre motif grave, se trouvent empêchés de participer aux séances de la Cour, auxquelles le Président les a convoqués, doivent en faire part au Président, qui en rend compte à la Cour.

Article 31

1. Les dates et heures des séances de la Cour sont fixées par le Président.

2. La date pour laquelle est convoquée une des chambres prévues aux articles 26 et 29 du Statut est fixée par le Président de la Cour. Les dates et heures des séances de ladite chambre sont fixées par son Président.

3. La Cour ou, si elle ne siège pas, le Président peut fixer le lieu, autre que La Haye, où une des chambres prévues aux articles 26 et 29 du Statut siégera et exercera ses fonctions.

Article 32

Si, la Cour étant convoquée, il est constaté que le quorum exigé n'est pas atteint, le Président ajourne la séance jusqu'à ce que le quorum soit atteint. Les juges désignés en vertu de l'article 31 du Statut ne sont pas comptés pour le calcul du quorum.

1946

Article 27
Members of the Court who are prevented by illness or other serious reasons from attending a sitting of the Court to which they have been summoned by the President, shall notify the President who will inform the Court.

Article 28
1. The date and hour of sitting of the Court shall be fixed by the President.

2. The President of the Court shall fix the date for the convening of any Chamber referred to in Articles 26 and 29 of the Statute. The date and hour of the sittings of such Chamber shall be fixed by the President of the Chamber.

3. The Court, or if it is not sitting the President, may fix the place, other than The Hague, where one of the Chambers provided for by Articles 26 and 29 of the Statute shall sit and exercise its functions.

Article 29
If a sitting of the Court has been convened and it is found that there is no quorum, the President shall adjourn the sitting until a quorum has been obtained. Judges chosen under Article 31 of the Statute shall not be taken into account for the calculation of the quorum.

1972

Article 30
Members of the Court who are prevented by illness or other serious reasons from attending a sitting of the Court to which they have been summoned by the President, shall notify the President who will inform the Court.

Article 31
1. The date and hour of sittings of the Court shall be fixed by the President.

2. The President of the Court shall fix the date for the convening of any Chamber referred to in Articles 26 and 29 of the Statute. The date and hour of the sittings of such Chamber shall be fixed by the President of the Chamber.

3. The Court, or if it is not sitting the President, may fix the place, other than The Hague, where one of the Chambers provided for by Articles 26 and 29 of the Statute shall sit and exercise its functions.

Article 32
If a sitting of the Court has been convened and it is found that there is no quorum, the President shall adjourn the sitting until a quorum has been obtained. Judges chosen under Article 31 of the Statute shall not be taken into account for the calculation of the quorum.

1946

Article 30[1]

1. La Cour délibère en Chambre du Conseil sur les différends qui lui sont soumis et sur les avis consultatifs qui lui sont demandés.

2. Seuls les juges et éventuellement les assesseurs prennent part aux délibérations. Le Greffier ou son remplaçant sont présents dans la Chambre du Conseil. Aucune autre personne ne peut y être admise qu'en vertu d'une décision spéciale de la Cour.

3. Chacun des juges présents à la délibération exprime son opinion motivée.

4. Tout juge peut demander qu'une question devant être mise aux voix soit formulée en termes précis dans les deux langues officielles et distribuée à la Cour. Il sera fait droit à cette demande.

5. Les conclusions adoptées, après discussion finale, par la majorité des juges déterminent la décision de la Cour. Les votes sont émis dans l'ordre inverse de l'ordre établi par l'article 2 du présent Règlement.

6. Il ne sera pas établi de procès-verbal détaillé des séances en Chambre du Conseil consacrées au délibéré sur les arrêts ou avis; les

1972

Article 33[1]

1. La Cour délibère en chambre du conseil sur les différends qui lui sont soumis et sur les avis consultatifs qui lui sont demandés.

2. Seuls les juges et éventuellement les assesseurs prennent part aux délibérations. Le Greffier ou son remplaçant sont présents dans la chambre du conseil. Aucune autre personne ne peut y être admise qu'en vertu d'une décision spéciale de la Cour.

3. Chacun des juges présents à la délibération exprime son opinion motivée.

4. Tout juge peut demander qu'une question devant être mise aux voix soit formulée en termes précis dans les deux langues officielles et distribuée à la Cour. Il sera fait droit à cette demande.

5. Les conclusions adoptées, après discussion finale, par la majorité des juges déterminent la décision de la Cour. Les votes sont émis dans l'ordre inverse de l'ordre établi par l'article 2 du présent Règlement.

6. Il ne sera pas établi de procès-verbal détaillé des séances en chambre du conseil consacrées au délibéré sur les arrêts ou avis; les

---

1. A la date du 6 mai 1946, la Cour a pris connaissance de la Résolution de la Cour permanente de Justice internationale concernant la pratique de cette Cour en matière judiciaire, adoptée le 20 février 1931 et revisée le 17 mars 1936. (Voir *Publications de la Cour permanente de Justice internationale: Actes et Documents relatifs à l'organisation de*

la Cour, Série D, n⁰ 1, quatrième édition, avril 1940, p. 62.) Elle a décidé qu'elle se conformerait provisoirement à la méthode de délibération ainsi décrite. Le 5 juillet 1968, elle a adopté une Résolution visant la pratique interne de la Cour en matière judiciaire. Voir page 208 dessous.

1946	1972

Article 30[1]

1. The Court shall sit in private to deliberate upon disputes which are submitted to it and upon advisory opinions which it is asked to give.

2. Only the judges, and the assessors, if any, shall take part in the deliberations. The Registrar or his substitute shall be present. No other person shall be admitted except in pursuance of a special decision taken by the Court.

3. Every judge who is present at the deliberations shall state his opinion together with the reasons on which it is based.

4. Any judge may request that a question which is to be voted upon shall be drawn up in precise terms in both the official languages and distributed to the Court. Effect shall be given to any such request.

5. The decision of the Court shall be based upon the conclusions concurred in after final discussion by a majority of the judges. The judges shall vote in the order inverse to the order laid down by Article 2 of these Rules.

6. No detailed minutes shall be prepared of the private meetings of the Court for deliberation upon judgments or advisory opinions;

Article 33[1]

1. The Court shall sit in private to deliberate upon disputes which are submitted to it and upon advisory opinions which it is asked to give.

2. Only the judges, and the assessors, if any, shall take part in the deliberations. The Registrar or his substitute shall be present. No other person shall be admitted except in pursuance of a special decision taken by the Court.

3. Every judge who is present at the deliberations shall state his opinion together with the reasons on which it is based.

4. Any judge may request that a question which is to be voted upon shall be drawn up in precise terms in both the official languages and distributed to the Court. Effect shall be given to any such request.

5. The decision of the Court shall be based upon the conclusions concurred in after final discussion by a majority of the judges. The judges shall vote in the order inverse to the order laid down by Article 2 of these Rules.

6. No detailed minutes shall be prepared of the private meetings of the Court for deliberation upon judgments or advisory opinions; the

1. On 6 May 1946, the Court took note of the Resolution of the Permanent Court of International Justice regarding that Court's judicial practice adopted on 20 February 1931, and revised on 17 March 1936. (See *Publications of the Permanent Court of International Justice: Acts and Documents concerning the Organization of the Court*; Series D.,

No. 1, Fourth edition, April 1940, p. 62.) It decided to adopt provisionally the method of deliberation described in that Resolution. On 5 July 1968, the Court adopted a new Resolution Concerning the Internal Judicial Practice of the Court. See page 209 below.

procès-verbaux de ces séances, qui doivent être tenus pour confidentiels, se bornent à mentionner l'objet des débats, les votes et le nom de ceux qui ont voté pour ou contre une motion, ainsi que les déclarations expressément faites en vue d'y être insérées.

7. Sauf décision contraire de la Cour, les paragraphes 3, 4 et 5 du présent article s'appliqueront aux délibérations de la Cour en Chambre du Conseil sur toutes questions administratives.

procès-verbaux de ces séances, qui doivent être tenus pour confidentiels, se bornent à mentionner l'objet des débats, les votes et le nom de ceux qui ont voté pour ou contre une motion, ainsi que les déclarations expressément faites en vue d'y être insérées.

7. Sauf décision contraire de la Cour, les paragraphes 2, 4 et 5 du présent article s'appliqueront aux délibérations de la Cour en chambre du conseil sur toutes questions administratives.

Titre II

PROCÉDURE EN MATIÈRE CONTENTIEUSE

Article 31
Les dispositions des Sections 1, 2 et 4 du présent Titre sont établies sous réserve de l'adoption par la Cour des modifications ou additions particulières qui lui seraient proposées d'un commun accord par les parties et que la Cour estimerait appropriées à l'affaire et aux circonstances.

Titre II

PROCÉDURE EN MATIÈRE CONTENTIEUSE

Article 34
Les dispositions des sections 1, 2 et 4 du présent titre sont établies sous réserve de l'adoption par la Cour des modifications ou additions particulières qui lui seraient proposées d'un commun accord par les parties et que la Cour estimerait appropriées à l'affaire et aux circonstances.

Section 1
Procédure devant la Cour plénière

I. Règles générales

De l'introduction de l'instance

Article 32
1. Lorsqu'une affaire est portée devant la Cour en vertu d'un compromis, il est fait application de l'article 40, paragraphe 1, du Statut.
2. Lorsqu'une affaire est portée

Section 1
Procédure devant la Cour plénière

1. Règles générales

De l'introduction de l'instance

Article 35
1. Lorsqu'une affaire est portée devant la Cour en vertu d'un compromis, il est fait application de l'article 40, paragraphe 1, du Statut.
2. Lorsqu'une affaire est portée

1946

the minutes of these meetings are to be considered as confidential and shall record only the subject of the debates, the votes taken, the names of those voting for and against a motion and statements expressly made for insertion in the minutes.

7. Unless otherwise decided by the Court, paragraphs 2, 4 and 5 of this Article shall apply to deliberations by the Court in private upon any administrative matter.

Heading II

CONTENTIOUS PROCEEDINGS

Article 31
The rules contained in Sections 1, 2 and 4 of this Heading shall not preclude the adoption by the Court of particular modifications or additions proposed jointly by the parties and considered by the Court to be appropriate to the case and in the circumstances.

Section 1
Procedure before the full Court

I. *General Rules*

Institution of Proceedings

Article 32
1. When a case is brought before the Court by means of a special agreement, Article 40, paragraph 1, of the Statute shall apply.
2. When a case is brought before

1972

minutes of these meetings are to be considered as confidential and shall record only the subject of the debates, the votes taken, the names of those voting for and against a motion and statements expressly made for insertion in the minutes.

7. Unless otherwise decided by the Court, paragraphs 2, 4 and 5 of this Article shall apply to deliberations by the Court in private upon any administrative matter.

Heading II

CONTENTIOUS PROCEEDINGS

Article 34
The rules contained in Sections 1, 2 and 4 of this Heading shall not preclude the adoption by the Court of particular modifications or additions proposed jointly by the parties and considered by the Court to be appropriate to the case and in the circumstances.

Section 1
Procedure before the full Court

I. *General Rules*

Institution of Proceedings

Article 35
1. When a case is brought before the Court by means of a special agreement, Article 40, paragraph 1, of the Statute shall apply.
2. When a case is brought be-

devant la Cour par une requête, celle-ci, conformément à l'article 40, paragraphe 1, du Statut, doit indiquer la partie requérante et la partie contre laquelle la demande est formée, ainsi que l'objet du différend. Elle contiendra en outre, autant que possible, la mention de la disposition par laquelle le requérant prétend établir la compétence de la Cour; l'indication précise de l'objet de la demande; un exposé succinct des faits et des motifs par lesquels la demande est prétendue justifiée, sous réserve des développements à fournir dans le mémoire et des preuves qui y seront annexées.

3. L'exemplaire original d'une requête est signé, soit par l'agent de la partie qui l'introduit, soit par le représentant diplomatique de cette partie au siège de la Cour, soit enfin par une personne dûment autorisée. Si la pièce porte la signature d'une personne autre que le représentant diplomatique de la partie au siège de la Cour, cette signature doit être légalisée par ce représentant diplomatique ou par l'autorité compétente du gouvernement intéressé.

Article 33

1. Lorsque la Cour est saisie d'une affaire par requête, copie de la requête certifiée conforme par le Greffier est immédiatement transmise par lui à la partie contre laquelle la demande est formée.

2. Lorsque la Cour est saisie d'une affaire par un compromis déposé par une seule des parties, le Greffier notifie immédiatement ce

devant la Cour par une requête, celle-ci, conformément à l'article 40, paragraphe 1, du Statut, doit indiquer la partie requérante et la partie contre laquelle la demande est formée, ainsi que l'objet du différend. Elle contiendra en outre, autant que possible, la mention de la disposition par laquelle le requérant prétend établir la compétence de la Cour; l'indication précise de l'objet de la demande; un exposé succinct des faits et des motifs par lesquels la demande est prétendue justifiée, sous réserve des développements à fournir dans le mémoire et des preuves qui y seront annexées.

3. L'exemplaire original d'une requête est signé, soit par l'agent de la partie qui l'introduit, soit par le représentant diplomatique de cette partie au siège de la Cour, soit enfin par une personne dûment autorisée. Si la pièce porte la signature d'une personne autre que le représentant diplomatique de la partie au siège de la Cour, cette signature doit être légalisée par ce représentant diplomatique ou par l'autorité compétente du gouvernement intéressé.

Article 36

1. Lorsque la Cour est saisie d'une affaire par requête, copie de la requête certifiée conforme par le Greffier est immédiatement transmise par lui à la partie contre laquelle la demande est formée.

2. Lorsque la Cour est saisie d'une affaire par un compromis déposé par une seule des parties, le Greffier notifie immédiatement ce

the Court by means of an application, the application must, as laid down in Article 40, paragraph 1, of the Statute, indicate the party making it, the party against whom the claim is brought and the subject of the dispute. It must also, as far as possible, specify the provision on which the applicant founds the jurisdiction of the Court, state the precise nature of the claim and give a succinct statement of the facts and grounds on which the claim is based, these facts and grounds being developed in the Memorial, to which the evidence will be annexed.

fore the Court by means of an application, the application must, as laid down in Article 40, paragraph 1, of the Statute, indicate the party making it, the party against whom the claim is brought and the subject of the dispute. It must also, as far as possible, specify the provision on which the applicant founds the jurisdiction of the Court, state the precise nature of the claim and give a succinct statement of the facts and grounds on which the claim is based, these facts and grounds being developed in the Memorial, to which the evidence will be annexed.

3. The original of an application shall be signed either by the agent of the party submitting it or by the diplomatic representative of that party at the seat of the Court or by a duly authorized person. If the document bears the signature of a person other than the diplomatic representative of that party at the seat of the Court, the signature must be legalized by this diplomatic representative or by the competent authority of the government concerned.

3. The original of an application shall be signed either by the agent of the party submitting it or by the diplomatic representative of that party at the seat of the Court or by a duly authorized person. If the document bears the signature of a person other than the diplomatic representative of that party at the seat of the Court, the signature must be legalized by this diplomatic representative or by the competent authority of the government concerned.

Article 33
1. When a case is brought before the Court by means of an application, the Registrar shall forthwith transmit to the party against whom the claim is made a copy of the application certified as correct.

2. When a case is brought before the Court by means of a special agreement filed by one only of the parties, the Registrar shall forthwith

Article 36
1. When a case is brought before the Court by means of an application, the Registrar shall forthwith transmit to the party against whom the claim is made a copy of the application certified as correct.

2. When a case is brought before the Court by means of a special agreement filed by one only of the parties, the Registrar shall forth-

dépôt à l'autre partie.

Article 34

1. Le Greffier transmet immédiatement à tous les membres de la Cour copie des compromis ou requêtes par lesquels la Cour est saisie.

2. Il en transmet également des copies: *a)* aux Membres des Nations unies par l'entremise du Sécretaire général, et *b)* aux autres États admis à ester devant la Cour, par la voie prévue dans un arrangement spécial conclu à cet effet par le Greffier.

Article 35

1. Lorsqu'une affaire est portée devant la Cour par voie de compromis, la désignation du ou des agents de la partie ou des parties présentant le compromis doit accompagner le dépôt de cet instrument. Si le compromis est déposé par une seule des parties, l'autre partie doit, en accusant réception de la communication relative à ce dépôt, ou sinon le plus tôt possible, faire connaître à la Cour le nom de son agent.

2. Lorsqu'une affaire est portée devant la Cour par requête, celle-ci, ou sinon la lettre d'envoi de ce document, devra faire connaître le nom de l'agent du gouvernement requérant.

3. La partie contre laquelle la requête est présentée et à laquelle elle est communiquée doit, en accusant réception de cette communication, ou sinon le plus tôt possible,

dépôt à l'autre partie.

Article 37

1. Le Greffier transmet immédiatement à tous les membres de la Cour copie des compromis ou requêtes par lesquels la Cour est saisie.

2. Il en transmet également des copies: *a)* aux Membres des Nations Unies par l'entremise du Secrétaire général, et *b)* aux autres Etats admis à ester devant la Cour, par la voie prévue dans un arrangement spécial conclu à cet effet par le Greffier.

Article 38

1. Lorsqu'une affaire est portée devant la Cour par voie de compromis, la désignation du ou des agents de la partie ou des parties présentant le compromis doit accompagner le dépôt de cet instrument. Si le compromis est déposé par une seule des parties, l'autre partie doit, en accusant réception de la communication relative à ce dépôt, ou sinon le plus tôt possible, faire connaître à la Cour le nom de son agent.

2. Lorsqu'une affaire est portée devant la Cour par requête, celle-ci, ou sinon la lettre d'envoi de ce document, devra faire connaître le nom de l'agent du gouvernement requérant.

3. La partie contre laquelle la requête est présentée et à laquelle elle est communiquée doit, en accusant réception de cette communication, ou sinon le plus tôt possible,

1946	1972
notify the other party that is has been so filed.	with notify the other party that it has been so filed.

Article 34	*Article 37*
1. The Registrar shall forthwith transmit to all the members of the Court copies of special agreements or applications submitting a case to the Court.	1. The Registrar shall forthwith transmit to all the Members of the Court copies of special agreements or applications submitting a case to the Court.
2. He shall also transmit copies: *(a)* to Members of the United Nations through the Secretary-General and *(b)*, by means of special arrangements made for this purpose between them and the Registrar, to any other States entitled to appear before the Court.	2. He shall also transmit copies: *(a)* to Members of the United Nations through the Secretary-General and *(b)*, by means of special arrangements made for this purpose between them and the Registrar, to any other States entitled to appear before the Court.

Article 35	*Article 38*
1. When a case is brought before the Court by means of a special agreement, the appointment of the agent or agents of the party or parties filing the special agreement shall be notified at the same time as the special agreement is filed. If the special agreement is filed by one only of the parties, the other party shall, when acknowledging receipt of the notification of the filing of the special agreement or failing this, as soon as possible, inform the Court of the name of its agent.	1. When a case is brought before the Court by means of a special agreement, the appointment of the agent or agents of the party or parties filing the special agreement shall be notified at the same time as the special agreement is filed. If the special agreement is filed by one only of the parties, the other party shall, when acknowledging receipt of the notification of the filing of the special agreement or failing this, as soon as possible, inform the Court of the name of its agent.
2. When a case is brought before the Court by means of an application, the application, or the covering letter, shall state the name of the agent of the applicant government.	2. When a case is brought before the Court by means of an application, the application, or the covering letter, shall state the name of the agent of the applicant government.
3. The party against whom the application is made and to whom it is notified shall, when acknowledging receipt of the notification, or failing this, as soon as possible,	3. The party against whom the application is made and to whom it is notified shall, when acknowledging receipt of the notification, or failing this, as soon as possible, in-

faire connaître à la Cour le nom de son agent.

4. Les requêtes à fin d'intervention présentées conformément à l'article 64 du présent Règlement, les déclarations d'intervention faites conformément à l'article 66, ainsi que les demandes en revision conformément à l'article 78, ou en interprétation d'un arrêt conformément à l'article 79, doivent être également accompagnées de la désignation de l'agent.

5. La désignation d'un agent doit être accompagnée de l'indication du domicile élu par lui au siège de la Cour et auquel seront adressées toutes les communications relatives à l'affaire en cause.

Article 36

Lorsqu'un État qui n'est pas partie au Statut a été admis par le Conseil de Sécurité, conformément à l'article 35 du Statut, à ester devant la Cour, ledit État doit justifier à la satisfaction de la Cour qu'il s'est conformé aux conditions auxquelles aurait été subordonnée cette admission: l'acte apportant cette justification doit être déposé au Greffe en même temps que la notification de la désignation de l'agent.

Des mesures préliminaires

Article 37

1. Dans toute affaire soumise à la Cour, le Président se renseigne auprès des parties sur les questions de procédure; à cette fin, il peut notamment convoquer les agents dès leur désignation.

faire connaître à la Cour le nom de son agent.

4. Les requêtes à fin d'intervention présentées conformément à l'article 69 du présent Règlement, les déclarations d'intervention faites conformément à l'article 71, ainsi que les demandes en revision conformément à l'article 83, ou en interprétation d'un arrêt conformément à l'article 84, doivent être également accompagnées de la désignation de l'agent.

5. La désignation d'un agent doit être accompagnée de l'indication du domicile élu par lui au siège de la Cour et auquel seront adressées toutes les communications relatives à l'affaire en cause.

Article 39

Lorsqu'un Etat qui n'est pas partie au Statut a été admis par le Conseil de sécurité, conformément à l'article 35 du Statut, à ester devant la Cour, ledit Etat doit justifier à la satisfaction de la Cour qu'il s'est conformé aux conditions auxquelles aurait été subordonnée cette admission: l'acte apportant cette justification doit être déposé au Greffe en même temps que la notification de la désignation de l'agent.

De la consultation préliminaire et des délais

Article 40

1. Dans toute affaire soumise à la Cour, le Président se renseigne auprès des parties sur les questions de procédure; à cette fin, il peut notamment convoquer les agents dès leur désignation.

1946

1972

inform the Court of the name of its agent.

4. Applications to intervene under Article 64 of these Rules, interventions under Article 66 and requests under Article 78 for the revision, or under Article 79 for the interpretation, of a judgment, shall similarly be accompanied by the appointment of an agent.

5. The appointment of an agent must be accompanied by a statement of an address for service at the seat of the Court to which all communications relating to the case should be sent.

Article 36

When a State which is not a party to the Statute is admitted by the Security Council, in pursuance of Article 35 of the Statute, to appear before the Court, it shall satisfy the Court that it has complied with any conditions that may have been prescribed for its admission: the document which evidences this compliance shall be filed in the Registry at the same time as the notification of the appointment of the agent.

Preliminary measures

Article 37

1. In every case submitted to the Court, the President will ascertain the views of the parties with regard to questions of procedure; for this purpose he may summon the agents to meet him as soon as they have been appointed.

form the Court of the name of its agent.

4. Applications to intervene under Article 69 of these Rules, interventions under Article 71 and requests under Article 83 for the revision, or under Article 84 for the interpretation, of a judgment, shall similarly be accompanied by the appointment of an agent.

5. The appointment of an agent must be accompanied by a statement of an address for service at the seat of the Court to which all communications relating to the case should be sent.

Article 39

When a State which is not a party to the Statute is admitted by the Security Council, in pursuance of Article 35 of the Statute, to appear before the Court, it shall satisfy the Court that it has complied with any conditions that may have been prescribed for its admission: the document which evidences this compliance shall be filed in the Registry at the same time as the notification of the appointment of the agent.

Preliminary Consultation and Time-Limits

Article 40

1. In every case submitted to the Court, the President will ascertain the views of the parties with regard to questions of procedure; for this purpose he may summon the agents to meet him as soon as they have been appointed.

2. A la lumière des renseignements obtenus par le Président, la Cour rend les ordonnances nécessaires pour fixer notamment le nombre et l'ordre de la présentation des pièces de la procédure écrite, ainsi que les délais pour leur présentation.

3. Pour l'élaboration des ordonnances rendues en vertu du paragraphe précédent, il est tenu compte, autant que possible, de tout accord qui serait intervenue entre les parties.

4. La Cour peut prolonger les délais fixés. Elle peut également, dans des circonstances spéciales et après avoir fourni à l'agent de la partie adverse l'occasion de faire connaître son opinion, décider qu'un acte de procédure fait après l'expiration du délai fixé est considéré comme valable.

5. Si la Cour ne siège pas, et sous réserve de toute décision ultérieure qu'elle pourrait prendre, les pouvoirs qui lui sont reconnus aux termes du présent article sont exercés par le Président.

2. A la lumière des renseignements obtenus par le Président, la Cour rend les ordonnances nécessaires pour fixer notamment le nombre et l'ordre de la présentation des pièces de la procédure écrite, ainsi que les délais pour leur présentation.

3. Pour l'élaboration des ordonnances rendues en vertu du paragraphe 2 du présent article, il est tenu compte de tout accord qui serait intervenu entre les parties et n'entraînerait pas un retard injustifié.

4. La Cour peut, à la demande de la partie intéressée, proroger un délai ou décider qu'un acte de procédure fait après l'expiration du délai fixé est considéré comme valable, si elle estime la demande suffisamment justifiée. Dans l'un et l'autre cas, elle fournit à la partie adverse l'occasion de faire connaître son opinion.

5. Si la Cour ne siège pas, et sous réserve de toute décision ultérieure qu'elle pourrait prendre, les pouvoirs qui lui sont reconnus aux termes du présent article sont exercés par le Président. Si la consultation prévue au paragraphe 1 du présent article révèle un désaccord persistant entre les parties quant à l'application de l'article 44, paragraphe 2, ou de l'article 45, paragraphe 2, du Règlement, la Cour est convoquée pour trancher la question.

Article 38

Les délais sont fixés en assignant une date précise pour les divers actes de procédure.

Article 41

Les délais peuvent être fixés par l'indication d'une période déterminée mais doivent toujours spécifier une date précise. Ils doivent être

1946	**1972**

2. In the light of the information obtained by the President, the Court will make the necessary orders to determine *inter alia* the number and the order of filing of the pleadings and the time-limits within which they must be filed.

3. So far as possible, in making an order under paragraph 2 of this Article, any agreement between the parties shall be taken into account.

4. The Court may extend any time-limit which has been fixed. It may also, in special circumstances and after giving the agent of the opposing party an opportunity of stating his views, decide that any step taken after the expiration of a time-limit shall be considered as valid.

5. If the Court is not sitting, its powers under this Article shall be exercised by the President but without prejudice to any subsequent decision of the Court.

2. In the light of the information obtained by the President, the Court will make the necessary orders to determine, *inter alia*, the number and the order of filing of the pleadings and the time-limits within which they must be filed.

3. In making an order under paragraph 2 of this Article, any agreement between the parties which does not cause unjustified delay shall be taken into account.

4. The Court may, at the request of the party concerned, extend any time-limit, or decide that any step taken after the expiration of the time-limit fixed therefor shall be considered as valid, if it is satisfied that there is adequate justification for the request. In either case the other party shall be given an opportunity to state its views.

5. If the Court is not sitting, its powers under this Article shall be exercised by the President, but without prejudice to any subsequent decision of the Court. If the consultation referred to in paragraph 1 of this Article reveals persistent disagreement between the parties as to the application of Article 44, paragraph 2, or Article 45, paragraph 2, of these Rules the Court shall be convened to decide the matter.

Article 38

Time-limits shall be fixed by assigning definite dates for the completion of the various steps in the proceedings.

Article 41

Time-limits may be assigned by the lapse of a specified period, but must always indicate definite dates. Such time-limits shall be as short

1946   **1972**

aussi brefs que la nature de l'affaire le permet.

De la procédure écrite   *De la procédure écrite*

Article 39
1. Si les parties sont d'accord
pour que toute la procédure ait lieu
seulement en français, ou seulement
en anglais, les pièces de la procédure écrite sont présentées seulement dans la langue adoptée par les
parties.
2. A défaut d'un accord fixant
la langue dont il est fait usage, les
pièces sont présentées en français
ou en anglais.

3. Si une langue autre que le
français ou l'anglais est employée
conformément à l'article 39, paragraphe 3, du Statut, une traduction
en français ou en anglais est jointe
à l'original des pièces présentées.

4. Le Greffier n'est pas tenu
d'établir des traductions des pièces
de la procédure écrite.

Article 40[1]
1. L'exemplaire original de toute
pièce de la procédure écrite est signé
par l'agent et déposé au Greffe.
Il est accompagné d'un nombre
d'exemplaires imprimés fixé par le
Président; il pourra toutefois être
demandé ultérieurement un nombre
plus grand d'exemplaires si le be-
soin s'en fait sentir.
2. Lorsque copie d'une pièce de

Article 42
1. Si les parties sont d'accord
pour que toute la procédure ait lieu
seulement en français, ou seulement
en anglais, les pièces de la procédure écrite sont présentées seulement dans la langue adoptée par
les parties.
2. A défaut d'un accord fixant
la langue dont il est fait usage, les
pièces sont présentées en français
ou en anglais.

3. Si une langue autre que le
français ou l'anglais est employée
conformément à l'article 39, paragraphe 3, du Statut, une traduction
en français ou en anglais est jointe
à l'original des pièces présentées.

4. Le Greffier n'est pas tenu
d'établir des traductions des pièces
de la procédure écrite.

Article 43[1]
1. L'exemplaire original de toute
pièce de la procédure écrite est
signé par l'agent et déposé au
Greffe. Il est accompagné du nombre d'exemplaires requis par le
Greffe; il pourra toutefois être demandé ultérieurement un nombre
plus grand d'exemplaires si le be-
soin s'en fait sentir.
2. Lorsque copie d'une pièce de

---

1. Les agents des parties sont priés de
s'informer auprès du Greffier du format

adopté par la Cour pour les pièces de la
procédure écrite.

1946

1972

as the character of the case permits.

Written Proceedings

Written Proceedings

Article 39

1. If the parties agree that the proceedings shall be conducted wholly in French, or wholly in English, the pleadings shall be submitted only in the language adopted by the parties.

2. In the absence of an agreement with regard to the language to be used, the pleadings shall be submitted either in French or in English.

3. If in pursuance of Article 39, paragraph 3, of the Statute a language other than French or English is used, a translation into French or English shall be attached to the original of each document submitted.

4. The Registrar is under no obligation to make translations of the pleadings or any documents annexed thereto.

Article 42

1. If the parties agree that the proceedings shall be conducted wholly in French, or wholly in English, the pleadings shall be submitted only in the language adopted by the parties.

2. In the absence of an agreement with regard to the language to be used, the pleadings shall be submitted either in French or in English.

3. If in pursuance of Article 39, paragraph 3, of the Statute a language other than French or English is used, a translation into French or English shall be attached to the original of each document submitted.

4. The Registrar is under no obligation to make translations of the pleadings or any documents annexed thereto.

Article 40[1]

1. The original of every pleading shall be signed by the agent and filed in the Registry. It shall be accompanied by a number of printed copies fixed by the President but without prejudice to an increase in that number should the need arise later.

2. When communicating a copy

Article 43[1]

1. The original of every pleading shall be signed by the agent and filed in the Registry. It shall be accompanied by the number of copies required by the Registry, but without prejudice to an increase in that number should the need arise later.

2. When communicating a copy

---

1. The agents of the parties are requested to ascertain from the Registry

the usual format of the pleadings.

1946

1972

la procédure écrite est communiquée à l'autre partie conformément à l'article 43 du Statut, le Greffier certifie que la copie est conforme à l'original déposé au Greffe.

3. Toutes les pièces de la procédure écrite sont datées. Quand une pièce doit être déposée à une date déterminée, c'est la date de la réception de la pièce au Greffe qui est à considérer comme la date dont la Cour tiendra compte.

4. Si, à la demande de l'agent d'une partie, le Greffier fait procéder à l'impression, pour le compte du gouvernement que cet agent représente, d'une pièce destinée à être déposée près la Cour, le texte doit être remis au Greffe assez tôt pour permettre le dépôt de la pièce imprimée avant l'expiration de tout délai applicable à ladite pièce. L'impression est faite sous la responsabilité de la partie qui y fait ainsi procéder.

5. La correction d'une erreur matérielle dans un document déposé est loisible en tout temps avec le consentement de l'autre partie ou avec l'autorisation du Président.

la procédure écrite est communiquée à l'autre partie conformément à l'article 43 du Statut, le Greffier certifie que la copie est conforme à l'original déposé au Greffe.

3. Toutes les pièces de la procédure écrite sont datées. Quand une pièce doit être déposée à une date déterminée, c'est la date de la réception de la pièce au Greffe qui est à considérer comme la date dont la Cour tiendra compte.

4. Si, à la demande de l'agent d'une partie, le Greffier fait procéder à l'impression, pour le compte du gouvernement que cet agent représente, d'une pièce destinée à être déposée près la Cour, le texte doit être remis au Greffe assez tôt pour permettre le dépôt de la pièce imprimée avant l'expiration de tout délai applicable à ladite pièce. L'impression est faite sous la responsabilité de la partie qui y fait ainsi procéder.

5. La correction d'une erreur matérielle dans un document déposé est loisible en tout temps avec le consentement de l'autre partie ou avec l'autorisation du Président.

Article 41

1. Si l'instance est introduite par la notification d'un compromis, et sous réserve des dispositions de l'article 37 du présent Règlement, les pièces de procédure suivantes sont présentées dans l'ordre indiqué ci-dessous, savoir:
un mémoire, par chacune des parties, dans un même délai;
un contre-mémoire, par chacune des parties, dans un même délai;
une réplique, par chacune des

Article 44

1. Dans une affaire introduite par une requête, les pièces écrites comprennent dans l'ordre:

un mémoire du demandeur.
un contre-mémoire du défendeur.

2. La Cour peut autoriser ou prescrire la présentation d'une réplique du demandeur et d'une duplique du défendeur si les parties sont d'accord à cet égard ou si la

1946

of a pleading to a party in pursuance of Article 43 of the Statute, the Registrar shall certify that it is a correct copy of the original filed in the Registry.

3. All pleadings shall be dated. When a pleading has to be filed by a certain date, it is the date of the receipt of the pleading in the Registry which will be regarded by the Court as the material date.

4. If the Registrar at the request of the agent of a party arranges for the printing, at the cost of that party, of a pleading which it is intended to file with the Court, the text must be sent to the Registry in sufficient time to enable the printed pleading to be filed before the expiry of any time-limit which may apply to it. The printing is done under the responsibility of the party in question.

5. The correction of a slip or error in any document which has been filed can be made at any time with the consent of the other party, or by leave of the President.

Article 41

1. If proceedings are instituted by means of a special agreement, the pleadings shall, subject to Article 37 of these Rules, be presented in the order stated below:

a Memorial, by each party within the same time-limit;

a Counter-Memorial, by each party within the same time-limit;

a Reply, by each party within the

1972

of a pleading to a party in pursuance of Article 43 of the Statute, the Registrar shall certify that it is a correct copy of the original filed in the Registry.

3. All pleadings shall be dated. When a pleading has to be filed by a certain date, it is the date of the receipt of the pleading in the Registry which will be regarded by the Court as the material date.

4. If the Registrar at the request of the agent of a party arranges for the printing, at the cost of that party, of a pleading which it is intended to file with the Court, the text must be sent to the Registry in sufficient time to enable the printed pleading to be filed before the expiry of any time-limit which may apply to it. The printing is done under the responsibility of the party in question.

5. The correction of a slip or error in any document which has been filed can be made at any time with the consent of the other party, or by leave of the President.

Article 44

1. The written pleadings in a case begun by means of an application shall consist, in the following order, of:

a Memorial by the applicant;

a Counter-Memorial by the respondent.

2. The Court may authorize or direct that there shall be a Reply by the applicant and a Rejoinder by the respondent if the parties are so agreed, or if the Court decides,

1946

1972

parties, dans un même délai.

2. Si l'instance est introduite par requête, et sous réserve des dispositions de l'article 37 du présent Règlement, les pièces de procédure sont présentées dans l'ordre indiqué ci-dessous, savoir:

le mémoire par la partie demanderesse;

le contre-mémoire par la partie défenderesse;

la réplique par la partie demanderesse;

la duplique par la partie défenderesse.

Cour décide, de sa propre initiative ou à la demande de l'une des parties, que ces pièces sont nécessaires.

Article 45

1. Dans une affaire introduite par la notification d'un compromis, le nombre et l'ordre de présentation des pièces écrites sont ceux que fixe le compromis lui-même, à moins que la Cour, après s'être renseignée auprès des parties, n'en décide autrement.

2. Si le compromis ne contient aucune disposition à cet égard et si les parties ne se mettent pas ultérieurement d'accord sur l'ordre de présentation des pièces écrites, chacune des parties dépose un mémoire et un contre-mémoire dans les mêmes délais. La Cour n'autorise la présentation d'une réplique et d'une duplique que si elle l'estime nécessaire.

Article 42

1. Le mémoire contient: un exposé des faits sur lesquels la demande est fondée; un exposé de droit et les conclusions.

2. Le contre-mémoire contient: la reconnaissance ou la contestation des faits mentionnés dans le mémoire; le cas échéant, un exposé additionnel des faits; des observations relatives à l'exposé de droit contenu dans le mémoire, ainsi qu'un exposé de droit en réponse et les conclusions.

Article 46

1. Le mémoire contient: un exposé des faits sur lesquels la demande est fondée; un exposé de droit et les conclusions.

2. Le contre-mémoire contient: la reconnaissance ou la contestation des faits mentionnés dans le mémoire; le cas échéant, un exposé additionnel des faits; des observations relatives à l'exposé de droit contenu dans le mémoire, ainsi qu'un exposé de droit en réponse et les conclusions.

3. La réplique et la duplique, si la Cour en autorise la présentation, ne se bornent pas à répéter les thèses des parties mais s'attachent à faire ressortir les points qui les divisent encore.

1946

same time-limit.

2. If proceedings are instituted by means of an application, the pleadings shall, subject to Article 37 of these Rules, be presented in the order stated below:

the Memorial by the applicant;

the Counter-Memorial by the respondent;
the Reply by the applicant;

the Rejoinder by the respondent.

Article 42

1. A Memorial shall contain a statement of the relevant facts, a statement of law, and the submissions.

2. A Counter-Memorial shall contain an admission or denial of the facts stated in the Memorial; any additional facts, if necessary; observations concerning the statement of law in the Memorial; a statement of law in answer thereto; and the submissions.

1972

proprio motu or at the request of one of the parties, that these pleadings are necessary.

Article 45

1. In a case begun by the notification of a special agreement, the number and order of the written pleadings shall be governed by the provisions of the agreement, unless the Court, after ascertaining the views of the parties, decides otherwise.

2. If the special agreement contains no such provision, and if the parties have not subsequently agreed on the order of pleadings, they shall each deliver a Memorial and Counter-Memorial, within the same time-limits. The Court shall not authorize the presentation of Replies unless it finds them to be necessary.

Article 46

1. A Memorial shall contain a statement of the relevant facts, a statement of law, and the submissions.

2. A Counter-Memorial shall contain an admission or denial of the facts stated in the Memorial; any additional facts, if necessary; observations concerning the statement of law in the Memorial; a statement of law in answer thereto; and the submissions.

3. The Reply and Rejoinder, whenever authorized by the Court, shall not merely repeat the parties' contentions, but shall be directed to bringing out the issues that still divide them.

4. Toute pièce écrite contient les conclusions de la partie qui la dépose, au stade de la procédure dont il s'agit, ou confirme les conclusions déjà présentées, sans récapituler l'argumentation.

Article 43

1. Le mémoire et le contre-mémoire et les autres pièces de procédure contiennent en annexe copie de toute pièce et document à l'appui des thèses qui y sont formulées; un bordereau de ces pièces figurera à la suite des conclusions. Si, une de ces pièces ou un de ces documents étant volumineux, il n'en est annexé que des extraits, la pièce complète ou une copie complète de celle-ci devra, si possible, être communiquée au Greffier à l'usage de la Cour et de l'autre partie, à moins que le document n'ait été publié et ne soit dans le domaine public.

2. Toute pièce ou tout document, présentés parmi les annexes et rédigés en une langue autre que le français ou l'anglais, doivent être accompagnés d'une traduction en l'une des langues officielles de la Cour. Toutefois, dans le cas de pièces volumineuses, des traductions en extrait peuvent être présentées sous réserve de toute décision ultérieure de la Cour ou, si elle ne siège pas, du Président.

Article 44

1. Le Greffier transmet aux juges et aux parties copie de toutes les pièces et documents de l'affaire au fur et à mesure qu'il les reçoit.

2. La Cour ou, si elle ne siège

Article 47

1. Le mémoire et le contre-mémoire et les autres pièces de procédure contiennent en annexe copie de toute pièce et document à l'appui des thèses qui y sont formulées; un bordereau de ces pièces figurera à la suite des conclusions. Si, une de ces pièces ou un de ces documents étant volumineux, il n'en est annexé que des extraits, la pièce complète ou une copie complète de celle-ci devra, si possible, être communiquée au Greffier à l'usage de la Cour et de l'autre partie, à moins que le document n'ait été publié et ne soit dans le domaine public.

2. Toute pièce ou tout document, présentés parmi les annexes et rédigés en une langue autre que le français ou l'anglais, doivent être accompagnés d'une traduction en l'une des langues officielles de la Cour. Toutefois, dans le cas de pièces volumineuses, des traductions en extrait peuvent être présentées sous réserve de toute décision ultérieure de la Cour ou, si elle ne siège pas, du Président.

Article 48

1. Le Greffier transmet aux juges et aux parties copie de toutes les pièces et documents de l'affaire au fur et à mesure qu'il les reçoit.

2. La Cour ou, si elle ne siège

1946	1972

4. Every pleading shall contain the party's submissions at the relevant stage of the case, or a confirmation of the submissions previously made, without recapitulation of the arguments presented.

Article 43

1. There must be annexed to every Memorial and Counter-Memorial and other pleading, copies of all the relevant documents, a list of which shall be given after the submissions. If, on account of the length of a document, extracts only are attached, the document itself or a complete copy of it must, if possible, unless the document has been published and is available to the public, be communicated to the Registrar for the use of the Court and of the other party.

Article 47

1. There must be annexed to every Memorial and Counter-Memorial and other pleading, copies of all the relevant documents, a list of which shall be given after the submissions. If, on account of the length of a document, extracts only are attached, the document itself or a complete copy of it must, if possible, unless the document has been published and is available to the public, be communicated to the Registrar for the use of the Court and of the other party.

2. Every pleading and every document annexed which is in a language other than French or English, must be accompanied by a translation into one of the official languages of the Court. Nevertheless, in the case of lengthy documents, translations of extracts may be submitted subject, however, to any subsequent decision by the Court, or, if it is not sitting, by the President.

2. Every pleading and every document annexed which is in a language other than French or English, must be accompanied by a translation into one of the official languages of the Court. Nevertheless, in the case of lengthy documents, translations of extracts may be submitted, subject, however, to any subsequent decision by the Court, or, if it is not sitting, by the President.

Article 44

1. The Registrar shall transmit to the judges and to the parties copies of the pleadings and documents annexed in the case, as and when he receives them.
2. The Court, or the President

Article 48

1. The Registrar shall transmit to the judges and to the parties copies of the pleadings and documents annexed in the case, as and when he receives them.
2. The Court, or the President

pas, le Président, après avoir consulté les parties, peut décider que le Greffier tiendra à la disposition du gouvernement de tout Membre des Nations unies ou État admis à ester en justice devant la Cour les pièces de procédure d'une affaire déterminée.

3. La Cour ou, si elle ne siège pas, le Président peut, avec l'assentiment des parties, autoriser que les pièces de la procédure écrite relative à une affaire déterminée soient rendues accessibles au public avant la clôture de l'affaire.

Article 45
La procédure écrite une fois terminée, l'affaire se trouve en état.

Article 46
1. Sous réserve de la priorité prévue à l'article 61 du présent Règlement, la Cour traite les affaires dont elle est saisie suivant l'ordre selon lequel elles sont en état. Entre plusieurs affaires en état, l'ordre est déterminé par le rang qu'elles occupent sur le rôle général.

2. Toutefois, la Cour peut, à raison de circonstances particulières, décider de traiter une affaire par priorité sur les autres affaires en état et qui la précèdent sur le rôle général.
3. Si les parties à une affaire en état demandent d'un commun accord la remise de cette affaire postérieurement à d'autres affaires en état et qui la suivent sur le rôle

pas, le Président, après avoir consulté les parties, peut décider que le Greffier tiendra à la disposition du gouvernement de tout Membre des Nations Unies ou Etat admis à ester en justice devant la Cour les pièces de procédure d'une affaire déterminée.

3. La Cour ou, si elle ne siège pas, le Président peut, avec l'assentiment des parties, autoriser que les pièces de la procédure écrite relative à une affaire déterminée soient rendues accessibles au public avant la clôture de l'affaire.

Article 49
La procédure écrite une fois terminée, l'affaire se trouve en état.

Article 50
1. Sous réserve de la priorité prévue à l'article 66 du présent Règlement, la Cour traite les affaires dont elle est saisie suivant l'ordre selon lequel elles sont en état. Entre plusieurs affaires en état, l'ordre est déterminé par le rang qu'elles occupent sur le rôle général.

2. Toutefois, la Cour peut, à raison de circonstances particulières, décider de traiter une affaire par priorité sur les autres affaires en état et qui la précèdent sur le rôle général.
3. Si les parties à une affaire en état demandent d'un commun accord la remise de cette affaire postérieurement à d'autres affaires en état et qui la suivent sur le rôle gé-

1946	1972
if the Court is not sitting, may, after obtaining the views of the parties, decide that the Registrar shall in a particular case make the pleadings and annexed documents available to the government of any Member of the United Nations or of any State which is entitled to appear before the Court.	if the Court is not sitting, may, after obtaining the views of the parties, decide that the Registrar shall in a particular case make the pleadings and annexed documents available to the government of any Member of the United Nations or of any State which is entitled to appear before the Court.

1946

3. The Court, or the President if the Court is not sitting, may, with the consent of the parties, authorize the pleadings and annexed documents in regard to a particular case to be made accessible to the public before the termination of the case.

Article 45
Upon the closure of the written proceedings, the case is ready for hearing.

Article 46
1. Subject to the priority provided for by Article 61 of these Rules, cases submitted to the Court will be taken in the order in which they become ready for hearing. When several cases are ready for hearing, the order in which they will be taken is determined by the position which they occupy in the General List.

2. Nevertheless, the Court may, in special circumstances, decide to take a case in priority to other cases which are ready for hearing and which precede it in the General List.

3. If the parties to a case which is ready for hearing are agreed in asking for the case to be put after other cases which are ready for hearing and which follow it in the

1972

3. The Court, or the President if the Court is not sitting, may, with the consent of the parties, authorize the pleadings and annexed documents in regard to a particular case to be made accessible to the public before the termination of the case.

Article 49
Upon the closure of the written proceedings, the case is ready for hearing.

Article 50
1. Subject to the priority provided for by Article 66 of these Rules, cases submitted to the Court will be taken in the order in which they become ready for hearing. When several cases are ready for hearing, the order in which they will be taken is determined by the position which they occupy in the General List.

2. Nevertheless, the Court may, in special circumstances, decide to take a case in priority to other cases which are ready for hearing and which precede it in the General List.

3. If the parties to a case which is ready for hearing are agreed in asking for the case to be put after other cases which are ready for hearing and which follow it in the

1946   **1972**

général, le Président peut accorder cette remise; à défaut d'accord entre les parties, le Président apprécié s'il y a lieu de saisir la Cour.

néral, le Président peut accorder cette remise; à défaut d'accord entre les parties, le Président apprécie s'il y a lieu de saisir la Cour.

De la procédure orale

De la procédure orale

Article 47

1. Après que l'affaire est en état, la date d'ouverture de la procédure orale est fixée par la Cour ou, si elle ne siège pas, par le Président.

2. La Cour, ou, si elle ne siège pas, le Président, prononce, s'il y a lieu, le renvoi de l'ouverture ou de la continuation des débats.

Article 48

1. Après la fin de la procédure écrite et sous réserve du paragraphe suivant, aucun document nouveau ne doit être présenté à la Cour si ce n'est avec l'assentiment de la partie adverse. La partie désirant produire le nouveau document le dépose, en original ou en copie certifiée conforme, au Greffe, qui en assurera la communication à la partie adverse et en informera la Cour. L'assentiment de la partie adverse est réputé acquis si celle-ci ne fait pas opposition à la production de ce document.

2. A défaut d'assentiment, la Cour, après avoir entendu les parties, peut écarter ou autoriser la production du nouveau document.

Article 51

1. Après que l'affaire est en état, la date d'ouverture de la procédure orale est fixée par la Cour ou, si elle ne siège pas, par le Président.

2. La Cour, ou, si elle ne siège pas, le Président, prononce, s'il y a lieu, le renvoi de l'ouverture ou de la continuation des débats.

Article 52

1. Après la fin de la procédure écrite et sous réserve du paragraphe 2 du présent article, aucun document nouveau ne doit être présenté à la Cour si ce n'est avec l'assentiment de la partie adverse. La partie désirant produire le nouveau document le dépose, en original ou en copie certifiée conforme, dans le nombre d'exemplaires requis par le Greffe, qui en assurera la communication à la partie adverse et en informera la Cour. L'assentiment de la partie adverse est réputé acquis si celle-ci ne fait pas opposition à la production de ce document.

2. A défaut d'assentiment, la Cour, après avoir entendu les parties, peut autoriser la production du document si elle considère qu'il est

1946	**1972**
General List, the President may grant such a postponement: if the parties are not in agreement, the President shall decide whether or not to submit the question to the Court.	General List, the President may grant such a postponement: if the parties are not in agreement, the President shall decide whether or not to submit the question to the Court.

Oral Proceedings	*Oral Proceedings*

Article 47	*Article 51*
1. When a case is ready for hearing, the date for the commencement of the oral proceedings shall be fixed by the Court, or by the President if the Court is not sitting.	1. When a case is ready for hearing, the date for the commencement of the oral proceedings shall be fixed by the Court, or by the President if the Court is not sitting.
2. If occasion should arise, the Court or the President, if the Court is not sitting, may decide that the commencement or continuance of the hearings shall be postponed.	2. If occasion should arise, the Court or the President, if the Court is not sitting, may decide that the commencement or continuance of the hearings shall be postponed.

Article 48	*Article 52*
1. After the closure of the written proceedings no further documents may be submitted to the Court by either party except with the consent of the other party or as provided in paragraph 2 of this Article. The party desiring to produce a new document shall file the original or a certified copy thereof in the Registry, which will be responsible for communicating it to the other party and will inform the Court. The other party shall be held to have given its consent if it does not lodge an objection to the production of the document.	1. After the closure of the written proceedings, no further documents may be submitted to the Court by either party except with the consent of the other party or as provided in paragraph 2 of this Article. The party desiring to produce a new document shall file the original or a certified copy thereof, together with the number of copies required by the Registry, which will be responsible for communicating it to the other party and will inform the Court. The other party shall be held to have given its consent if it does not lodge an objection to the production of the document.
2. Should the other party decline to consent to the production of a new document, the Court, after hearing the parties, may either per-	2. In the absence of consent, the Court, after hearing the parties, may, if it considers the document necessary, authorize its production.

Si la Cour accorde son autorisation, elle fournira à la partie adverse l'occasion de présenter ses observations sur le nouveau document produit et de soumettre tout document à l'appui de ces observations.

nécessaire.

3. Si un nouveau document est produit conformément au paragraphe 1 ou au paragraphe 2 du présent article, la Cour fournit à la partie adverse l'occasion de présenter ses observations à son sujet et de soumettre tout document à l'appui de ces observations.

4. La teneur d'un document qui n'aurait pas été produit conformément à l'article 43 du Statut ou au présent article ne peut être mentionnée au cours des débats, à moins que ce document ne fasse partie d'une publication facilement accessible.

5. L'application des dispositions du présent article ne constitue en aucun cas un motif de retarder l'ouverture ou la poursuite de la procédure orale.

Article 49

Sans préjudice des règles concernant la production de documents, chaque partie fait connaître au Greffe, en temps utile avant l'ouverture de la procédure orale, les moyens de preuve qu'elle entend invoquer ou dont elle a l'intention de demander que la Cour ordonne l'emploi. Cette communication contient la liste des noms, prénoms, qualité et domicile des témoins et experts que cette partie désire faire entendre, avec l'indication, en termes généraux, du ou des points sur lesquels doit porter la déposition.

Article 53

Sans préjudice des règles concernant la production de documents, chaque partie fait connaître au Greffe, en temps utile avant l'ouverture de la procédure orale, les moyens de preuve qu'elle entend invoquer ou dont elle a l'intention de demander que la Cour ordonne l'emploi. Cette communication contient la liste des noms, prénoms, qualité et domicile des témoins et experts que cette partie désire faire entendre, avec l'indication, en termes généraux, du ou des points sur lesquels doit porter la déposition.

mit or refuse to permit its production. If the Court grants permission, the other party shall have an opportunity of commenting upon it and of submitting documents in support of its comments.

*

3. If a new document is produced under paragraph 1 or paragraph 2 of this Article, the other party shall have an opportunity of commenting upon it and of submitting documents in support of its comments.

4. No reference may be made during the oral proceedings to the contents of any document which has not been produced in accordance with Article 43 of the Statute or the present Article, unless the document is part of a publication readily available.

5. The application of the provisions of this Article shall not in any case constitute a ground for delaying the opening or the course of the oral proceedings.

Article 49

Without prejudice to the provisions of the Rules concerning the production of documents, each party shall communicate to the Registry, in sufficient time before the commencement of the oral proceedings, information regarding the evidence which it intends to produce or which it intends to request the Court to obtain. This communication shall contain a list of the surnames, first names, descriptions and places of residence of the witnesses and experts whom the party intends to call, with indications in general terms of the point or points to which their evidence will be directed.

Article 53

Without prejudice to the provisions of the Rules concerning the production of documents, each party shall communicate to the Registry, in sufficient time before the commencement of the oral proceedings, information regarding the evidence which it intends to produce or which it intends to request the Court to obtain. This communication shall contain a list of the surnames, first names, descriptions and places of residence of the witnesses and experts whom the party intends to call, with indications in general terms of the point or points to which their evidence will be directed.

1946

1972

Article 50

La Cour détermine si les parties doivent plaider avant ou après la production des moyens de preuve, la discussion de ces moyens étant toujours réservée.

Article 54

La Cour détermine si les parties doivent plaider avant ou après la production des moyens de preuve, la discussion de ces moyens étant toujours réservée.

Article 51

L'ordre dans lequel les agents, conseils ou avocats sont appelés à prendre la parole est déterminé par la Cour, sauf accord à ce sujet entre les parties.

Article 55

La Cour détermine l'ordre dans lequel les parties sont entendues et le nombre des conseils et avocats qui prennent la parole devant elle, ainsi que la méthode applicable à la présentation des moyens de preuve et à l'audition des témoins et experts, après que les parties ont fait connaître leurs vues conformément à l'article 40, paragraphe 1, du Règlement.

Article 56

1. Les exposés oraux prononcés au nom de chaque partie sont aussi succincts que possible eu égard à ce qui est nécessaire pour une bonne présentation des thèses à l'audience. A cet effet ils portent sur les points essentiels qui divisent les parties, ne reprennent pas tout ce qui est traité dans les pièces écrites et ne répètent pas simplement les faits et arguments qui y sont déjà invoqués.

2. A l'issue du dernier exposé présenté par une partie au cours des débats, son agent donne lecture des conclusions finales de cette partie sans récapituler l'argumentation. Le texte écrit signé par l'agent est en même temps communiqué à la Cour et à la partie adverse.

1946

Article 50
The Court shall determine whether the parties should present their arguments before or after the production of the evidence; the parties shall, however, retain the right to comment on the evidence given.

Article 51
The order in which the agents, counsel or advocates shall be called upon to speak shall be determined by the Court, unless there is an agreement between the parties on the subject.

1972

Article 54
The Court shall determine whether the parties should present their arguments before or after the production of the evidence; the parties shall, however, retain the right to comment on the evidence given.

Article 55
The order in which the parties will be heard, and the number of counsel and advocates who will address the Court, and the method of handling the evidence and of examining any witnesses and experts shall be determined by the Court after the views of the parties have been ascertained in accordance with Article 40, paragraph 1, of these Rules.

Article 56
1. The oral statements made on behalf of each party shall be as succinct as possible within the limits of what is requisite for the adequate presentation of that party's contentions at the hearing. Accordingly, they shall be directed to the essential issues that divide the parties and shall not go over the whole ground covered by the written pleadings, nor simply repeat the facts and arguments these contain.

2. At the conclusion of the last statement made by a party at the hearing, its agent shall read that party's final submissions, without recapitulation of the arguments. Written copies of these, signed by the agent, shall at the same time be communicated to the Court and to the other party.

1946

1972

Article 52

Article 57

1. La Cour peut, à tout moment avant ou après les débats, indiquer les points ou les problèmes qu'elle voudrait voir spécialement étudier par les parties ou ceux qui ont été suffisamment discutés.

1. La Cour peut, durant les débats, poser des questions aux agents, conseils ou avocats, ou leur demander des éclaircissements.

2. La même faculté appartient à chaque juge qui, pour l'exercer, fait connaître son intention au Président, chargé de la direction des débats par l'article 45 du Statut.

2. La Cour peut, durant les débats, poser des questions aux agents, conseils ou avocats ou leur demander des éclaircissements.

3. La même faculté appartient à chaque juge qui, pour l'exercer, fait connaître son intention au Président, chargé de la direction des débats par l'article 45 du Statut.

3. Les agents, conseils ou avocats ont la liberté de répondre immédiatement ou ultérieurement.

4. Les agents, conseils ou avocats peuvent répondre immédiatement, plus tard au cours de la même audience ou ultérieurement, mais en tout cas avant la clôture de la procédure orale.

Article 53

1. Les témoins et experts sont interrogés par les agents, conseils ou avocats des parties, sous l'autorité du Président. Des questions peuvent leur être posées par le Président et par les juges.

2. Avant de faire sa déposition devant la Cour, chaque témoin prend l'engagement suivant:

"Je déclare solennellement, en tout honneur et en toute conscience, que je dirai la vérité, toute la vérité et rien que la vérité."

3. Avant de faire son exposé devant la Cour, chaque expert prend l'engagement suivant:

"Je déclare solennellement,

Article 58

1. Les témoins et experts sont interrogés par les agents, conseils ou avocats des parties, sous l'autorité du Président. Des questions peuvent leur être posées par le Président et par les juges.

2. Avant de faire sa déposition devant la Cour, chaque témoin prend l'engagement suivant:

"Je déclare solennellement, en tout honneur et en toute conscience, que je dirai la vérité, toute la vérité et rien que la vérité."

3. Avant de faire son exposé devant la Cour, chaque expert prend l'engagement suivant:

"Je déclare solennellement,

1946

Article 52

1. The Court may, during the hearing, put questions to the agents, counsel and advocates, and may ask them for explanations.

2. Each judge has a similar right to put questions, but before exercising it he should make his intention known to the President, who is made responsible by Article 45 of the Statute for the control of the hearing.

3. The agents, counsel and advocates shall be at liberty to answer immediately or at a later date.

Article 53

1. Witnesses and experts shall be examined by the agents, counsel or advocates of the parties under the control of the President. Questions may be put to them by the President and by the judges.

2. Each witness shall make the following declaration before giving his evidence in Court:

"I solemnly declare upon my honour and conscience that I will speak the truth, the whole truth and nothing but the truth."

3. Each expert shall make the following declaration before making his statement in Court:

"I solemnly declare upon

1972

Article 57

1. The Court may at any time prior to or during the hearing indicate any points or issues to which it would like the parties specially to address themselves, or on which there has been sufficient argument.

2. The Court may, during the hearing, put questions to the agents, counsel and advocates, and may ask them for explanations.

3. Each judge has a similar right to put questions, but before exercising it he should make his intention known to the President, who is made responsible by Article 45 of the Statute for the control of the hearing.

4. The agents, counsel and advocates may answer immediately, later in the sitting, or subsequently, but in any event prior to the close of the oral proceedings.

Article 58

1. Witnesses and experts shall be examined by the agents, counsel or advocates of the parties under the control of the President. Questions may be put to them by the President and by the judges.

2. Each witness shall make the following declaration before giving his evidence in Court:

"I solemnly declare upon my honour and conscience that I will speak the truth, the whole truth and nothing but the truth."

3. Each expert shall make the following declaration before making his statement in Court:

"I solemnly declare upon

1946	**1972**

en tout honneur et en toute conscience, que mon exposé correspondra à ma conviction sincère."

en tout honneur et en toute conscience, que mon exposé correspondra à ma conviction sincère."

Article 54
La Cour peut inviter les parties à présenter des témoins ou experts ou demander la production de tous autres moyens de preuve sur des points de fait au sujet desquels les parties ne sont pas d'accord. S'il y a lieu, la Cour fait application des dispositions de l'article 44 du Statut.

Article 59
La Cour peut inviter les parties à présenter des témoins ou experts ou demander la production de tous autres moyens de preuve sur des points de fait au sujet desquels les parties ne sont pas d'accord. S'il y a lieu, la Cour fait application des dispositions de l'article 44 du Statut.

Article 55
Les sommes à payer aux témoins ou experts qui se présentent sur l'initiative de la Cour le sont sur les fonds de la Cour.

Article 60
Les sommes à payer aux témoins ou experts qui se présentent sur l'initiative de la Cour le sont sur les fonds de la Cour.

Article 56
La Cour ou, si elle ne siège pas, le Président, prend, soit à la demande de l'une des parties, soit sur sa propre initiative, les mesures nécessaires en vue de l'audition de témoins ou d'experts en dehors de la Cour.

Article 61
La Cour ou, si elle ne siège pas, le Président, prend, soit à la demande de l'une des parties, soit sur sa propre initiative, les mesures nécessaires en vue de l'audition de témoins ou d'experts en dehors de la Cour.

Article 57
1. Toute décision de la Cour portant qu'il y a lieu de faire procéder à une enquête ou à une expertise est prise, les parties dûment entendues, par une ordonnance, laquelle précise l'objet de l'enquête ou de l'expertise, et se prononce sur le nombre et la désignation des enquêteurs et des experts, ainsi que sur les fomalités à observer.

2. Tout rapport ou tout procès-

Article 62
1. Toute décision de la Cour portant qu'il y a lieu de faire procéder à une enquête ou à une expertise est prise, les parties dûment entendues, par une ordonnance, laquelle précise l'objet de l'enquête ou de l'expertise, et se prononce sur le nombre et la désignation des enquêteurs et des experts, ainsi que sur les formalités à observer.

2. Tout rapport ou tout procès-

1946

my honour and conscience that my statement will be in accordance with my sincere belief."

Article 54
The Court may request the parties to call witnesses or experts, or may call for the production of any other evidence on points of fact in regard to which the parties are not in agreement. If need be, the Court shall apply the provisions of Article 44 of the Statute.

Article 55
Witnesses or experts who appear at the instance of the Court shall be paid out of the funds of the Court.

Article 56
The Court, or the President if the Court is not sitting, shall, at the request of one of the parties or on its own initiative, take the necessary steps for the examination of witnesses or experts otherwise than before the Court itself.

Article 57
1. If the Court considers it necessary to arrange for an enquiry or an expert opinion, it shall, after duly hearing the parties, issue an order to this effect, defining the subject of the enquiry or expert opinion, and stating the number and mode of appointment of the persons to hold the enquiry or of the experts and the procedure to be followed.

2. Every report or record of an

1972

my honour and conscience that my statement will be in accordance with my sincere belief."

Article 59
The Court may request the parties to call witnesses or experts, or may call for the production of any other evidence on points of fact in regard to which the parties are not in agreement. If need be, the Court shall apply the provisions of Article 44 of the Statute.

Article 60
Witnesses or experts who appear at the instance of the Court shall be paid outs of the funds of the Court.

Article 61
The Court, or the President if the Court is not sitting, shall, at the request of one of the parties or on its own initiative, take the necessary steps for the examination of witnesses or experts otherwise than before the Court itself.

Article 62
1. If the Court considers it necessary to arrange for an enquiry or an expert opinion, it shall, after duly hearing the parties, issue an order to this effect, defining the subject of the enquiry or expert opinion, and stating the number and mode of appointment of the persons to hold the enquiry or of the experts and the procedure to be followed.

2. Every report or record of an

1946	1972

verbal concernant l'enquête ainsi que le rapport d'expert est communiqué aux parties.

3. A tout moment de la procédure antérieure à la clôture des débats, la Cour peut soit d'office, soit sur demande d'une partie communiquée comme il est dit à l'article 49 du présent Règlement, demander à une organisation internationale publique, conformément à l'article 34 du Statut, des renseignements relatifs à une affaire portée devant elle. La Cour fixe la forme, écrite ou orale, en laquelle ces renseignements lui seront présentés.

4. Lorsqu'une organisation internationale publique juge à propos de fournir de sa propre initiative des renseignements relatifs à une affaire portée devant la Cour, elle doit le faire par un mémoire déposé au Greffe avant la clôture de la procédure écrite. La Cour conserve la faculté de faire compléter ces renseignements par écrit ou oralement sur la base des demandes qu'elle jugerait à propos d'énoncer, ainsi que d'autoriser les parties à présenter des observations écrites au sujet des renseignements ainsi fournis.

5. Dans le cas prévu à l'article 34, paragraphe 3, du Statut, le Greffier, sur les instructions de la Cour ou, si elle ne siège pas, du Président, procède comme il est prescrit audit paragraphe. La Cour

verbal concernant l'enquête ainsi que le rapport d'expert est communiqué aux parties.

Article 63

1. A tout moment de la procédure antérieure à la clôture des débats, la Cour peut, soit d'office, soit sur demande d'une partie communiquée comme il est dit à l'article 53 du présent Règlement, demander à une organisation internationale publique, conformément à l'article 34 du Statut, des renseignements relatifs à une affaire portée devant elle. La Cour fixe, après avoir consulté le plus haut fonctionnaire de l'organisation intéressée, la forme écrite ou orale en laquelle ces renseignements lui seront présentés ainsi que les délais dans lesquels ils devront l'être.

2. Lorsqu'une organisation internationale publique juge à propos de fournir de sa propre initiative des renseignements relatifs à une affaire portée devant la Cour, elle doit le faire par un mémoire déposé au Greffe avant la clôture de la procédure écrite. La Cour conserve la faculté de faire compléter ces renseignements par écrit ou oralement sur la base des demandes qu'elle jugerait à propos d'énoncer, ainsi que d'autoriser les parties à présenter des observations écrites ou orales au sujet des renseignements ainsi fournis.

3. Dans le cas prévu à l'article 34, paragraphe 3, du Statut, le Greffier, sur les instructions de la Cour ou, si elle ne siège pas, du Président, procède comme il est prescrit audit paragraphe. La Cour

enquiry and every expert opinion shall be communicated to the parties.

enquiry and every expert opinion shall be communicated to the parties.

Article 63

3. At any stage in the proceedings before the termination of the hearing, the Court may, either *proprio motu*, or at the request of one of the parties communicated as provided in Article 49 of these Rules, request a public international organization, pursuant to Article 34 of the Statute, to furnish information relevant to a case before it. The Court shall decide whether such information shall be presented to it orally or in writing.

1. At any stage in the proceedings before the termination of the hearing, the Court may, either *proprio motu*, or at the request of one of the parties communicated as provided in Article 53 of these Rules, request a public international organization, pursuant to Article 34 of the Statute, to furnish information relevant to a case before it. The Court, after consulting the chief administrative officer of the organization concerned, shall decide whether such information shall be presented to it orally or in writing, and the time-limits for its presentation.

4. When a public international organization sees fit to furnish, on its own initiative, information relevant to a case before the Court, it shall do so in the form of a Memorial to be filed in the Registry before the closure of the written proceedings. The Court shall retain the right to require such information to be supplemented, either orally or in writing, in the form of answers to any questions which it may see fit to formulate, and also to authorize the parties to comment in writing on the information thus furnished.

2. When a public international organization sees fit to furnish, on its own initiative, information relevant to a case before the Court, it shall do so in the form of a Memorial to be filed in the Registry before the closure of the written proceedings. The Court shall retain the right to require such information to be supplemented, either orally or in writing, in the form of answers to any questions which it may see fit to formulate, and also to authorize the parties to comment, either orally or in writing, on the information thus furnished.

5. In the circumstances contemplated by Article 34, paragraph 3, of the Statute, the Registrar, on the instructions of the Court, or of the President if the Court is not sitting, shall proceed as prescribed in that

3. In the circumstances contemplated by Article 34, paragraph 3, of the Statute, the Registrar, on the instructions of the Court, or of the President if the Court is not sitting, shall proceed as prescribed

1946	**1972**

ou, si elle ne siège pas, le Président fixe, à compter du jour ou le Greffier a communiqué la procédure écrite, un délai pendant lequel l'organisation internationale publique intéressée pourra soumettre à la Cour ses observations écrites. Lesdites observations sont communiquées aux parties et peuvent être débattues par elles et par le représentant de ladite organisation au cours de la procédure orale.

ou, si elle ne siège pas, le Président peut fixer, à compter du jour où le Greffier a communiqué la procédure écrite et après avoir consulté le plus haut fonctionnaire de l'organisation internationale publique intéressée, un délai dans lequel l'organisation pourra soumettre à la Cour ses observations écrites. Lesdites observations sont communiquées aux parties et peuvent être débattues par elles et par le représentant de ladite organisation au cours de la procédure orale.

Article 58
1. Sauf décision contraire prise par la Cour ou par le Président, si elle ne siège pas au moment où la décision doit être prise, les plaidoiries ou déclarations devant la Cour dans l'une des langues officielles sont traduites dans l'autre langue officielle; il en est de même des questions et réponses. Il incombe au Greffier de prendre toutes dispositions à cet effet.

Article 64
1. Sauf décision contraire prise par la Cour, toutes les plaidoiries, déclarations ou dépositions faites en audience dans une des langues officielles de la Cour sont interprétées dans l'autre langue officielle. Si elles sont faites dans toute autre langue, elles sont interprétées dans les deux langues officielles de la Cour.

2. Lorsque, conformément à l'article 39, paragraphe 3, du Statut, une langue autre que le français ou l'anglais est employée, il incombe à la partie intéressée de prendre toutes dispositions pour en assurer la traduction dans l'une ou l'autre des langues officielles; toutefois, la traduction des dépositions des témoins et des exposés des experts est faite sous le contrôle de la Cour. Dans le cas de témoins ou d'experts qui se présentent sur l'ini-

2. Lorsque, conformément à l'article 39, paragraphe 3, du Statut, une langue autre que le français ou l'anglais est employée, il incombe à la partie intéressée de prendre toutes dispositions pour en assurer la traduction dans l'une ou l'autre des langues officielles; toutefois le Greffier prend les dispositions voulues pour contrôler la traduction, assurée par une partie, des dépositions faites en son nom. Dans le cas de témoins ou d'experts qui se

1946

paragraph. The Court, or the President if the Court is not sitting, shall, as from the date on which the Registrar has communicated copies of the written proceedings, fix a time-limit within which the public international organization concerned may submit to the Court its observations in writing. These observations shall be communicated to the parties and may be discussed by them and by the representative of the said organization during the oral proceedings.

Article 58

1. In the absence of any decision to the contrary by the Court, or by the Président if the Court is not sitting at the time when the decision has to be made, speeches or statements made before the Court in one of the official languages shall bc translated into the other official language; the same rule shall apply in regard to questions and answers. The Registrar shall make the necessary arrangements for this purpose.

2. Whenever, in accordance with Article 39, paragraph 3, of the Statute, a language other than French or English is used the necessary arrangements for translation into one of the two official languages shall be made by the party concerned: the evidence of witnesses and the statements of experts shall, however, be translated under the supervision of the Court. In the case of witnesses or experts who appear at the instance of the Court,

1972

in that paragraph. The Court, or the President if the Court is not sitting, may, as from the date on which the Registrar has communicated copies of the written proceedings, and after consulting the chief administrative officer of the public international organization concerned, fix a time-limit within which the organization may submit to the Court its observations in writing. These observations shall be communicated to the parties and may be discussed by them and by the representative of the said organization during the oral proceedings.

Article 64

1. In the absence of any decision to the contrary by the Court, all speeches and statements made and evidence given at the hearing in one of the official languages of the Court shall be interpreted into the other official language. If they are made or given in any other language, they shall be interpreted into the two official languages of the Court.

2. Whenever, in accordance with Article 39, paragraph 3, of the Statute, a language other than French or English is used, the necessary arrangements for interpretation into one of the two official languages shall be made by the party concerned; however, the Registrar shall make arrangements for the verification of the interpretation provided by a party of evidence given on the party's behalf. In the case of witnesses or experts who

1946   **1972**

tiative de la Cour, la traduction est assurée par les soins du Greffe.

présentent sur l'initiative de la Cour, la traduction est assurée par les soins du Greffe.

3. Si une langue autre qu'une des langues officielles de la Cour doit être utilisée pour les plaidoiries, déclarations ou dépositions d'une partie, celle-ci en avise le Greffier à temps pour lui permettre de prendre toutes dispositions nécessaires.

3. Les personnes chargées des traductions visées au paragraphe précédent prennent, devant la Cour, l'engagement suivant:

4. Avant de prendre ses fonctions dans une affaire, tout interprète fourni par une partie fait la déclaration suivante devant la Cour:

"Je déclare solennellement, en tout honneur et en toute conscience, que ma traduction sera complète et fidèle."

"Je déclare solennellement, en tout honneur et en toute conscience, que ma traduction sera fidèle et complète."

Article 59
1. Le procès-verbal visé l'article 47 du Statut comprend:

les noms des juges présents;

les noms des agents, conseils ou avocats présents;

les noms, prénoms, qualité et domicile des témoins et experts entendus;

l'indication des preuves produites à l'audience;

les déclarations faites au nom des parties;

la mention sommaire des questions posées aux parties par le Président ou par les juges;

toutes décisions de la Cour prononcées ou annoncées à l'audience.

2. Les procès-verbaux des séances publiques sont imprimés et publiés.

Article 65
1. Le Greffier établit un compte rendu intégral de chaque audience dans la ou les langues officielles de la Cour utilisées durant l'audience. Si une autre langue est utilisée, le compte rendu est établi dans l'une des langues officielles de la Cour.

1946

arrangements for translation shall be made by the Registry.

3. The persons making the translations referred to in the preceding paragraph shall make the following declaration in Court:

"I solemnly declare upon my honour and conscience that my translation will be a complete and faithful rendering of what I am called upon to translate."

Article 59

1. The minutes mentioned in Article 47 of the Statute shall include:

the names of the judges present;

the names of the agents, counsel or advocates present;

the surnames, first names, description and residence of witnesses and experts heard;

a brief record of the evidence produced at the hearing;

declarations made on behalf of the parties;

a brief record of questions put to the parties by the President or by the judges;

any decisions delivered or announced by the Court during the hearing.

2. The minutes of public sittings shall be printed and published.

1972

appear at the instance of the Court, arrangements for interpretation shall be made by the Registry.

3. A party on whose behalf speeches or statements are to be made, or evidence given, in a language which is not one of the official languages of the Court, shall so notify the Registrar in sufficient time for him to make the necessary arrangements.

4. Before first interpreting in any case, an interpreter provided by a party shall make the following declaration in open Court:

"I solemnly declare upon my honour and conscience that my interpretation will be faithful and complete."

Article 65

1. A verbatim record shall be made by the Registrar of every hearing, in the official language of the Court which has been used. When the language used is not one of the two official languages of the Court, the verbatim record shall be prepared in one of the Court's official languages.

1946

1972

2. Si des plaidoiries ou déclarations sont faites dans une langue autre qu'une des langues officielles de la Cour, la partie au nom de laquelle elles sont faites en fournit d'avance un texte au Greffier dans l'une des langues officielles et ce texte constitue le passage correspondant du compte rendu.

Article 60

1. Pour chaque audience de la Cour, il est établi, sous la responsabilité du Greffier, un compte rendu sténographique de la procédure orale, y compris les dépositions, qui est joint au procés-verbal visé à l'article 59 du présent Règlement. Ce compte rendu, sauf décision contraire de la Cour, contient, le cas échéant, les traductions orales faites devant la Cour par les interprètes d'une langue officielle dans l'autre langue officielle.

3. Doivent précéder le texte du compte rendu les noms des juges présents, ceux des agents, conseils et avocats des parties, ainsi que les noms, prénoms, nationalité, qualité et domicile des témoins ou experts.

2. Chaque témoin et expert reçoit communication du compte rendu de sa déposition, afin que, sous le contrôle de la Cour, il puisse corriger toutes erreurs.

4. Copie du compte rendu ainsi établi est transmise aux juges siégeant en l'affaire, ainsi qu'aux parties. Celles-ci peuvent, sous le contrôle de la Cour, corriger le compte rendu des plaidoiries et déclarations faites en leur nom, mais sans pouvoir en modifier le sens et la portée. Les juges peuvent de même corriger le compte rendu de ce qu'ils ont dit.

3. Les agents, conseils ou avocats reçoivent communication du compte rendu de leurs plaidoiries ou déclarations, afin qu'ils puissent les corriger ou les reviser, sous le contrôle de la Cour.

5. Les témoins et experts reçoivent communication du compte rendu de leur déposition ou exposé et peuvent le corriger de la même manière que les parties.

6. Une copie certifiée conforme du compte rendu final corrigé, sig-

2. When speeches or statements are made in a language which is not one of the official languages of the Court, the party on whose behalf they are made shall supply to the Registry in advance a text thereof in one of the official languages, and this text shall constitute the relevant part of the verbatim record.

Article 60

1. At each hearing held by the Court, a shorthand note shall be made under the supervision of the Registrar of the oral proceedings, including the evidence taken, and shall be appended to the minutes referred to in Article 59 of the present Rules. This note, unless it is otherwise decided by the Court, shall contain any interpretations from one official language into the other made in Court by the interpreters.

3. The transcript of the verbatim record shall be preceded by the names of the judges present, the agents, counsel and advocates of the parties, and the surnames and first names, nationality, description and residence of witnesses or experts.

2. A transcript of the evidence of each witness or expert shall be made available to him in order that mistakes may be corrected under the supervision of the Court.

4. Copies of the transcript shall be circulated to the judges sitting in the case, and to the parties. The latter may, under the supervision of the Court, correct the transcript of the speeches and statements made on their behalf, but in no case may such corrections affect the sense and bearing of the statement. The judges may likewise make corrections in the transcript of anything they may have said.

5. Witnesses and experts shall be shown that part of the transcript which relates to the evidence given, or the statements made by them, and may correct it in like manner as the parties.

3. A transcript of speeches or declarations made by agents, counsel or advocates shall be made available to them for correction or revision, under the supervision of the Court.

6. One certified true copy of the eventual corrected transcript, sign-

1946   **1972**

née par le Président et le Greffier, constitue le procès-verbal officiel de l'audience aux fins de l'article 47 du Statut. Le procès-verbal des audiences publiques est imprimé et publié par la Cour.

II. Règles particulières   *II. Règles particulières*

Des mesures conservatoires   *Des mesures conservatoires*

Article 61   *Article 66*

1. Une demande en indication de mesures conservatoires peut être présentée à tout moment au cours de la procédure relative à l'affaire au sujet de laquelle elle est introduite. Elle spécifie quelle est cette affaire, quels sont les droits dont la conservation serait à assurer et quelles sont les mesures conservatoires dont l'indication est proposée.

2. La demande en indication de mesures conservatoires a la priorité sur toutes autres affaires. Il est statué d'urgence à son sujet.

3. Si la Cour ne siège pas, le Président en convoque sans retard les membres. En attendant que la Cour se réunisse et se prononce, le Président prend, s'il y a lieu, les mesures qui lui paraissent nécessaires afin de permettre à la Cour de statuer utilement.

4. La Cour peut indiquer des mesures conservatoires autres que celles qui sont proposées dans la demande.

5. Le rejet d'une demande en indication de mesures conservatoires

1. Une demande en indication de mesures conservatoires peut être présentée à tout moment au cours de la procédure relative à l'affaire au sujet de laquelle elle est introduite. Elle spécifie quelle est cette affaire, quels sont les droits dont la conservation serait à assurer et quelles sont les mesures conservatoires dont l'indication est proposée.

2. La demande en indication de mesures conservatoires a la priorité sur toutes autres affaires. Il est statué d'urgence à son sujet.

3. Si la Cour ne siège pas, le Président en convoque sans retard les membres. En attendant que la Cour se réunisse et se prononce, le Président prend, s'il y a lieu, les mesures qui lui paraissent nécessaires afin de permettre à la Cour de statuer utilement.

4. La Cour peut indiquer des mesures conservatoires autre que celles qui sont proposées dans la demande.

5. Le rejet d'une demande en indication de mesures conservatoires

1946   **1972**

ed by the President and the Registrar, shall constitute the authentic minutes of the sitting for the purposes of Article 47 of the Statute. The minutes of public hearings shall be printed and published by the Court.

II. Occasional Rules   *II. Occasional Rules*

Interim Protection   *Interim Protection*

Article 61   *Article 66*

1. A request for the indication of interim measures of protection may be filed at any time during the proceedings in the case in connection with which it is made. The request shall specify the case to which it relates, the rights to be protected and the interim measures of which the indication is proposed.

1. A request for the indication of interim measures of protection may be filed at any time during the proceedings in the case in connection with which it is made. The request shall specify the case to which it relates, the rights to be protected and the interim measures of which the indication is proposed.

2. A request for the indication of interim measures of protection shall have priority over all other cases. The decision thereon shall be treated as a matter of urgency.

3. If the Court is not sitting, the members shall be convened by the President forthwith. Pending the meeting of the Court and a decision by it, the President shall, if need be, take such measures as may appear to him necessary in order to enable the Court to give an effective decision.

4. The Court may indicate interim measures of protection other than those proposed in the request.

5. The rejection of a request for the indication of interim measures

2. A request for the indication of interim measures of protection shall have priority over all other cases. The decision thereon shall be treated as a matter of urgency.

3. If the Court is not sitting, the Members shall be convened by the President forthwith. Pending the meeting of the Court and a decision by it, the President shall, if need be, take such measures as may appear to him necessary in order to enable the Court to give an effective decision.

4. The Court may indicate interim measures of protection other than those proposed in the request.

5. The rejection of a request for the indication of interim measures

1946

n'empêche pas la partie qui l'avait introduite de présenter une nouvelle demande fondée sur des faits nouveaux.

6. La Cour peut indiquer d'office des mesures conservatoires. Si la Cour ne siège pas, le Président peut en convoquer les membres pour soumettre à la Cour la question de l'opportunité d'en indiquer.

7. La Cour peut en tout temps, à raison de changement des circonstances, rapporter ou modifier la décision portant indication de mesures conservatoires.

8. La Cour n'indique des mesures conservatoires qu'après avoir donné aux parties la possibilité de faire entendre leurs observations à ce sujet. Il en est de même si la Cour rapporte ou modifie la décision qui les avait indiquées.

Des exceptions préliminaires

Article 62

1. Toute exception préliminaire doit être présentée au plus tard avant l'expiration du délai fixé pour la première pièce de la procédure écrite à déposer par la partie soulevant l'exception.

2. L'acte introductif de l'exception contient l'exposé de fait et de droit sur lequel l'exception est fon-

1972

n'empêche pas la partie qui l'avait introduite de présenter une nouvelle demande fondée sur des faits nouveaux.

6. La Cour peut indiquer d'office des mesures conservatoires. Si la Cour ne siège pas, le Président peut en convoquer les membres pour soumettre à la Cour la question de l'opportunité d'en indiquer.

7. La Cour peut en tout temps, à raison de changement des circonstances, rapporter ou modifier la décision portant indication de mesures conservatoires.

8. La Cour n'indique des mesures conservatoires qu'après avoir donné aux parties la possibilité de faire entendre leurs observations à ce sujet. Il en est de même si la Cour rapporte ou modifie la décision qui les avait indiquées.

Des exceptions préliminaires

Article 67

1. Toute exception à la compétence de la Cour ou à la recevabilité de la requête ou toute autre exception sur laquelle le défendeur demande une décision avant que la procédure sur le fond se poursuive doit être présentée par écrit, dans le délai fixé pour le dépôt du contre-mémoire. Toute exception soulevée par une partie autre que le défendeur doit être déposée dans le délai fixé pour le dépôt de la première pièce écrite de cette partie.

2. L'acte introductif de l'exception contient l'exposé de fait et de droit sur lequel l'exception est fon-

1946

of protection shall not prevent the party which has made it from making a fresh request in the same case based on new facts.

6. The Court may indicate interim measures of protection *proprio motu*. If the Court is not sitting, the President may convene the members in order to submit to the Court the question whether it is expedient to indicate such measures.

7. The Court may at any time by reason of a change in the situation revoke or modify its decision indicating interim measures of protection.

8. The Court shall only indicate interim measures of protection after giving the parties an opportunity of presenting their observations on the subject. The same rule applies when the Court revokes or modifies a decision indicating such measures.

Preliminary Objections

Article 62
1. A preliminary objection must be filed by a party at the latest before the expiry of the time-limit fixed for the delivery of its first pleading.

2. The preliminary objection shall set out the facts and the law on which the objection is based, the

1972

of protection shall not prevent the party which has made it from making a fresh request in the same case based on new facts.

6. The Court may indicate interim measures of protection *proprio motu*. If the Court is not sitting, the President may convene the Members in order to submit to the Court the question whether it is expedient to indicate such measures.

7. The Court may at any time by reason of a change in the situation revoke or modify its decision indicating interim measures of protection.

8. The Court shall only indicate interim measures of protection after giving the parties an opportunity of presenting their observations on the subject. The same rule applies when the Court revokes or modifies a decision indicating such measures.

Preliminary Objections

Article 67
1. Any objection by the respondent to the jurisdiction of the Court or to the admissibility of the application, or other objection the decision upon which is requested before any further proceedings on the merits, shall be made in writing within the time-limit fixed for the delivery of the Counter-Memorial. Any such objection made by a party other than the respondent shall be filed within the time-limit fixed for the delivery of that party's first pleading.

2. The preliminary objection shall set out the facts and the law on which the objection is based, the

1946

1972

dée, les conclusions et le bordereau des pièces à l'appui, qui sont annexeés; il fait mention des moyens de preuve que la partie désire éventuellement employer.

3. Dès réception par le Greffier de l'acte introductif de l'exception, la procédure sur le fond est suspendue et la Cour, ou, si elle ne siège pas, le Président fixe le délai dans lequel la partie contre laquelle l'exception est introduite peut présenter un exposé écrit contenant ses observations et conclusions; les documents à l'appui y sont annexés et les moyens éventuels de preuve sont indiqués.

4. Sauf décision contraire de la Cour, la suite de la procédure sur l'exception est orale.

5. La Cour, après avoir entendu les parties, statue sur l'exception ou la joint au fond. Si la Cour rejette l'exception ou la joint au fond, elle fixe de nouveau les délais pour la suite de l'instance.

dée, les conclusions et le bordereau des pièces à l'appui, qui sont annexées sous forme de copies; il fait mention des moyens de preuve que la partie désire éventuellement employer.

3. Dès réception par le Greffier de l'acte introductif de l'exception, la procédure sur le fond est suspendue et la Cour, ou, si elle ne siège pas, le Président fixe le délai dans lequel la partie contre laquelle l'exception est introduite peut présenter un exposé écrit contenant ses observations et conclusions; les documents à l'appui y sont annexés et les moyens éventuels de preuve sont indiqués.

4. Sauf décision contraire de la Cour, la suite de la procédure sur l'exception est orale.

5. Les exposés de fait et de droit contenus dans les pièces écrites mentionnées aux paragraphes 2 et 3 ci-dessus et les exposés et moyens de preuve présentés pendant les audiences envisagées au paragraphe 4 sont limités aux points ayant trait à l'exception.

6. Pour permettre à la Cour de se prononcer sur sa compétence au stade préliminaire de la procédure, la Cour peut, le cas échéant, inviter les parties à débattre tous points de fait et de droit, et à produire tous moyens de preuve, qui ont trait à la question.

7. La Cour, après avoir entendu les parties, statue dans un arrêt par lequel elle retient l'exception, la rejette ou déclare que cette exception n'a pas dans les circonstances de l'espèce un caractère exclusivement préliminaire. Si la Cour re-

1946

submissions and a list of the documents in support; these documents shall be attached; it shall mention any evidence which the party may desire to produce.

3. Upon receipt by the Registrar of a preliminary objection filed by a party, the proceedings on the merits shall be suspended and the Court, or the President if the Court is not sitting, shall fix the time-limit within which the other party may present a written statement of its observations and submissions; documents in support shall be attached and evidence which it is proposed to produce shall be mentioned.

4. Unless otherwise decided by the Court, the further proceedings shall be oral.

5. After hearing the parties the Court shall give its decision on the objection or shall join the objection to the merits. If the Court overrules the objection or joins it to the merits, it shall once more fix time-limits for the further proceedings.

1972

submissions and a list of the documents in support; copies of these documents shall be attached; it shall mention any evidence which the party may desire to produce.

3. Upon receipt by the Registrar of a preliminary objection filed by a party, the proceedings on the merits shall be suspended and the Court, or the President if the Court is not sitting, shall fix the time-limit within which the other party may present a written statement of its observations and submissions; documents in support shall be attached and evidence which it is proposed to produce shall be mentioned.

4. Unless otherwise decided by the Court, the further proceedings shall be oral.

5. The statements of fact and law in the pleadings referred to in paragraphs 2 and 3 above, and the statements and evidence presented at the hearings contemplated by paragraph 4, shall be confined to those matters that are relevant to the objection.

6. In order to enable the Court to determine its jurisdiction at the preliminary stage of the proceedings, the Court, whenever necessary, may request the parties to argue all questions of law and fact, and to adduce all evidence, which bear on the issue.

7. After hearing the parties, the Court shall give its decision in the form of a judgment, by which it shall either uphold the objection, reject it, or declare that the objection does not possess, in the circumstances of the case, an exclusive-

1946   **1972**

jette l'exception ou déclare qu'elle n'a pas un caractère exclusivement préliminaire, elle fixe les délais pour la suite de la procédure.

8. La Cour donne effet à tout accord intervenu entre les parties et tendant à ce qu'une exception soulevée en vertu du paragraphe 1 soit tranchée lors de l'examen au fond.

Des demandes reconventionnelles   *Des demandes reconventionnelles*

Article 63

Lorsque l'instance a été introduite par requête, une demande reconventionnelle peut être présentée dans les conclusions du contre-mémoire, pourvu que cette demande soit en connexité directe avec l'objet de la requête et qu'elle rentre dans la compétence de la Cour. Si le rapport de connexité entre la demande présentée comme demande reconventionnelle et l'objet de la requête n'est pas apparent, la Cour, après examen, décide s'il y a lieu ou non de joindre cette demande à l'instance primitive.

Article 68

Lorsque l'instance a été introduite par requête, une demande reconventionnelle peut être présentée dans les conclusions du contre-mémoire, pourvu que cette demande soit en connexité directe avec l'objet de la requête et qu'elle rentre dans la compétence de la Cour. Si le rapport de connexité entre la demande présentée comme demande reconventionnelle et l'objet de la requête n'est pas apparent, la Cour, après examen, décide s'il y a lieu ou non de joindre cette demande à l'instance primitive.

Des interventions   *Des interventions*

Article 64

1. Une requête à fin d'intervention aux termes de l'article 62 du Statut est déposée au Greffe au plus tard avant l'ouverture de la procédure orale.

2. La requête contient:

Article 69

1. Une requête à fin d'intervention aux termes de l'article 62 du Statut est déposée au Greffe au plus tard avant l'ouverture de la procédure orale.

2. La requête contient:

1946	1972
	ly preliminary character. If the Court rejects the objection or declares that it does not possess an exclusively preliminary character, it shall fix time-limits for the further proceedings.
	8. Any agreement between the parties that an objection submitted under paragraph 1 be heard and determined within the framework of the merits shall be given effect by the Court.

Counter-claims	*Counter-Claims*

Article 63	*Article 68*
When proceedings have been instituted by means of an application, a counter-claim may be presented in the submissions of the Counter-Memorial, provided that such counter-claim is directly connected with the subject-matter of the application and that it comes within the jurisdiction of the Court. In the event of doubt as to the connection between the question presented by way of counter-claim and the subject-matter of the application the Court shall, after due examination, direct whether or not the question thus presented shall be joined to the original proceedings.	When proceedings have been instituted by means of an application, a counter-claim may be presented in the submissions of the Counter-Memorial, provided that such counter-claim is directly connected with the subject-matter of the application and that it comes within the jurisdiction of the Court. In the event of doubt as to the connection between the question presented by way of counter-claim and the subject-matter of the application the Court shall, after due examination, direct whether or not the question thus presented shall be joined to the original proceedings.

Intervention	*Intervention*

Article 64	*Article 69*
1. An application for permission to intervene under the terms of Article 62 of the Statute shall be filed in the Registry at latest before the commencement of the oral proceedings.	1. An application for permission to intervene under the terms of Article 62 of the Statute shall be filed in the Registry at latest before the commencement of the oral proceedings.
2. The application shall contain:	2. The application shall contain:

1946	1972

l'indication de l'affaire;
l'exposé des raisons de droit et de fait justifiant l'intervention;
le bordereau des pièces à l'appui, qui sont annexées.

3. La requête est communiquée aux parties, qui déposent au Greffe leurs observations écrites dans le délai fixé par la Cour ou, si elle ne siège pas, par le Président.

4. Le Greffier transmet également copie de la requête à fin d'intervention: *a)* aux Membres des Nations unies par l'entremise du Secrétaire général, et *b)* aux autres États admis à ester devant la Cour, par la voie prévue dans un arrangement spécial conclu à cet effet par le Greffier.

5. La demande en intervention est inscrite à l'ordre du jour d'une audience, dont la date et l'heure sont communiquées à tous les intéressés. Toutefois, si les parties, dans leurs observations écrites, n'ont pas contesté l'intervention, la Cour peut décider que la discussion orale n'en aura pas lieu.
6. La Cour statue sur la requête par un arrêt.

Article 65
1. Lorsque la Cour admet l'intervention et si la partie intervenante demande à déposer un mémoire sur le fond, la Cour fixe les délais dans lesquels ce mémoire doit être déposé et dans lesquels les autres parties pourront répondre par des contre-mémoires; il en est de même

---

l'indication de l'affaire;
l'exposé des raisons de droit et de fait justifiant l'intervention;
le bordereau des pièces à l'appui, qui sont annexées.

3. La requête est communiquée aux parties, qui déposent au Greffe leurs observations écrites dans le délai fixé par la Cour ou, si elle ne siège pas, par le Président.

4. Le Greffier transmet également copie de la requête à fin d'intervention: *a)* aux Membres des Nations Unies par l'entremise du Secrétaire général, et *b)* aux autres États admis à ester devant la Cour, par la voie prévue dans un arrangement spécial conclu à cet effet par le Greffier.

5. La demande en intervention est inscrite à l'ordre du jour d'une audience, dont la date et l'heure sont communiquées à tous les intéressés. Toutefois, si les parties, dans leurs observations écrites, n'ont pas contesté l'intervention, la Cour peut décider que la discussion orale n'en aura pas lieu.
6. La Cour statue sur la requête par un arrêt.

Article 70
1. Lorsque la Cour admet l'intervention et si la partie intervenante demande à déposer un mémoire sur le fond, la Cour fixe les délais dans lesquels ce mémoire doit être déposé et dans lesquels les autres parties pourront répondre par des contre-mémoires; il en est de même

1946

a description of the case;

a statement of law and of fact justifying intervention; and

a list of the documents in support of the application; these documents shall be attached.

3. The application shall be communicated to the parties, who shall send to the Registry their observations in writing within a time-limit to be fixed by the Court, or by the President, if the Court is not sitting.

4. The Registrar shall also transmit copies of the application for permission to intervene: *(a)* to Members of the United Nations through the Secretary-General and *(b)*, by means of special arrangements made for this purpose between them and the Registrar, to any other States entitled to appear before the Court.

5. The application to intervene shall be placed on the agenda for a hearing, the date and hour of which shall be notified to all concerned. Nevertheless, if the parties have not, in their written observations, opposed the application to intervene, the Court may decide that there shall be no oral argument.

6. The Court will give its decision on the application in the form of a judgment.

Article 65

1. If the Court admits the intervention and if the party intervening expresses a desire to file a Memorial on the merits, the Court shall fix the time-limits within which the Memorial shall be filed and within which the other parties may reply by Counter-Memorials; the same

1972

a description of the case;

a statement of law and of fact justifying intervention; and

a list of the documents in support of the application; these documents shall be attached.

3. The application shall be communicated to the parties, who shall send to the Registry their observations in writing within a time-limit to be fixed by the Court, or by the President, if the Court is not sitting.

4. The Registrar shall also transmit copies of the application for permission to intervene: *(a)* to Members of the United Nations through the Secretary-General and *(b)*, by means of special arrangements made for this purpose between them and the Registrar, to any other States entitled to appear before the Court.

5. The application to intervene shall be placed on the agenda for a hearing, the date and hour of which shall be notified to all concerned. Nevertheless, if the parties have not, in their written observations, opposed the application to intervene, the Court may decide that there shall be no oral argument.

6. The Court will give its decision on the application in the form of a judgment.

Article 70

1. If the Court admits the intervention and if the party intervening expresses a desire to file a Memorial on the merits, the Court shall fix the time-limits within which the Memorial shall be filed and within which the other parties may reply by Counter-Memorials; the same

pour la réplique et la duplique. Si
la Cour ne siège pas, les délais sont
fixés par le Président.

2. Si, la Cour n'ayant pas encore
statué sur l'intervention, la requête
en intervention n'est pas contestée
et si la Cour ne siège pas, le Président peut, sans préjuger de la décision de la Cour sur l'admission de
cette requête, fixer les délais dans
lesquels la partie intervenante est
autorisée à déposer son mémoire
sur le fond et dans lesquels les autres parties pourront répondre par
des contre-mémoires.

3. Dans les cas visés aux deux
paragraphes précédents, les délais
coïncideront, autant que possible,
avec les délais déjà fixés dans l'affaire.

Article 66
1. L'État qui désire se prévaloir
du droit que lui confère l'article 63
du Statut dépose au Greffe une déclaration à cet effet. Cette déclaration peut être présentée même en
l'absence de la notification prévue
audit article.

2. Les déclarations ci-dessus visées sont communiquées aux parties. En cas de contestation ou de
doute sur l'admissibilité de l'intervention sur la base de l'article 63
du Statut, la Cour décide.

3. Le Greffier transmet également copie de ces déclarations: *a)*
aux Membres des Nations unies par
l'entremise du Secrétaire général,

pour la réplique et la duplique. Si
la Cour ne siège pas, les délais sont
fixés par le Président.

2. Si, la Cour n'ayant pas encore
statué sur l'intervention, la requête
en intervention n'est pas contestée
et si la Cour ne siège pas, le Président peut, sans préjuger de la décision de la Cour sur l'admission
de cette requête, fixer les délais
dans lesquels la partie intervenante
est autorisée à déposer son mémoire
sur le fond et dans lesquels les autres parties pourront répondre par
des contre-mémoires.

3. Dans les cas visés aux deux
paragraphes précédents, les délais
coïncideront, autant que possible,
avec les délais déjà fixés dans l'affaire.

Article 71
1. L'Etat qui désire se prévaloir
du droit que lui confère l'article 63
du Statut dépose au Greffe une déclaration à cet effet. Cette déclaration peut être présentée même en
l'absence de la notification prévue
audit article.

2. Les déclarations ci-dessus visées sont communiquées aux parties. En cas de contestation ou de
doute sur l'admissibilité de l'intervention sur la base de l'article 63
du Statut, la Cour décide.

3. Le Greffier transmet également copie de ces déclarations: *a)*
aux Membre des Nations Unies par
l'entremise du Secrétaire général, et

1946

course shall be followed in regard to the Reply and the Rejoinder. If the Court is not sitting, the time-limits shall be fixed by the President.

2. If the Court has not yet given its decision upon the intervention and the application to intervene is not opposed, the President, if the Court is not sitting, may, without prejudice to the decision of the Court on the question whether the application should be granted, fix the time-limits within which the intervening party may file a Memorial on the merits and the other parties may reply by Counter-Memorials.

3. In the cases referred to in the two preceding paragraphs, the time-limits shall, so far as possible, coincide with those already fixed in the case.

Article 66

1. A State which desires to avail itself of the right conferred upon it by Article 63 of the Statute shall file in the Registry a declaration to that effect. This declaration may be filed by a State even though it has not received the notification referred to in that Article.

2. Such declarations shall be communicated to the parties. If any objection or doubt should arise as to whether the intervention is admissible under Article 63 of the Statute, the decision shall rest with the Court.

3. The Registrar shall also transmit copies of the declarations: (*a*) to Members of the United Nations through the Secretary-General and

1972

course shall be followed in regard to the Reply and the Rejoinder. If the Court is not sitting, the time-limits shall be fixed by the President.

2. If the Court has not yet given its decision upon the intervention and the application to intervene is not opposed, the President, if the Court is not sitting, may, without prejudice to the decision of the Court on the question whether the application should be granted, fix the time-limits within which the intervening party may file a Memorial on the merits and the other parties may reply by Counter-Memorials.

3. In the cases referred to in the two preceding paragraphs, the time-limits shall, so far as possible, coincide with those already fixed in the case.

Article 71

1. A State which desires to avail itself of the right conferred upon it by Article 63 of the Statute shall file in the Registry a declaration to that effect. This declaration may be filed by a State even though it has not received the notification referred to in that Article.

2. Such declarations shall be communicated to the parties. If any objection or doubt should arise as to whether the intervention is admissible under Article 63 of the Statute, the decision shall rest with the Court.

3. The Registrar shall also transmit copies of the declarations: (*a*) to Members of the United Nations through the Secretary-General and

et *b*) aux autres États admis à ester devant la Cour, par la voie prévue dans un arrangement spécial conclu à cet effet par le Greffier.

4. Le Greffier prend les mesures nécessaires pour permettre à la partie intervenante de prendre connaissance des documents de l'affaire, en tant qu'ils concernent l'interprétation de la convention en cause, et de soumettre à la Cour ses observations écrites à ce sujet dans un délai à fixer par la Cour ou, si elle ne siège pas, par le Président.

5. Lesdites observations sont communiquées aux autres parties et peuvent être débattues par elles au cours de la procédure orale, à laquelle prend part la partie intervenante.

b) aux autres Etats admis à ester devant la Cour, par la voie prévue dans un arrangement spécial conclu à cet effet par le Greffier.

4. Le Greffier prend les mesures nécessaires pour permettre à la partie intervenante de prendre connaissance des documents de l'affaire, en tant qu'ils concernent l'interprétation de la convention en cause, et de soumettre à la Cour ses observations écrités à ce sujet dans un délai à fixer par la Cour ou, si elle ne siège pas, par le Président.

5. Lesdites observations sont communiquées aux autres parties et peuvent être débattues par elles au cours de la procédure orale, à laquelle prend part la partie intervenante.

Des recours exercés devant la Cour

Des recours exercés devant la Cour

Article 67
1. Lorsque la Cour est saisie d'un recours contre une sentence rendue par quelque autre juridiction, l'instance devant la Cour est régie par les dispositions du Statut et du présent Règlement.

2. Si l'acte introductif d'une instance en recours doit être déposé dans un délai déterminé, c'est la date de la réception de cet acte au Greffe qui est à considérer comme la date dont la Cour tiendra compte.

3. L'acte introductif d'une instance en recours formule en termes précis, comme objet du différend devant la Cour, les griefs invoqués contre la sentence attaquée.

Article 72
1. Lorsque la Cour est saisie d'un recours contre une sentence rendue par quelque autre juridiction, l'instance devant la Cour est régie par les dispositions du Statut et du présent Règlement.

2. Si l'acte introductif d'une instance en recours doit être déposé dans un délai détermine, c'est la date de la réception de cet acte au Greffe qui est à considérer comme la date dont la Cour tiendra compte.

3. L'acte introductif d'une instance en recours formule en termes précis, comme objet du différend devant la Cour, les griefs invoqués contre la sentence attaquée.

<table>
<tr><td>

1946

(*b*), by means of special arrangements made for this purpose between them and the Registrar, to any other States entitled to appear before the Court.

4. The Registrar shall take the necessary steps to enable the intervening party to inspect the documents in the case in so far as they relate to the interpretation of the convention in question, and to submit its written observations thereon to the Court within a time-limit to be fixed by the Court or by the President if the Court is not sitting.

5. These observations shall be communicated to the other parties and may be discussed by them in the course of the oral proceedings; in these proceedings the intervening party shall take part.

Appeals to the Court

Article 67

1. When an appeal is made to the Court against a decision given by some other tribunal, the proceedings before the Court shall be governed by the provisions of the Statute and of these Rules.

2. If the document instituting the appeal must be filed within a certain limit of time, the date of the receipt of this document in the Registry will be taken by the Court as the material date.

3. The document instituting the appeal shall contain a precise statement of the grounds of the objections to the decision complained of, and these constitute the subject of the dispute referred to the Court.

</td><td>

1972

(*b*), by means of special arrangements made for this purpose between them and the Registrar, to any other States entitled to appear before the Court.

4. The Registrar shall take the necessary steps to enable the intervening party to inspect the documents in the case in so far as they relate to the interpretation of the convention in question, and to submit its written observations thereon to the Court within a time-limit to be fixed by the Court or by the President if the Court is not sitting.

5. These observations shall be communicated to the other parties and may be discussed by them in the course of the oral proceedings; in these proceedings the intervening party shall take part.

Appeals to the Court

Article 72

1. When an appeal is made to the Court against a decision given by some other tribunal, the proceedings before the Court shall be governed by the provisions of the Statute and of these Rules.

2. If the document instituting the appeal must be filed within a certain limit of time, the date of the receipt of this document in the Registry will be taken by the Court as the material date.

3. The document instituting the appeal shall contain a precise statement of the grounds of the objections to the decision complained of, and these constitute the subject of the dispute referred to the Court.

</td></tr>
</table>

1946

4. A l'acte introductif d'une instance en recours doit être jointe une copie certifiée de la sentence attaquée.

5. Il appartient aux parties de produire devant la Cour tous éléments utiles et pertinents sur le vu desquels la sentence attaquée a été rendue.

Des arrangements amiables et des désistements

Article 68
Avant le prononcé de l'arrêt, si les parties tombent d'accord sur la solution à donner au litige et le font connaître par écrit à la Cour ou si, d'un commun accord, elles lui font connaître par écrit qu'elles renoncent à poursuivre l'instance, la Cour, ou le Président si la Cour ne siège pas, rend une ordonnance leur donnant acte de leur arrangement amiable ou prenant acte de leur désistement et dans chaque cas prescrivant la radiation de l'affaire sur le rôle.

Article 69
1. Si, au cours d'une instance introduite par requête, la partie demanderesse fait connaître par écrit à la Cour qu'elle renonce à poursuivre la procédure, et si, à la date de la réception par le Greffe de ce désistement, la partie défenderesse n'a pas encore fait acte de procédure, la Cour, ou le Président si la Cour ne siège pas, rend une ordonnance prenant acte du désistement et prescrivant la radiation de l'affaire sur le rôle. Copie de ladite

1972

4. A l'acte introductif d'une instance en recours doit être jointe une copie certifiée de la sentence attaquée.

5. Il appartient aux parties de produire devant la Cour tous éléments utiles et pertinents sur le vu desquels la sentence attaquée a été rendue.

Des arrangements amiables et des désistements

Article 73
Avant le prononcé de l'arrêt, si les parties tombent d'accord sur la solution à donner au litige et le font connaître par écrit à la Cour ou si, d'un commun accord, elles lui font connaître par écrit qu'elles renoncent à poursuivre l'instance, la Cour, ou le Président si la Cour ne siège pas, rend une ordonnance leur donnant acte de leur arrangement amiable ou prenant acte de leur désistement et dans chaque cas prescrivant la radiation de l'affaire sur le rôle.

Article 74
1. Si, au cours d'une instance introduite par requête, la partie demanderesse fait connaître par écrit à la Cour qu'elle renonce à poursuivre la procédure, et si, à la date de la réception par le Greffe de ce désistement, la partie défenderesse n'a pas encore fait acte de procédure, la Cour, ou le Président si la Cour ne siège pas, rend une ordonnance prenant acte du désistement et prescrivant la radiation de l'affaire sur le rôle. Copie de ladite

1946

4. A certified copy of the decision complained of shall be attached to the document instituting the appeal.

5. It is incumbent upon the parties to produce before the Court any useful and relevant material upon which the decision complained of was rendered.

Settlement and discontinuance

Article 68

If at any time before judgment has been delivered, the parties conclude an agreement as to the settlement of the dispute and so inform the Court in writing, or by mutual agreement inform the Court in writing that they are not going on with the proceedings, the Court, or the President if the Court is not sitting, shall make an order officially recording the conclusion of the settlement or the discontinuance of the proceedings; in either case the order shall direct the removal of the case from the list.

Article 69

1. If in the course of proceedings instituted by means of an application, the applicant informs the Court in writing that it is not going on with the proceedings, and if, at the date on which this communication is received by the Registry, the respondent has not yet taken any step in the proceedings, the Court, or the President if the Court is not sitting, will make an order officially recording the discontinuance of the proceedings and directing the re-

1972

4. A certified copy of the decision complained of shall be attached to the document instituting the appeal.

5. It is incumbent upon the parties to produce before the Court any useful and relevant material upon which the decision complained of was rendered.

Settlement and Discontinuance

Article 73

If at any time before judgment has been delivered, the parties conclude an agreement as to the settlement of the dispute and so inform the Court in writing, or by mutual agreement inform the Court in writing that they are not going on with the proceedings, the Court, or the President if the Court is not sitting, shall make an order officially recording the conclusion of the settlement or the discontinuance of the proceedings; in either case the order shall direct the removal of the case from the list.

Article 74

1. If in the course of proceedings instituted by means of an application, the applicant informs the Court in writing that it is not going on with the proceedings, and if, at the date on which this communication is received by the Registry, the respondent has not yet taken any step in the proceedings, the Court, or the President if the Court is not sitting, will make an order officially recording the discontinuance of the proceedings and directing the re-

1946

ordonnance est adressée par le Greffier à la partie défenderesse.

2. Si, à la date de la réception du désistement, la partie défenderesse a déjà fait acte de procédure, la Cour ou, si elle ne siège pas, le Président fixe un délai dans lequel ladite partie doit déclarer si elle s'oppose au désistement. Si, dans le délai fixé, il n'est pas fait opposition au désistement, celui-ci est réputé acquis et la Cour ou, si elle ne siège pas, le Président rend une ordonnance en prenant acte et prescrivant la radiation de l'affaire sur le rôle. S'il est fait opposition, l'instance se poursuit.

1972

ordonnance est adressée par le Greffier à la partie défenderesse.

2. Si, à la date de la réception du désistement, la partie défenderesse a déjà fait acte de procédure, la Cour ou, si elle ne siège pas, le Président fixe un délai dans lequel ladite partie doit déclarer si elle s'oppose au désistement. Si, dans le délai fixé, il n'est pas fait opposition au désistement, celui-ci est réputé acquis et la Cour ou, si elle ne siège pas, le Président rend une ordonnance en prenant acte et prescrivant la radiation de l'affaire sur le rôle. S'il est fait opposition, l'instance se poursuit.

Section 2
Procédure devant les Chambres

Article 70
La procédure devant les Chambres prévues aux articles 26 et 29 du Statut est, sous réserve des dispositions les concernant du Statut et du présent Règlement et des dispositions particulières qu'adopterait la Cour à ce sujet, réglée conformément aux prescriptions relatives à la procédure devant la Cour plénière.

Article 71
1. La demande tendant à ce qu'une affaire soit portée devant une des Chambres prévues aux articles 26, paragraphe 1, et 29 du Statut,

Section 2
Procédure devant les Chambres

Article 75
La procédure devant les chambres prévues aux articles 26 et 29 du Statut est, sous réserve des dispositions les concernant du Statut et du présent Règlement et des dispositions particulières qu'adopterait la Cour à ce sujet, réglée conformément aux prescriptions relatives à la procédure devant la Cour plénière.

Article 76
1. La demande tendant à ce qu'une affaire soit portée devant une des chambres prévues aux articles 26, paragraphe 1, et 29 du

moval of the case from the list. A copy of this order shall be sent by the Registrar to the respondent.

2. If, at the time when the notice of discontinuance is received, the respondent has already taken some step in the proceedings, the Court, or the President if the Court is not sitting, shall fix a time-limit within which the respondent must state whether it opposes the discontinuance of the proceedings. If no objection is made to the discontinuance before the expiration of the time-limit, acquiescence will be presumed and the Court, or the President if the Court is not sitting, will make an order officially recording the discontinuance of the proceedings and directing the removal of the case from the list. If objection is made, the proceedings shall continue.

Section 2
Procedure before the Chambers

Article 70
Procedure before the Chambers mentioned in Articles 26 and 29 of the Statute shall, subject to the provisions of the Statute and of these Rules relating to the Chambers and to any special rules which the Court may make, be governed by the provisions relating to procedure before the Court.

Article 71
1. When it is desired that a case should be dealt with by one of the Chambers which has been formed in pursuance of Article 26, para-

moval of the case from the list. A copy of this order shall be sent by the Registrar to the respondent.

2. If, at the time when the notice of discontinuance is received, the respondent has already taken some step in the proceedings, the Court, or the President if the Court is not sitting, shall fix a time-limit within which the respondent must state whether it opposes the discontinuance of the proceedings. If no objection is made to the discontinuance before the expiration of the time-limit, acquiescence will be presumed and the Court, or the President if the Court is not sitting, will make an order officially recording the discontinuance of the proceedings and directing the removal of the case from the list. If objection is made, the proceedings shall continue.

Section 2
Procedure before the Chambers

Article 75
Procedure before the Chambers mentioned in Articles 26 and 29 of the Statute shall, subject to the provisions of the Statute and of these Rules relating to the Chambers and to any special rules which the Court may make, be governed by the provisions relating to procedure before the Court.

Article 76
1. When it is desired that a case should be dealt with by one of the Chambers which has been formed in pursuance of Article 26, para-

et déjà constituées, doit être formulée dans l'acte introductif d'instance ou l'accompagner. Il est fait droit à cette demande s'il y a accord entre les parties.

Statut, et déjà constituées, doit être formulée dans l'acte introductif d'instance ou l'accompagner. Il est fait droit à cette demande s'il y a accord entre les parties.

2. Dès réception de cette demande par le Greffe, le Président de la Cour en donne communication aux membres de la Chambre intéressée. Il prend toutes dispositions éventuellement nécessaires pour assurer l'application de l'article 31, paragraphe 4, du Statut.

3. La demande tendant à constituer une Chambre pour connaître d'une affaire déterminée ainsi qu'il est prévu à l'article 26, paragraphe 2, du Statut, peut être formée à tout moment jusqu'à la fin de la procédure écrite. Dès réception de cette demande par le Greffe, le Président s'informe de l'assentiment de l'autre partie. Une fois cet assentiment acquis, le Président s'informe des désirs des parties au sujet du nombre des juges qui devront siéger dans cette Chambre. La Cour statue sur cette demande en se conformant à l'article 26, paragraphes 2 et 3, du Statut, et à l'article 24 du présent Règlement.

2. Dès réception de cette demande par le Greffe, le Président de la Cour en donne communication aux membres de la chambre intéressée. Il prend toutes dispositions éventuellement nécessaires pour assurer l'application de l'article 31, paragraphe 4, du Statut.

3. La demande tendant à constituer une chambre pour connaître d'une affaire déterminée ainsi qu'il est prévu à l'article 26, paragraphe 2, du Statut peut être formée à tout moment jusqu'à la fin de la procédure écrite. Dès réception de cette demande par le Greffe, le Président s'informe de l'assentiment de l'autre partie. Une fois cet assentiment acquis, le Président s'informe des désirs des parties au sujet de la composition de cette chambre. La Cour statute sur cette demande en se conformant à l'article 26, paragraphes 2 et 3, du Statut et à l'article 26 du Règlement.

4. La Chambre est convoquée par le Président de la Cour pour la date la plus rapprochée suivant les exigences de la procédure.

5. La Chambre une fois réunie pour examiner l'affaire dont elle est saisie, les pouvoirs du Président de la Cour sont exercés dans cette affaire par le Président de la Chambre.

4. La chambre est convoquée par ie Président de la Cour pour la date la plus rapprochée suivant les exigences de la procédure.

5. La chambre une fois réunie pour examiner l'affaire dont elle est saisie, les pouvoirs du Président de la Cour sont exercés dans cette affaire par le président de la chambre.

1946

graph 1, or Article 29 of the Statute, a request to this effect should either be made in the document instituting the proceedings or accompany it. Effect will be given to the request if the parties are in agreement.

2. Upon receipt by the Registry of this request, the President of the Court shall communicate it to the members of the Chamber concerned. He shall take such steps as may be necessary to give effect to the provisions of Article 31, paragraph 4, of the Statute.

3. A request for the formation of a Chamber to deal with a particular case as provided for in Article 26, paragraph 2, of the Statute, can be filed at any moment until the closure of the written proceedings. Upon receipt of such a request by the Registry, the President shall ascertain whether the other party assents. When both parties have assented, the President shall ascertain the views of the parties as to the number of judges to constitute the Chamber. The Court shall decide upon the request for the formation of a Chamber in accordance with Article 26, paragraphs 2 and 3, of the Statute and Article 24, paragraphs 2 and 5, of these Rules.

4. The President of the Court shall convene the Chamber at the earliest date compatible with the requirements of the procedure.

5. As soon as the Chamber has met to begin the hearing of the case submitted to it, the powers of the President of the Court shall be exercised in respect of the case by the President of the Chamber.

1972

graph 1, or Article 29 of the Statute, a request to this effect should either be made in the document instituting the proceedings or accompany it. Effect will be given to the request if the parties are in agreement.

2. Upon receipt by the Registry of this request, the President of the Court shall communicate it to the members of the Chamber concerned. He shall take such steps as may be necessary to give effect to the provisions of Article 31, paragraph 4, of the Statute.

3. A request for the formation of a Chamber to deal with a particular case as provided for in Article 26, paragraph 2, of the Statute, can be filed at any moment until the closure of the written proceedings. Upon receipt of such a request by the Registry, the President shall ascertain whether the other party assents. When both parties have assented, the President shall ascertain the views of the parties as to the composition of the Chamber. The Court shall decide upon the request for the formation of a Chamber in accordance with Article 26, paragraphs 2 and 3, of the Statute and Article 26 of these Rules.

4. The President of the Court shall convene the Chamber at the earliest date compatible with the requirements of the procedure.

5. As soon as the Chamber has met to begin the hearing of the case submitted to it, the powers of the President of the Court shall be exercised in respect of the case by the President of the Chamber.

1946   **1972**

Article 72   *Article 77*

1. Devant la Chambre de procé-   1. Dans une affaire portée de-
dure sommaire, la procédure a deux   vant une chambre, la procédure
phases: l'une écrite, l'autre orale. écrite consiste en la présentation
                                      par chaque partie d'une seule pièce.
                                      Si l'instance est introduite par une
                                      requête, les pièces sont déposées
                                      dans des délais courant successive-
                                      ment. Si elle est introduite par la
                                      notification d'un compromis, les
                                      pièces sont déposées dans le même
                                      délai, à moins que les parties ne
                                      soient convenues de procéder par
                                      dépôts successifs. Les délais visés
                                      dans le présent paragraphe sont
                                      fixés par la Cour ou, si elle ne siège
                                      pas, par le Président, après consul-
                                      tation de la chambre intéressée si
                                      elle est déjà constituée.

2. Si l'instance est introduite par   2. Si elle le juge nécessaire, la
la notification d'un compromis, la   chambre peut autoriser, à la de-
procédure écrite comprend la pré-   mande de l'une ou l'autre des par-
sentation par chaque partie d'une   ties, ou prescrire, de sa propre ini-
seule pièce; les documents à l'ap-   tiative, la présentation d'autres
pui y sont annexés; le délai pour   pièces écrites dans des délais qu'elle
cette présentation est le même pour   fixera. Les deux parties sont con-
les deux parties. Si l'instance est   sultées au préalable.
introduite par requête, la procédure
écrite comprend la présentation des
mêmes pièces déposées successive-
ment, la première par la partie demanderesse, la seconde par la partie défenderesse dans les délais fixés
par le Président de la Chambre.
Toutefois, et quel que soit le mode
d'introduction de l'instance, la
Chambre peut, à la demande des
parties, autoriser la présentation
d'autres pièces écrites; si, de son
propre chef, la Chambre estime
nécessaire la présentation d'autres
pièces, elle peut, après avoir entendu les parties, en ordonner la
présentation.

1946	1972

Article 72

1. The procedure before the Chamber for Summary Procedure shall consist of two parts: written and oral.

2. If the proceedings are instituted by means of a special agreement, the written proceedings shall consist of a single pleading by each party, filed within the same time-limit, the documents in support being annexed. If the proceedings are instituted by means of an application the written proceedings shall consist of similar pleadings filed in turn, first by the applicant and secondly by the respondent within the time-limits fixed by the President of the Chamber. The Chamber may, nevertheless, whatever may be the method of instituting the proceedings, if the parties so request, permit the filing of further pleadings; if the Chamber upon its own initiative considers any further pleading to be necessary it may, after hearing the parties, direct that it should be filed.

Article 77

1. Written proceedings in a case before a Chamber shall consist of a single written pleading by each side. In proceedings begun by means of an application, the pleadings shall be delivered within successive time-limits. In proceedings begun by the notification of a special agreement, the pleadings shall be delivered within the same time-limits, unless the parties have agreed on successive delivery of their pleadings. The time-limits referred to in this paragraph shall be fixed by the Court, or by the President if the Court is not sitting, in consultation with the Chamber concerned if it is already constituted.

2. If necessary the Chamber may, at the instance of either party permit, or on its own initiative direct, the submission of further written pleadings, within such time-limits as it fixes. Both parties shall be consulted before further pleadings are so permitted or directed.

3. Les pièces écrites qui sont communiquées par le Greffier aux membres de la Chambre et à la partie adverse, font mention des moyens de preuve que les parties désirent produire et autres que les documents visés au paragraphe précédent.

4. Après que l'affaire est en état, et à moins que les parties soient d'accord pour renoncer à la procédure orale, le Président de la Chambre en fixe l'ouverture; même en l'absence d'une procédure orale, la Chambre garde la faculté de demander aux parties des explications verbales.

3. Une procédure orale a lieu, à moins que les parties n'y renoncent d'un commun accord avec le consentement de la chambre. Même en l'absence de procédure orale, la chambre a la faculté de demander aux parties de lui présenter verbalement des renseignements ou des explications.

5. Les témoins ou experts dont les noms sont indiqués dans la procédure écrite doivent être en mesure de se présenter devant la Chambre dès que leur présence est requise.

4. Les articles 42 à 50 s'appliquent aux pièces écrites déposées dans une affaire portée devant une chambre et les articles 51 à 65 s'appliquent à toute procédure orale qui aurait lieu en une telle affaire.

Article 73
Lecture des arrêts émanant d'une Chambre est donnée en séance publique de celle-ci.

Article 78
Lecture des arrêts émanant d'une chambre est donnée en séance publique de celle-ci.

Section 3
Des arrêts

Section 3
Des arrêts

Article 74
1. L'arrêt comprend:
l'indication qu'il est rendu par la Cour ou par une Chambre;

Article 79
1. L'arrêt comprend:
l'indication qu'il est rendu par la Cour ou par une chambre;

la date à laquelle il est rendu;
les noms des juges qui y ont pris part;
l'indication des parties;
les noms des agents des parties;

la date à laquelle il est rendu;
les noms des juges qui y ont pris part;
l'indication des parties;
les noms des agents des parties;

l'exposé de la procédure;

l'exposé de la procédure;

1946

1972

3. The pleadings shall be communicated by the Registrar to the members of the Chamber and to the opposite party. They shall mention all evidence, other than the documents referred to in the preceding paragraph which the parties desire to produce.

4. When the case is ready for hearing, the President of the Chamber shall fix a date for the opening of the oral proceedings, unless the parties agree to dispense with them; even if there are no oral proceedings, the Chamber shall retain the right to call upon the parties to supply oral explanations.

3. Oral proceedings shall take place unless the parties agree to dispense with them, and the Chamber consents. Even when no oral proceedings take place, the Chamber may call upon the parties to supply information or furnish explanations orally.

5. Witnesses or experts whose names are mentioned in the written proceedings must be available so as to appear before the Chamber when their presence is required.

4. The provisions of Articles 42 to 50 shall be applicable in respect of any pleading submitted in a case before a Chamber, and those of Articles 51 to 65 in respect of any oral proceedings in such a case.

Article 73
Judgments given by a Chamber will be read at a public sitting of that Chamber.

Article 78
Judgments given by a Chamber will be read at a public sitting of that Chamber.

Section 3
Judgments

Section 3
Judgments

Article 74
1. The judgment shall contain:
a statement whether it has been delivered by the Court or by a Chamber;
the date on which it is delivered;
the names of the judges participating;
the names of the parties;
the names of the agents of the parties;
a summary of the proceedings;

Article 79
1. The judgment shall contain:
a statement whether it has been delivered by the Court or by a Chamber;
the date on which it is delivered;
the names of the judges participating;
the names of the parties;
the names of the agents of the parties;
a summary of the proceedings;

1946	**1972**

les conclusions des parties;
les circonstances de fait;
les motifs de droit;
le dispositif;

la décision relative aux dépens, s'il y a lieu;
l'indication du nombre des juges ayant constitué la majorité.
2. Tout juge peut, s'il le désire, joindre à l'arrêt soit l'exposé de son opinion individuelle ou dissidente, soit la simple constatation de son dissentiment.

Article 75
1. Après lecture en séance publique, un exemplaire original de l'arrêt dûment signé et scellé est déposé aux archives de la Cour et un autre est remis à chacune des parties.
2. Le Greffier adresse une copie de l'arrêt aux Membres des Nations unies ainsi qu'aux États admis à ester en justice devant la Cour.

Article 76
L'arrêt est considéré comme ayant force obligatoire du jour où il a été lu en séance publique.

Article 77
La partie au profit de laquelle une condamnation aux dépens est intervenue présentera la note de ses frais dans les dix jours qui suivent le prononcé de l'arrêt. En cas de contestation, la Cour décide.

---

les conclusions des parties;
les circonstances de fait;
les motifs de droit;
le dispositif;

la décision relative aux dépens, s'il y a lieu;
l'indication du nombre des juges ayant constitué la majorité.
2. Tout juge peut, s'il le désire, joindre à l'arrêt soit l'exposé de son opinion individuelle ou dissidente, soit la simple constatation de son dissentiment.

Article 80
1. Après lecture en séance publique, un exemplaire original de l'arrêt dûment signé et scellé est déposé aux archives de la Cour et un autre est remis à chacune des parties.
2. Le Greffier adresse une copie de l'arrêt aux Membres des Nations Unies ainsi qu'aux Etats admis à ester en juistice devant la Cour.

Article 81
L'arrêt est considéré comme ayant force obligatoire du jour où il a été lu en séance publique.

Article 82
La partie au profit de laquelle une condamnation aux dépens est intervenue présentera la note de ses frais dans les dix jours qui suivent le prononcé de l'arrêt. En cas de contestation, la Cour décide.

1946

the submissions of the parties;
a statement of the facts;
the reasons in point of law;
the operative provisions of the judgment;
the decision, if any, in regard to costs;
the number of the judges constituting the majority.

2. Any judge may, if he so desires, attach his individual opinion to the judgment whether he dissents from the majority or not, or a bare statement of his dissent.

Article 75

1. When the judgment has been read in public, one original copy, duly signed and sealed, shall be placed in the Archives of the Court and another shall be forwarded to each of the parties.

2. A copy of the judgment shall be sent by the Registrar to Members of the United Nations and to States entitled to appear before the Court.

Article 76

The judgment shall become binding on the parties on the day on which it is read in open Court.

Article 77

The party in whose favour an order for the payment of the costs has been made shall present his bill of costs within ten days after the judgment has been delivered. The Court shall decide any dispute concerning the bill.

1972

the submissions of the parties;
a statement of the facts;
the reasons in point of law;
the operative provisions of the judgment;
the decision, if any, in regard to costs;
the number of the judges constituting the majority.

2. Any judge may, if he so desires, attach his individual opinion to the judgment, whether he dissents from the majority or not, or a bare statement of his dissent.

Article 80

1. When the judgment has been read in public, one original copy, duly signed and sealed, shall be placed in the Archives of the Court and another shall be forwarded to each of the parties.

2. A copy of the judgment shall be sent by the Registrar to Members of the United Nations and to States entitled to appear before the Court.

Article 81

The judgment shall become binding on the parties on the day on which it is read in open Court.

Article 82

The party in whose favour an order for the payment of the costs has been made shall present his bill of costs within ten days after the judgment has been delivered. The Court shall decide any dispute concerning the bill.

1946

Section 4. Des demandes en
revision ou en interprétation

Article 78
1. La demande en revision d'un
arrêt est introduite par une requête.

La requête comprend:
la mention de l'arrêt dont la revision est demandée;
les indications nécessaires pour
établir que les conditions prévues
par l'article 61 du Statut sont rem-
plies;
le bordereau des pièces à l'appui,
qui sont annexées.
2. La demande en revision est
communiquée par le Greffier aux
autres parties. Celles-ci peuvent
présenter leurs observations dans le
délai fixé par la Cour ou, si elle ne
siège pas, par le Président.

3. Si la Cour reconnaît que la
demande en revision est recevable,
elle règle la procédure écrite pour
l'examen au fond de la demande.

4. Si la Cour fait dépendre la
recevabilité de la requête d'une exécution préalable de l'arrêt à reviser,
cette condition est immédiatement
portée à la connaissance du demandeur par le Greffier et la procédure
en revision est suspendue jusqu'à ce
que la Cour ait eu la preuve que
l'arrêt a été exécuté.

Article 79
1. La demande en interprétation
d'un arrêt est introduite soit par la
notification d'un compromis entre
les parties, soit par requête émanant d'une ou de plusieurs des parties.

1972

Section 4. Des demandes en revision
ou en interprétation

Article 83
1. La demande en revision d'un
arrêt est introduite par une requête.

La requête comprend:
la mention de l'arrêt dont la revision est demandée;
les indications nécessaires pour
établir que les conditions prévues
par l'article 61 du Statut sont rem-
plies;
le bordereau des pièces à l'appui,
qui sont annexées.
2. La demande en revision est
communiquée par le Greffier aux
autres parties. Celles-ci peuvent
présenter leurs observations dans le
délai fixé par la Cour ou, si elle ne
siège pas, par le Président.

3. Si la Cour reconnaît que la
demande en revision est recevable,
elle règle la procédure écrite pour
l'examen au fond de la demande.

4. Si la Cour fait dépendre la
recevabilité de la requête d'une
exécution préalable de l'arrêt à reviser, cette condition est immédiatement portée à la connaissance du
demandeur par le Greffier et la
procédure en revision est suspendue jusqu'à ce que la Cour ait eu la
preuve que l'arrêt a été exécuté.

Article 84
1. La demande en interprétation
d'un arrêt est introduite soit par la
notification d'un compromis entre
les parties, soit par requête émanant
d'une ou de plusieurs des parties.

1946	1972

Section 4. Requests for the Revision or Interpretation of a Judgment

Article 78

1. A request for the revision of a judgment shall be made by an application.

The application shall state the judgment of which the revision is desired, and shall contain the particulars necessary to show that the conditions laid down by Article 61 of the Statute are fulfilled, and a list of the documents in support; these documents shall be attached to the application.

2. The request for revision shall be communicated by the Registrar to the other parties. The latter may submit observations within a time-limit to be fixed by the Court, or by the President if the Court is not sitting.

3. If the Court admits the application for a revision, it will determine the written procedure required for examining the merits of the application.

4. If the Court makes the admission of the application conditional upon previous compliance with the judgment to be revised, this condition shall be communicated forthwith to the applicant by the Registrar and proceedings in revision shall be stayed pending receipt by the Court of proof of compliance with the judgment.

Article 79

1. A request to the Court to interpret a judgment which it has given may be made either by the notification of a special agreement between the parties or by an application by one or more of the parties.

Section 4. Requests for the Revision or Interpretation of a Judgment

Article 83

1. A request for the revision of a judgment shall be made by an application.

The application shall state the judgment of which the revision is desired, and shall contain the particulars necessary to show that the conditions laid down by Article 61 of the Statute are fulfilled, and a list of the documents in support; these documents shall be attached to the application.

2. The request for revision shall be communicated by the Registrar to the other parties. The latter may submit observations within a time-limit to be fixed by the Court, or by the President if the Court is not sitting.

3. If the Court admits the application for a revision, it will determine the written procedure required for examining the merits of the application.

4. If the Court makes the admission of the application conditional upon previous compliance with the judgment to be revised, this condition shall be communicated forthwith to the applicant by the Registrar and proceedings in revision shall be stayed pending receipt by the Court of proof of compliance with the judgment.

Article 84

1. A request to the Court to interpret a judgment which it has given may be made either by the notification of a special agreement between the parties or by an application by one or more of the parties.

1946

2. Le compromis ou la requête comprend la mention de l'arrêt dont l'interprétation est demandée et l'indication précise du ou des points contestés.

3. Si la demande d'interprétation est introduite par requête, le Greffier communique cette requête aux autres parties, qui peuvent présenter leurs observations dans le délai fixé par la Cour ou, si elle ne siège pas, par le Président.

4. La Cour peut inviter les parties à lui fournir par écrit ou oralement un supplément d'information, que l'instance ait été introduite par compromis ou par requête.

Article 80
Si l'arrêt à reviser ou à interpréter a été rendu par la Cour, la Cour connaît de la demande en revision ou en interprétation. Si l'arrêt a été rendu par une des Chambres visées aux articles 26 ou 29 du Statut, la même Chambre connaît de la demande en revision ou en interprétation.

Article 81
La Cour statue par un arrêt sur les demandes en revision ou en interprétation.

Titre III

DES AVIS CONSULTATIFS

Article 82
1. En matière d'avis consultatifs, la Cour applique, en dehors des dispositions de l'article 96 de la Charte et du chapitre IV du Statut,

1972

2. Le compromis ou la requête comprend la mention de l'arrêt dont l'interprétation est demandée et l'indication précise du ou des points contestés.

3. Si la demande d'interprétation est introduite par requête, le Greffier communique cette requête aux autres parties, qui peuvent présenter leurs observations dans le délai fixé par la Cour ou, si elle ne siège pas, par le Président.

4. La Cour peut inviter les parties à lui fournir par écrit ou oralement un supplément d'information, que l'instance ait été introduite par compromis ou par requête.

Article 85
Si l'arrêt à reviser ou à interpréter a été rendu par la Cour, la Cour connaît de la demande en revision ou en interprétation. Si l'arrêt a été rendu par une des chambres visées aux articles 26 ou 29 du Statut, la même chambre connaît de la demande en revision ou en interprétation.

Article 86
La Cour statue par un arrêt sur les demandes en revision ou en interprétation.

Titre III

DES AVIS CONSULTATIFS

Article 87
1. En matière d'avis consultatifs, la Cour applique, en dehors des dispositions de l'article 96 de la Charte et du chapitre IV du Statut,

1946

1972

2. The special agreement or application shall state the judgment of which an interpretation is requested and shall specify the precise point or points in dispute.

3. If the request for interpretation is made by means of an application the Registrar shall communicate the application to the other parties, and the latter may submit observations within a time-limit to be fixed by the Court, or by the President if the Court is not sitting.

4. Whether the request be made by special agreement or by application, the Court may invite the parties to furnish further written or oral explanations.

Article 80
If the judgment to be revised or to be interpreted was given by the Court, the request for its revision or interpretation shall be dealt with by the Court. If the judgment was given by one of the Chambers mentioned in Articles 26 or 29 of the Statute, the request for its revision or interpretation shall be dealt with by the same Chamber.

Article 81
The decision of the Court on requests for revision or interpretation shall be given in the form of a judgment.

Heading III

ADVISORY OPINIONS

Article 82
1. In proceedings in regard to advisory opinions, the Court shall, in addition to the provisions of Article 96 of the Charter and Chapter

2. The special agreement or application shall state the judgment of which an interpretation is requested and shall specify the precise point or points in dispute.

3. If the request for interpretation is made by means of an application, the Registrar shall communicate the application to the other parties, and the latter may submit observations within a time-limit to be fixed by the Court, or by the President if the Court is not sitting.

4. Whether the request be made by special agreement or by application, the Court may invite the parties to furnish further written or oral explanations.

Article 85
If the judgment to be revised or to be interpreted was given by the Court, the request for its revision or interpretation shall be dealt with by the Court. If the judgment was given by one of the Chambers mentioned in Articles 26 or 29 of the Statute, the request for its revision or interpretation shall be dealt with by the same Chamber.

Article 86
The decision of the Court on requests for revision or interpretation shall be given in the form of a judgment.

Heading III

ADVISORY OPINIONS

Article 87
1. In proceedings in regard to advisory opinions, the Court shall, in addition to the provisions of Article 96 of the Charter and Chapter

1946   **1972**

les articles ci-après. Elle s'inspire, en outre, des dispositions du présent Règlement relatives à la procédure en matière contentieuse dans la mesure où elle les reconnaît applicables: à cet effet, elle recherche avant tout si la demande d'avis consultatif a trait ou non à une question juridique actuellement pendante entre deux ou plusieurs États.

2. Si la Cour estime que la demande d'avis rend désirable une prompte réponse, elle prend toutes mesures utiles pour accélérer la procédure.

les articles ci-après. Elle s'inspire, en outre, des dispositions du présent Règlement relatives à la procédure en matière contentieuse dans la mesure où elle les reconnaît applicables: à cet effet, elle recherche avant tout si la demande d'avis consultatif a trait ou non à une question juridique actuellement pendante entre deux ou plusieurs Etats.

2. Lorsque l'organe ou institution autorisé par la Charte des Nations Unies ou conformément à ses dispositions à demander un avis consultatif informe la Cour que la demande appelle une réponse urgente, ou lorsque la Cour estime qu'une prompte réponse serait désirable, la Cour prend toutes mesures utiles pour accélérer la procédure. Si elle ne siège pas lorsque la demande est présentée, la Cour est convoquée pour tenir audience et délibérer à son sujet.

Article 88
Toute requête pour avis consultatif est adressée à la Cour par le Secrétaire général de l'Organisation des Nations Unies ou par le plus haut fonctionnaire de l'organisation autorisée à demander l'avis. Les documents visés à l'article 65, paragraphe 2, du Statut sont transmis à la Cour en même temps que la requête ou dès que possible après celle-ci, dans le nombre d'exemplaires requis par le Greffe.

Article 83
Si l'avis consultatif est demandé au sujet d'une question juridique actuellement pendante entre deux ou plusieurs États, l'article 31 du Statut est applicable, ainsi que les

Article 89
Si l'avis consultatif est demandé au sujet d'une question juridique actuellement pendante entre deux ou plusieurs Etats, l'article 31 du Statut est applicable, ainsi que les

1946

IV of the Statute, apply the provisions of the Articles which follow. It shall also be guided by the provisions of these Rules which apply in contentious cases to the extent to which it recognizes them to be applicable; for this purpose it shall above all consider whether the request for the advisory opinion relates to a legal question actually pending between two or more States.

2. If the Court is of the opinion that a request for an advisory opinion necessitates an early answer, it shall take the necessary steps to accelerate the procedure.

Article 83
If the advisory opinion is requested upon a legal question actually pending between two or more States, Article 31 of the Statute shall apply, as also the provisions

1972

IV of the Statute, apply the provisions of the Articles which follow. It shall also be guided by the provisions of these Rules which apply in contentious cases to the extent to which it recognizes them to be applicable; for this purpose it shall above all consider whether the request for the advisory opinion relates to a legal question actually pending between two or more States.

2. When the body authorized by or in accordance with the Charter of the United Nations to request an advisory opinion informs the Court that its request necessitates an urgent answer, or the Court finds that an early answer would be desirable, the Court shall take all necessary steps to accelerate the procedure. If the Court is not sitting when such a request is made, it shall be convened for the purpose of proceeding to a hearing and deliberation on the request.

Article 88
All requests for advisory opinion shall be addressed to the Court by the Secretary-General of the United Nations or the chief administrative officer of the organization authorized to make the request. The documents referred to in Article 65, paragraph 2, of the Statute shall be transmitted to the Court at the same time as the request or as soon as possible thereafter, in the number of copies required by the Registry.

Article 89
If the advisory opinion is requested upon a legal question actually pending between two or more States, Article 31 of the Statute shall apply, as also the provisions

1946

1972

dispositions du présent Règlement qui pourvoient à l'application de cet article.

dispositions du présent Règlement qui pourvoient à l'application de cet article.

Article 84
1. Tout avis consultatif est émis après délibération par la Cour en séance plénière. Il mentionne le nombre des juges ayant constitué la majorité.

2. Tout juge peut, s'il le désire, joindre à l'avis de la Cour soit l'exposé de son opinion individuelle ou dissidente, soit la simple constatation de son dissentiment.

Article 90
1. Tout avis consultatif est émis après délibération par la Cour en séance plénière. Il mentionne le nombre des juges ayant constitué la majorité.

2. Tout juge peut, s'il le désire, joindre à l'avis de la Cour soit l'exposé de son opinion individuelle ou dissidente, soit la simple constatation de son dissentiment.

Article 85
1. Le Greffier avertit en temps utile le Secrétaire général des Nations unies, et, le cas échéant, l'organe compétent de l'institution qui a demandé l'avis consultatif des date et heure fixées pour l'audience à laquelle il en sera donné lecture.

2. Un exemplaire original dûment signé et scellé de l'avis consultatif est déposé dans les archives de la Cour et un autre est remis au Secrétariat des Nations unies. Des copies certifiées conformes en sont transmises par le Greffier aux Membres des Nations unies, aux États, institutions spécialisées et organisations internationales publiques directement intéressés.

Article 91
1. Le Greffier avertit en temps utile le Secrétaire général des Nations Unies et, le cas échéant, l'organe compétent de l'institution qui a demandé l'avis consultatif des date et heure fixées pour l'audience à laquelle il en sera donné lecture.

2. Un exemplaire original dûment signé et scellé de l'avis consultatif est déposé dans les archives de la Cour et un autre est remis au Secrétariat des Nations Unies. Des copies certifiées conformes en sont transmises par le Greffier aux Membres des Nations Unies, aux Etats, institutions spécialisées et organisations internationales publiques directement intéressés.

Fait à la Haye, le six mai mil neuf cent quarante-six.

Le Président de la Cour:
(*Signé*) J. G. Guerrero.
Le Greffier de la Cour:
(*Signé*) E. Hambro.

Le Président,
(*Signé*) Zafrulla Khan.
Le Greffier,
(*Signé*) A. Aquaroni.

1946

1972

of these Rules concerning the application of that Article.

of these Rules concerning the application of that Article.

Article 84
1. Advisory opinions shall be given after deliberation by the Court. They shall mention the number of judges constituting the majority.

2. Any judge may, if he so desires, attach his individual opinion to the advisory opinion of the Court, whether he dissents from the majority or not, or a bare statement of his dissent.

Article 90
1. Advisory opinions shall be given after deliberation by the Court. They shall mention the number of judges constituting the majority.

2. Any judge may, if he so desires, attach his individual opinion to the advisory opinion of the Court, whether he dissents from the majority or not, or a bare statement of his dissent.

Article 85
1. The Registrar will in due time inform the Secretary-General of the United Nations and the appropriate organ of the institution, if any, which requested the advisory opinion, as to the date and the hour fixed for the sitting to be held for the reading of the opinion.

2. One original copy of the advisory opinion, duly signed and sealed, shall be placed in the Archives of the Court and another shall be sent to the Secretariat of the United Nations. Certified copies shall be sent by the Registrar to Members of the United Nations and to the States, specialized agencies and public international organizations directly concerned.

Done at The Hague, this sixth day of May nineteen hundred and forty-six.

Article 91
1. The Registrar will in due time inform the Secretary-General of the United Nations and the appropriate organ of the institution, if any, which requested the advisory opinion, as to the date and the hour fixed for the sitting to be held for the reading of the opinion.

2. One original copy of the advisory opinion, duly signed and sealed, shall be placed in the Archives of the Court and another shall be sent to the Secretariat of the United Nations. Certified copies shall be sent by the Registrar to Members of the United Nations and to the States, specialized agencies and public international organizations directly concerned.

(*Signed*) J. G. Guerrero,
President
(*Signed*) E. Hambro,
Registrar

President,
(*Signed*) Zafrulla Khan.
Registrar,
(*Signed*) S. Aquarone.

TABLE OF CONCORDANCE
BETWEEN THE NUMBERING OF THE RULES OF COURT
ADOPTED ON 6 MAY 1946 AND THE NUMBERING
OF THOSE RULES AS AMENDED ON 10 MAY 1972

1946 Rules	1972 Rules	1946 Rules	1972 Rules
I. Constitution and Working of the Court		**2. Working of the Court**	
		25	28
1. Constitution of the Court		26	29
		27	30
Judges and Assessors		28	31
1	1	29	32
2	2	30	33
3	3		
4	4	**II. Contentious Proceedings**	
5	5		
6	6	31	34
7	7*		
8	8	**1. Procedure Before the Full Court**	
The Presidency		**I. General Rules**	
9	9		
10	10	**Institution of Proceedings**	
11	11	32	35
12	12	33	36
13	13	34	37
		35	38
The Registry		36	39
14	14		
15	15	**Preliminary Consultation and Time-Limits [in 1946 Rules, "Preliminary Measures"]**	
16	16		
17	17		
18	18	37	40*
19	19	38	41*
20	20		
21	21	**Written Proceedings**	
22	22	39	42
23	23	40	43*
		41**	44*
The Chambers		,,	45*
24**	24*	42	46*
—	25*	43	47
—	26*	44	48
—	27*		

---

* The text of these Rules was amended in 1972.
** Article subdivided into two or more articles.

1946 Rules	1972 Rules
45	49
46	50

Oral Proceedings

1946 Rules	1972 Rules
47	51
48	52*
49	53
50	54
51	55*
—	56* (new article)
52	57*
53	58
54	59
55	60
56	61
57**	62
,,	63*
58	64*
59} 60}	65*

II. Occasional Rules

Interim Protection

1946 Rules	1972 Rules
61	66

Preliminary Objections

62	67*

Counter-Claims

63	68

Intervention

64	69
65	70
66	71

1946 Rules	1972 Rules

Appeals to the Court

67	72

Settlement and Discontinuance

68	73
69	74

2. Procedure Before the Chambers

70	75
71	76*
72	77*
73	78

3. Judgments

74	79
75	80
76	81
77	82

4. Requests for the Revision or Interpretation of a Judgment

78	83
79	84
80	85
81	86

III. Advisory Opinions

82	87*
—	88* (new article)
83	89
84	90
85	91

* The text of these Rules was amended in 1972.
** Article subdivided into two or more articles.

RESOLUTION
CONCERNING THE INTERNAL JUDICIAL
PRACTICE OF THE COURT
(Rules of Court, Article 33)
adopted on 5 July 1968

PRATIQUE INTERNE DE LA COUR *

La Cour décide d'adopter les articles consignés dans la présente résolution visant sa pratique interne en matière judiciaire, en remplacement des dispositions des résolutions que l'ancienne Cour permanente avait prises les 20 février 1931 et 17 mars 1936 et que la présente Cour avait provisoirement adoptées le 15 avril 1946. Ce faisant, la Cour note qu'elle reste entièrement libre de s'écarter de la présente résolution dans un cas d'espèce, si elle estime que les circonstances le justifient.

Article 1

i) Après la clôture de la procédure écrite et avant l'ouverture des débats oraux, le Président offre aux juges la possibilité d'échanger les vues qu'ils veulent exprimer à ce stade sur les pièces de la procédure écrite et de relever les points sur lesquels, le cas échéant, il y aurait lieu de provoquer des explications au cours des plaidoiries.

ii) En matière contentieuse, la Cour se réunit de nouveau en chambre du conseil après la fin du premier tour de plaidoiries en vue de procéder à un autre échange de vues dans le même dessein.

Article 2

Après la clôture des débats oraux, un délai approprié est donné aux juges pour l'étude de l'argumentation des parties.

Article 3

i) A l'expiration de ce délai, une délibération a lieu en vue de procéder à l'examen de l'affaire telle qu'elle se présente après les plaidoiries et d'en dégager les questions à résoudre, sans proposer ni discuter à ce stade aucune solution éventuelle.

ii) Après que le Président a indiqué les points qui, a ses yeux, devraient être dans la suite discutés et tranchés par la Cour, chaque juge peut présenter des observations sur l'exposé du Président ou attirer l'attention sur tous autres points ou questions qu'il considère comme pertinents. Le Président donne la parole aux juges dans l'ordre où ils la demandent. Il s'assure que chaque juge a eu l'occasion de présenter des observations sur l'intérêt ou la pertinence de toutes les questions sur lesquelles le Président ou d'autres juges ont attiré l'attention. Au cours de ce libre échange de vues ou à la fin de celui-ci, le Président ou tout autre juge peuvent faire distribuer des textes contenant l'énoncé des questions déjà signalées à l'attention de la Cour ou de nouvelles questions, sans toutefois y ajouter aucun commentaire. Si un juge en fait la demande, le Président convoque de nouveau la Cour afin d'examiner le texte ainsi distribué.

---

* 22 Annuaire de la Cour internationale de Justice (1967-1968), p. 87.

INTERNAL JUDICIAL PRACTICE *

The Court decides to adopt the articles concerning its internal judicial practice which are set out in the present resolution, in replacement of the provisions resulting from the resolutions of the former Permanent Court dated 20 February 1931 and 17 March 1936, which the present Court had provisionally adopted on 15 April 1946. In so doing, the Court notes that it remains entirely free to depart from the present resolution, or any part of it, in a given case, if it considers that the circumstances justify that course.

Article 1

(i) After the termination of the written proceedings and before the beginning of the oral hearing, the President affords an opportunity to the judges to exchange such views as they may wish to express at this stage with regard to those proceedings, and to bring out any point in regard to which it may be necessary to call for explanations during the course of the oral proceedings.

(ii) In contentious cases, after the parties have concluded the first exchange of oral arguments, the Court again meets in private for a further exchange of views having the same objective.

Article 2

After the close of the oral hearing, an appropriate period is allowed to the judges in order that they may study the arguments of the parties.

Article 3

(i) At the expiration of this period a deliberation is held for the purpose of examining the case as it presents itself after the hearing, bringing out the questions to be solved, but without, at this stage, proposing or debating possible solutions.

(ii) After a statement by the President outlining the issues which in his opinion will require subsequent discussion and decision by the Court, any judge may comment on the statement or call attention to any other issue or question which he considers relevant. The President will call upon judges in the order in which they signify their desire to speak. The President ensures that each judge has had an opportunity to comment on the pertinence and importance of all questions called to notice by the President or by other judges. During, or at the close of this informal exchange of views, the President, or any other Member of the Court, may cause to be distributed a text containing his formulation of any question already called to notice or of any new question, without, however, any commentary thereon. At the request of any judge, the President will reconvene the meeting to discuss any text so distributed.

---

* 22 Yearbook of the International Court of Justice (1967-1968), p. 88.

Article 4

i) A la suite de cette délibération et dans un délai approprié, chaque juge prépare une note écrite qui est distribuée aux autres juges.

ii) Dans cette note écrite, le juge exprime son opinion sur les questions signalées, en indiquant:

a) s'il y aurait lieu de ne pas examiner plus avant certaines questions ou s'il ne serait ni nécessaire ni utile que la Cour les tranche;

b) comment il énoncerait précisément les questions auxquelles la Cour devrait répondre;

c) quelle est son opinion provisoire quant aux réponses à apporter aux questions mentionnées sous *b)* ci-dessus et sur quels motifs il fonde cette opinion;

d) quelle est sa conclusion provisoire sur la solution à donner à l'affaire.

Article 5

Après que les juges ont eu l'occasion de prendre connaissance des notes écrites, ils en discutent dans une nouvelle délibération pendant laquelle tous les juges, invités par le Président à prendre la parole dans l'ordre inverse de l'ancienneté, doivent exprimer leur opinion. Au cours de cette délibération, chaque juge a la faculté de faire distribuer le texte d'une question supplémentaire ou le texte amendé d'une question déjà énoncée dans les notes écrites. A la demande de tout juge, le Président prie la Cour de décider si un vote doit avoir lieu sur ladite question ou sur ledit texte amendé.

Article 6

Sur la base des vues exprimées au cours de la délibération finale, dans les notes écrites et dans les échanges de vues préliminaires, la Cour élit un comité de rédaction au scrutin secret et à la majorité absolue. Deux juges sont choisis parmi les membres de la Cour dont les exposés oraux et les notes écrites se sont avérés les plus proches de l'opinion de la Cour dans son ensemble.

Le Président est d'office membre du comité de redaction, à moins qu'il ne partage pas l'opinion de la majorité de la Cour telle que cette majorité semble se dégager à ce moment, auquel cas il est remplacé par le Vice-Président. Si le Vice-Président ne peut être désigné pour le même motif, la Cour élit un troisième membre du comité suivant la procédure fixée ci-dessus; en ce cas, le plus ancien des juges élus préside le comité.

Si le Président n'est pas membre du comité de rédaction, le comité discute de son projet avec lui avant de le soumettre à la Cour. Si le comité n'estime pas possible d'adopter des amendements proposés par le Président, il les soumet à la Cour en même temps que son projet.

Article 4

(i) At a suitable interval of time after this deliberation, each judge prepares a written note which is distributed to the other judges.

(ii) The written note contains the judge's views on the questions which have been called to notice by indicating:

(a) whether any questions should be eliminated from further consideration or should not, or need not, be decided by the Court;

(b) the precise formulation of the questions which should be answered by the Court;

(c) the judge's tentative opinion as to the answers to be given to the questions in *(b)* and his reasons therefor;

(d) his tentative conclusion as to the correct disposal of the case.

Article 5

After the judges have had opportunity to examine the written notes, they are discussed in a further deliberation, in the course of which all the judges, called upon by the President in inverse order of seniority, must declare their views. During this deliberation, any judge may circulate an additional question or a reformulation of a question already listed in the written notes. On the request of any judge, the President shall ask the Court to decide whether a vote shall be taken on any such question or reformulation.

Article 6

On the basis of the views expressed in the final deliberation, in the written notes, and in prior deliberations, the Court proceeds to choose a drafting committee by secret ballot and by an absolute majority of votes. Two judges are elected from among those Members of the Court whose oral statements and written notes have most closely and effectively reflected the opinion of the Court as a whole.

The President shall *ex officio* be a member of the drafting committee unless he does not share the majority opinion of the Court as it appears then to exist, in which case his place shall be taken by the Vice-President. If the Vice-President is ineligible for the same reason, the Court shall proceed, by the process already employed, to the election of a third member, in which case the senior elected judge shall preside in the drafting committee.

If the President is not a member of the drafting committee, the committee shall discuss its draft with him before submitting it to the Court. If the President proposes amendments which the committee does not find it possible to adopt, it shall submit the President's proposals to the Court together with its own draft.

Article 7

i) Un avant-projet de décision est distribué aux juges, lesquels peuvent présenter des amendements écrits au comité de rédaction. Après avoir examiné ces amendements, le comité soumet un projet de décision à discuter par la Cour en première lecture.

ii) Les juges qui désirent présenter une opinion individuelle ou dissidente en communiquent le texte à la Cour après la fin de la première lecture, dans le délai fixé par la Cour.

iii) Le comité de rédaction fait distribuer un projet de décision amendé à discuter en une seconde lecture, au cours de laquelle le Président demande si des juges désirent proposer de nouveaux amendements.

iv) Au cours de la seconde lecture, les juges qui présentent des opinions individuelles ou dissidentes font connaître à la Cour les modifications qu'ils se proposent d'apporter à leur texte en raison des changements apportés ou projet d'arrêt.

Article 8

i) A la fin de la seconde lecture ou après un délai approprié, le Président invite les juges à exprimer leur vote final sur la décision ou la conclusion dont il s'agit, dans l'ordre inverse de leur ancienneté et de la manière prévue au paragraphe v) du présent article.

ii) Si la décision a trait à des points qui peuvent être séparés, la Cour applique en principe, à moins que la nature de l'affaire n'exige qu'elle procède autrement, la méthode suivante:

a) tout juge peut demander un vote distinct sur chacun des points;

b) lorsque la Cour doit se prononcer sur sa compétence ou sur la recevabilité d'une demande, les votes séparés sur des points particuliers concernant la compétence ou la recevabilité (sauf s'il résulte de l'un de ces votes qu'une exception préliminaire est bien fondée) sont suivis d'un vote sur la question de savoir si la Cour peut procéder à l'examen de l'affaire au fond ou, au cas où ce stade est déjà atteint, sur la question globale de savoir si en définitive la Cour est compétente ou la demande recevable.

iii) Dans les cas visés par le paragraphe ii) du présent article ou dans tout autre cas où un juge le demande, le scrutin final n'intervient qu'après une discussion sur la nécessité de votes distincts, un délai approprié s'écoulant si possible entre la discussion et le scrutin.

iv) Sur le point de savoir si elle doit mentionner dans sa décision les votes distincts prévus au paragraphe ii) du présent article, la Cour décide.

v) Lorsqu'ils sont invités par le Président à exprimer leur vote final, les juges doivent se prononcer seulement par un vote affirmatif ou négatif.

Article 9

i) Bien que, pour cause de maladie ou autre motif jugé suffisant par le Président, un juge n'ait pu assister à une partie des audiences publiques

Article 7

(i) A preliminary draft of the decision is circulated to the judges, who may submit to the drafting committee amendments in writing. When these amendments have been considered, the c mittee submits a draft decision for discussion by the Court in first reading.

(ii) Judges who wish to deliver separate or dissenting opinions make the text thereof available to the Court after the first reading is concluded and within a time-limit fixed by the Court.

(iii) The drafting committee circulates an amended draft of the decision for the second reading, at which the President enquires whether any judge wishes to propose further amendments.

(iv) In the course of the second reading, judges who are delivering separate or dissenting opinions inform the Court of changes they propose to introduce into the text of their opinions by reason of the changes made in the draft judgment.

Article 8

(i) At or after a suitable interval following upon the conclusion of the second reading, the President calls upon the judges to give their final vote on the decision or conclusion concerned in inverse order of seniority, and in the manner provided for by paragraph (v) of this Article.

(ii) Where the decision deals with issues that are separable, the Court shall in principle, and unless the exigencies of the particular case require a different course, proceed on the following basis, namely that:

(a) any judge may request a separate vote on any such issue;

(b) wherever the question before the Court is whether the Court is competent or the claim admissible, any separate vote on particular issues of competence or admissibility shall (unless such vote has shown some preliminary objection to be well-founded) be followed by a vote on the question of whether the Court may proceed to entertain the merits of the case or, if that stage has already been reached, on the global question of whether, finally, the Court is competent or the claim admissible.

(iii) In any case coming under paragraph (ii) of this Article, or in any other case in which a judge so requests, the final vote shall take place only after a discussion on the need for separate voting, and whenever possible after a suitable interval following upon such discussion.

(iv) Any question whether separate votes as envisaged in paragraph (ii) of this Article should be recorded in the decision shall be decided by the Court.

(v) Every judge, when called upon by the President to record his final vote, shall do so only by means of an affirmative or negative.

Article 9

(i) Although because of illness or other reason deemed adequate by the President, a judge may have failed to attend part of the public hearing

ou du délibéré en chambre du conseil, il peut participer au scrutin final, à condition que:

a) il n'ait été absent qu'à une partie relativement peu importante des audiences publiques et du délibéré;

b) pendant la plus grande partie de son absence, il se soit trouvé ou soit resté au siège de la Cour ou en tel autre lieu où la Cour siège et exerce ses fonctions aux fins de l'affaire conformément à l'article 22, para- graphe 1, du Statut;

c) s'agissant des audiences publiques, il ait été en mesure d'en lire le compte rendu officiel;

d) s'agissant du délibéré, il ait pu au moins présenter une note écrite, lire les notes de ses collègues et examiner les projets préparés par le comité de rédaction.

ii) Tout juge ayant qualité pour participer au scrutin final doit voter en personne. Au cas où, tout en étant en mesure d'exprimer un vote, un juge est physiquement incapable d'être présent à la séance à laquelle le scrutin doit intervenir, celui-ci est reporté, si les circonstances le permet- tent, jusqu'à ce que le juge puisse y assister. Si la Cour estime que les circonstances rendent un report impossible ou inopportun, elle peut, afin de permettre au juge d'exprimer son vote, décider de se réunir ailleurs qu'en son lieu de séances habituel. Si l'on ne peut recourir en pratique à aucune de ces deux solutions, le juge peut être autorisé à exprimer son vote de toute autre manière dont la Cour décide qu'elle est compatible avec le Statut.

iii) Si un doute s'élève sur le point de savoir si un juge peut voter dans les conditions prévues aux paragraphes i) et ii) du présent article et que ce doute ne peut être dissipé au cours de la discussion, la question est, sur la proposition du Président ou à la demande de tout autre juge, décidée par la Cour.

iv) Lorsqu'un juge exprime son vote final dans les conditions prévues aux paragraphes i) et ii) du présent article, le paragraphe v) de l'article 8 s'applique.

Article 10

Les dispositions qui précèdent sont applicables, sauf indication contraire expresse, à toute décision de la Cour, qu'il s'agisse d'un arrêt ou d'un avis consultatif.

or of the Court's private deliberations, he may nevertheless participate in the final vote, provided:

(a) that he shall not have missed more than a relatively minor part of the public hearing and private deliberations;

(b) that during most of his absence, under either head, he shall have been, or remained, at the seat of the Court or other locality in which the Court is sitting and exercising its functions for the purposes of the case, under paragraph 1 of Article 22 of the Statute;

(c) that as regards the public hearing, he shall have been able to read the official transcript of the proceedings; and

(d) that as regards the private deliberations, he shall have been able at least to submit his own written note, read those of the other judges, and study the drafts of the drafting committee.

(ii) A judge who is qualified to participate in the final vote must record his vote in person. In the event of a judge who is otherwise in a fit condition to record his vote being physically incapacitated from attending the session at which the vote is to be taken, the vote shall, if the circumstances permit, be postponed until he can attend. If, in the opinion of the Court, the circumstances do not permit of such a postponement, or render it inadvisable, the Court may, for the purpose of enabling the judge to record his vote, decide to convene elsewhere than at its normal meeting place. If neither of these alternatives is practicable, the judge may be permitted to record his vote in any other manner which the Court decides to be compatible with the Statute.

(iii) In the event of any doubt arising as to whether a judge may vote in the circumstances contemplated by paragraphs (i) and (ii) hereof— and if this doubt cannot be resolved in the course of discussion—the matter shall, upon the proposal of the President, or at the request of any other Member of the Court, be decided by the Court.

(iv) When a judge casts his final vote in the circumstances contemplated by paragraphs (i) and (ii) of the present Article, paragraph (v) of Article 8 shall apply.

Article 10

The foregoing provisions shall, unless otherwise expressly indicated, apply whether the decision takes the form of a judgment or of an advisory opinion.

MEMBERS OF THE UNITED NATIONS
and
PARTIES TO THE STATUTE

MEMBERS OF THE UNITED NATIONS

I. Original Members of the United Nations which, having signed the Charter,[a] *deposited their instruments of ratification with the Government of the United States of America on the dates indicated*

State	Ratification
Argentina	24 September 1945
Australia	1 November 1945
Belgium	27 December 1945
Bolivia	14 November 1945
Brazil	21 September 1945
Byelorussian SSR	24 October 1945
Canada	9 November 1945
Chile	11 October 1945
China [b]	28 September 1945
Colombia	5 November 1945
Costa Rica	2 November 1945
Cuba	15 October 1945
Czechoslovakia	19 October 1945
Denmark	9 October 1945
Dominican Republic	4 September 1945
Ecuador	21 December 1945
Egypt (United Arab Republic) [c]	22 October 1945
El Salvador	26 September 1945
Ethiopia	13 November 1945
France	31 August 1945
Greece	25 October 1945
Guatemala	21 November 1945
Haiti	27 September 1945

a. All the above States signed the Charter at San Francisco on 26 June 1945, with the exception of Poland on behalf of which the Charter was signed on 15 October 1945.

b. By resolution 2758 (XXVI) of 25 October 1971, the General Assembly decided "to restore all its rights to the People's Republic of China and to recognize the representatives of its Government as the only legitimate representatives of China to the United Nations, and to expel forthwith the representatives of Chiang Kai-shek from the place which they unlawfully occupy at the United Nations and in all the organizations related to it."

c. Egypt and Syria were original members of the United Nations from 24 October 1945. On 21 February 1958, the United Arab Republic was established by a union of Egypt and Syria, and continued as a single member of the United Nations. On 13 October 1961 Syria resumed its status as an independent State, at the same time resuming its membership in the United Nations. On 2 September 1971 the United Arab Republic formally changed its name to Arab Republic of Egypt.

State	*Ratification*		
Honduras	17	December	1945
India	30	October	1945
Iran	16	October	1945
Iraq	21	December	1945
Lebanon	15	October	1945
Liberia	2	November	1945
Luxembourg	17	October	1945
Mexico	7	November	1945
Netherlands	10	December	1945
New Zealand	19	September	1945
Nicaragua	6	September	1945
Norway	27	November	1945
Panama	13	November	1945
Paraguay	12	October	1945
Peru	31	October	1945
Philippines	11	October	1945
Poland	24	October	1945
Saudi Arabia	18	October	1945
South Africa (Union of South Africa) [d]	7	November	1945
Syrian Arab Republic [c]	19	October	1945
Turkey	28	September	1945
Ukrainian SSR	24	October	1945
Union of Soviet Socialist Republics	24	October	1945
United Kingdom of Great Britain and Northern Ireland	20	October	1945
United States of America	8	August	1945
Uruguay	18	December	1945
Venezuela	15	November	1945
Yugoslavia	19	October	1945

---

d. On 25 May 1961 the name of the country was officially changed to the Republic of South Africa.

II. States admitted to membership in the United Nations in accordance with Article 4 of the Charter [e]

	Decision of the General Assembly		Declarations accepting the obligations contained in the Charter [e, f]		
			Registration	United Nations Treaty Series	
State	Resolution	Date of adoption	Date	Volume	Page
Afghanistan	34 (I)	9 November 1946	14 December 1946	1	39
Albania	995 (X)	14 December 1955	14 December 1955	223	23
Algeria	1754 (XVII)	8 October 1962	11 October 1962	442	37
Austria	995 (X)	14 December 1955	14 December 1955	223	27
Bahamas	3051 (XXVIII)	18 September 1973			
Bahrain	2752 (XXVI)	21 September 1971	21 September 1971		
Barbados	2175 (XXI)	9 December 1966	9 December 1966	581	131
Bhutan	2751 (XXVI)	21 September 1971	21 September 1971		
Botswana	2136 (XXI)	17 October 1966	17 October 1966	575	151
Bulgaria	995 (X)	14 December 1955	14 December 1955	223	31
Burma	188 (S-II)	19 April 1948	19 April 1948	15	3
Burundi	1749 (XVII)	18 September 1962	18 September 1962	437	149
Cameroon	1476 (XV)	20 September 1960	20 September 1960	375	79
Central African Republic	1488 (XV)	20 September 1960	20 September 1960	375	115
Chad	1485 (XV)	20 September 1960	20 September 1960	375	107

e. The Provisional Rules of Procedure of the General Assembly (rules 113-116), under which the first six new Members were admitted to membership in the United Nations, namely, Afghanistan, Iceland, Pakistan, Sweden, Thailand and Yemen, stipulated that the membership, in case of a favourable decision of the General Assembly, should become effective on the date on which the applicant State presented to the Secretary-General an instrument of adherence. Accordingly, the membership of Afghanistan, Iceland and Sweden became effective on 19 November 1946, that of Thailand on 16 December 1946 and that of Pakistan and Yemen on 30 September 1947.

By resolution 116 (II) of 21 November 1947, the General Assembly adopted new rules governing the admission of new Members. Under these rules (136-140), a declaration, made in a formal instrument, accepting the obligations contained in the Charter, shall be submitted to the Secretary-General by an applicant State at the same time as the application for membership. The membership becomes effective, if the application is approved, on the date on which the General Assembly takes its decision on the application. Accordingly, for all Members other than the six mentioned in the preceding paragraph, the membership became effective on the respective dates shown in the first column of this list.

f. The declarations are registered *ex officio* by the Secretariat on the effective dates of membership. However, since the registration did not start until 14 December 1946, when the General Assembly, by resolution 97 (I), adopted the regulations to give effect to Article 102 of the Charter of the United Nations, the declarations of Afghanistan, Iceland and Sweden were registered on that date.

	Decision of the General Assembly		Declarations accepting the obligations contained in the Charter e, f		
				United Nations Treaty Series	
		Date of	Registration		
State	Resolution	adoption	Date	Volume	Page
Congo g	1486 (XV)	20 September 1960	20 September 1960	375	111
Cyprus	1489 (XV)	20 September 1960	9 June 1961	397	283
Dahomey	1481 (XV)	20 September 1960	20 September 1960	375	91
Equatorial Guinea	2384 (XXIII)	12 November 1968	12 November 1968	649	197
Fiji	2622 (XXV)	13 October 1970	13 October 1970	752	
Finland	995 (X)	14 December 1955	19 December 1955	223	69
Gabon	1487 (XV)	20 September 1960	7 November 1960	379	99
Gambia	2008 (XX)	21 September 1965	21 September 1965	545	143
German Democratic Republic	3050 (XXVIII)	18 September 1973			
Germany, Federal Rep.	3050 (XXVIII)	18 September 1973			
Ghana	1118 (XI)	8 March 1957	8 March 1957	261	113
Guinea	1325 (XIII)	12 December 1958	12 December 1958	317	77
Guyana	2133 (XXI)	20 September 1966	20 September 1966	572	225
Hungary	995 (X)	14 December 1955	15 December 1955	223	65
Iceland	34 (I)	9 November 1946	14 December 1946	1	41
Indonesia h	491 (V)	28 September 1950	28 September 1950	71	153
Ireland	995 (X)	14 December 1955	29 November 1956	254	223
Israel	273 (III)	11 May 1949	11 May 1949	30	53
Italy	995 (X)	14 December 1955	9 April 1956	231	175
Ivory Coast	1484 (XV)	20 September 1960	20 September 1960	375	103
Jamaica	1750 (XVII)	18 September 1962	18 September 1962	437	153
Japan	1113 (XI)	18 December 1956	18 December 1956	256	167
Jordan	995 (X)	14 December 1955	14 December 1955	223	43
Kenya	1976 (XVIII)	16 December 1963	16 December 1963	483	233
Khmer Republic i	995 (X)	14 December 1955	14 December 1955	223	35
Kuwait	1872 (S-IV)	14 May 1963	14 May 1963	463	213
Laos	995 (X)	14 December 1955	14 December 1955	223	47
Lesotho	2137 (XXI)	17 October 1966	17 October 1966	575	155

g. On 15 November 1971 the name of the country was officially changed to the Congo.

h. On 20 January 1965 Indonesia announced its decision to withdraw from the United Nations "at this stage and under present circumstances". On 19 September 1966 it announced its intention to "resume full co-operation with the United Nations and to resume participation in its activites." On 28 September 1966 the General Assembly took note of this decision.

i. On 28 December 1970 the name of the country was officially changed to the Khmer Republic (previously Cambodia).

	Decision of the General Assembly			Declarations accepting the obligations contained in the Charter [e, f]			
		Date of		Registration		United Nations Treaty Series	
State	Resolution	adoption		Date		Volume	Page
Libyan Arab Republic [k]	995 (X)	14 December	1955	14 December	1955	223	51
Madagascar	1478 (XV)	20 September	1960	20 September	1960	375	87
Malawi [l]		1 December	1964	1 December	1964	519	3
Malaysia [m]	1134 (XII)	17 September	1957	17 September	1957	277	3
Maldives (Maldive Islands) [n]	2009 (XX)	21 September	1965	21 September	1965	545	147
Mali	1491 (XV)	28 September	1960	28 October	1960	377	361
Malta [l]		1 December	1964	1 December	1964	519	7
Mauritania	1631 (XVI)	27 October	1961	26 March	1963	457	59
Mauritius	2371 (XXII)	24 April	1968	24 April	1968	634	217
Mongolia	1630 (XVI)	27 October	1961	17 July	1962	434	141
Morocco	1111 (XI)	12 November	1956	12 November	1956	253	77
Nepal	995 (X)	14 December	1955	14 December	1955	223	55
Niger	1482 (XV)	20 September	1960	20 September	1960	375	95
Nigeria	1492 (XV)	7 October	1960	8 May	1961	395	237
Oman	2754 (XXVI)	7 October	1971	7 October	1971		
Pakistan	108 (II)	30 September	1947	30 September	1947	8	57
People's Democratic Republic of Yemen (Southern Yemen) [o]	2310 (XXII)	14 December	1967	14 December	1967	614	21
Portugal	995 (X)	14 December	1955	21 February	1956	229	3
Qatar	2753 (XXVI)	21 September	1971	21 September	1971		
Romania	995 (X)	14 December	1955	14 December	1955	223	59
Rwanda	1748 (XVII)	18 September	1962	18 September	1962	437	145
Senegal	1490 (XV)	28 September	1960	28 September	1960	376	79
Sierra Leone	1623 (XVI)	27 September	1961	27 September	1961	409	43
Singapore	2010 (XX)	21 September	1965	21 September	1965	545	151
Somalia	1479 (XV)	20 September	1960	23 February	1961	388	179
Spain	995 (X)	14 December	1955	14 December	1955	223	63

k. On 6 January 1971 the name of the country was officially changed to the Libyan Arab Republic.

l. The decision to admit Malawi and Malta to the United Nations was taken during the nineteenth session of the General Assembly (1286th plenary meeting on 1 December 1964), without a formal resolution.

m. On 16 September 1963 the name of the country was officially changed to Malaysia.

n. On 14 April 1969 the name of the country was officially changed to Republic of Maldives.

o. On 4 December 1970 the name of this country was officially changed to People's Democratic Republic of Yemen.

| | *Decision of the General Assembly* | | *Declarations accepting the obligations contained in the Charter* e, f | | |
| | | | | *United Nations Treaty Series* | |
State	*Resolution*	*Date of adoption*	*Registration* *Date*	*Volume*	*Page*
Sri Lanka p	995 (X)	14 December 1955	14 December 1955	223	39
Sudan	1110 (XI)	12 November 1956	12 November 1956	253	81
Swaziland	2376 (XXIII)	24 September 1968	24 September 1968	646	177
Sweden	34 (I)	9 November 1946	14 December 1946	1	43
Thailand	101 (I)	15 December 1946	16 December 1946	1	47
Togo	1477 (XV)	20 September 1960	20 September 1960	375	83
Trinidad and Tobago	1751 (XVII)	18 September 1962	18 September 1962	437	157
Tunisia	1112 (XI)	12 November 1956	12 November 1956	253	85
Uganda	1758 (XVII)	25 October 1962	25 October 1962	443	47
United Arab Emirates	2794 (XXVI)	9 December 1971	9 December 1971		
United Republic of Tanzania q					
Tanganyika	1667 (XVI)	14 December 1961	14 December 1961	416	147
Zanzibar	1975 (XVIII)	16 December 1963	16 December 1963	483	237
Upper Volta	1483 (XV)	20 September 1960	20 September 1960	375	99
Yemen	108 (II)	30 September 1947	30 September 1947	8	59
Zaire r	1480 (XV)	20 September 1960	2 January 1962	418	157
Zambia s		1 December 1964	1 December 1964	519	11

III. Other States Parties to the Statute of the International Court of Justice

Switzerland	91 (I)	11 December 1946	28 July 1948	17	111
Liechtenstein	363 (IV)	1 December 1949	29 March 1950	51	115
San Marino	806 (VIII)	9 December 1953	18 February 1954	186	295

Before becoming a member of the United Nations, Japan was a party to the Statute of the Court, from 2 April 1954 to 18 December 1956. See General Assembly resolution 805 (VIII) of 9 December 1953. For the Declaration of Japan, see 188 U.N.T.S., 137.

p. On 22 May 1972 the name of this country, previously Ceylon, was officially changed to Sri Lanka.

q. Tanganyika was a Member of the United Nations from 14 December 1961 and Zanzibar from 16 December 1963. Following the ratification on 26 April 1964 of Articles of Union between those two countries, the United Republic of Tanganyika and Zanzibar continued as a single member. On 1 November 1964 the name of the country was officially changed to the United Republic of Tanzania.

r. On 27 October 1971 the name of this country, previously the Democratic Republic of the Congo (Kinshasa), was officially changed to the Republic of Zaire.

s. The decision to admit Zambia to the United Nations was taken during the nineteenth session of the General Assembly (1286th plenary meeting on 1 December 1964), without a formal resolution.

PARTICIPATION OF STATES NOT MEMBERS
OF THE UNITED NATIONS
in the
STATUTE OF THE COURT

CONDITIONS ON WHICH SWITZERLAND MAY BECOME A PARTY TO THE STATUTE OF THE INTERNATIONAL COURT OF JUSTICE

General Assembly Resolution 91 (I)
11 December 1946

The Chief of the Swiss Federal Political Department, in a letter forwarded to the Secretary-General of the United Nations on 26 October 1946, by the Swiss Consul-General in New York, expressed the desire of the Swiss Federal Council to ascertain the conditions on which Switzerland could, in pursuance of Article 93, paragraph 2, of the Charter, become a party to the Statute of the International Court of Justice.

Article 93, paragraph 2, of the Charter provides that a State which is not a member of the United Nations may become a party to the Statute of the Court on conditions to be determined in each case by the General Assembly upon the recommendation of the Security Council.

The Security Council considered and adopted at its eightieth meeting, held on 15 November 1946, a report and recommendation on this matter from its Committee of Experts. (Annex.)

The General Assembly has considered and adopted, on the recommendation of its Sixth Committee, the report and recommendation of the Security Council.

The General Assembly therefore determines, in pursuance of Article 93, paragraph 2, of the Charter, and upon the recommendation of the Security Council, the conditions on which Switzerland may become a party to the Statute of the International Court of Justice, as follows:

Switzerland will become a party to the Statute of the Court on the date of the deposit with the Secretary-General of the United Nations of an instrument, signed on behalf of the Government of Switzerland and ratified as may be required by Swiss constitutional law, containing:

(*a*) Acceptance of the provisions of the Statute of the International Court of Justice;

(*b*) Acceptance of all the obligations of a Member of the United Nations under Article 94 of the Charter;

(*c*) An undertaking to contribute to the expenses of the Court such equitable amount as the General Assembly shall assess from time to time after consultation with the Swiss Government.

Fifty-sixth plenary meeting,
11 December 1946

Annex

REPORT AND RECOMMENDATION OF THE COMMITTEE OF EXPERTS OF THE SECURITY COUNCIL CONCERNING THE CONDITIONS ON WHICH SWITZERLAND MAY BECOME A PARTY TO THE STATUTE OF THE INTERNATIONAL COURT OF JUSTICE

(Adopted by the Security Council at its eightieth meeting on 15 November 1946)[a]

1. The Committee has considered the letter from the Chief of the Swiss Federal Political Department which was forwarded to the Secretary-General on 26 October 1946 by the Swiss Consul-General in New York (document S/185). That letter expressed the desire of the Swiss Federal Council to know the conditions on which Switzerland could become a party to the Statute of the International Court of Justice. Under Article 93, paragraph 2, of the Charter, those conditions are to be determined by the General Assembly upon the recommendation of the Security Council.

2. The Committee advises the Security Council to send the following recommendation to the General Assembly:

"The Security Council recommends that the General Assembly, in accordance with Article 93, paragraph 2, of the Charter, determine the conditions on which Switzerland may become a party to the Statute of the International Court of Justice, as follows:

"Switzerland will become a party to the Statute of the Court on the date of the deposit with the Secretary-General of the United Nations of an instrument, signed on behalf of the Government of Switzerland and ratified as may be required by Swiss constitutional law, containing:

"(*a*) Acceptance of the provisions of the Statute of the International Court of Justice;

"(*b*) Acceptance of all the obligations of a Member of the United Nations under Article 94 of the Charter;

"(*c*) An undertaking to contribute to the expenses of the Court such equitable amount as the General Assembly shall assess from time to time after consultation with the Swiss Government."

3. The Committee decided that it is unnecessary to use in the first suggested condition the words in the Protocol of Signature of the Statute of the Permanent Court of International Justice (16 December 1920, Series D, No. 1, 4th edition, page 7) whereby signatories declared acceptance of "the jurisdiction of the Court in accordance with the terms

---

a. For the formal text of Security Council's recommendation, in Resolution 11 (1946), see *Resolutions and Decisions of the Security Council, 1946* (doc. S/INF/2/Rev. 1 (1)), p. 15.

and subject to the conditions of" the Statute. In the opinion of the Committee, acceptance of the provisions of the Statute includes acceptance of any incidental jurisdiction exercisable by the Court under the provisions of the Statute.

4. The Committee desires to state that its intention in inserting the second suggested condition is the same as that which caused it to recommend the identical wording appearing in paragraph (1) of the resolution adopted by the Security Council on 15 October 1946 setting out the conditions under which the Court shall be open to States not parties to the Statute. The obligations imposed by Article 94 of the Charter upon a Member of the United Nations should, in the opinion of the Committee, apply equally to non-members of the United Nations which become parties to the Statute and to non-parties which are allowed access to the Court. In the opinion of the Committee, the obligations of a Member of the United Nations under Article 94 include the complementary obligations arising under Articles 25 and 103 of the Charter insofar as the provisions of those Articles may relate to the provisions of Article 94, and non-members of the United Nations which become parties to the Statute (and non-parties which have access to the Court) become bound by these complementary obligations under Articles 25 and 103 in relation to the provisions of Article 94 (but not otherwise), when they accept "all the obligations of a Member of the United Nations under Article 94." The French text of this latter phrase in the recommendation in this report differs from the French text of the Council resolution of 15 October 1946 relating to access to the Court. The Committee believes that the present text states the meaning more accurately.

5. On the third suggested condition— contributions to the expenses of the Court— the Committee noted that the last sentence of Article 35, paragraph 3, of the Statute contemplates a general contribution (i.e., not one assessed in each case) towards the expenses of the Court by parties to the Statute which are not members of the United Nations. Although budgetary matters are within the competence of the Assembly, the obligations to contribute to the expenses of the Court must be imposed by the Assembly as a condition under Article 93, paragraph 2, upon the recommendation of the Security Council. The Committee therefore decided to recommend this condition.

6. The Committee desires to draw attention to the fact that under Article 93, paragraph 2, of the Charter the conditions on which a State which is not a member of the United Nations may become a party to the Statute are to be determined *in each case* by the General Assembly upon the recommendation of the Security Council. Accordingly, the conditions recommended above as appropriate to the case of Switzerland are not intended to constitute a precedent to be followed either by the Security Council or by the General Assembly in any future case under Article 93, paragraph 2, of the Charter.

7. The Committee points out that when Switzerland becomes a party

to the Statute by accepting the conditions determined by the General Assembly under Article 93, paragraph 2, of the Charter, Switzerland may, under Articles 4 and 69 of the Statute, participate in electing members of the Court and in making amendments to the Statute, on conditions which the Assembly may prescribe upon the recommendations of the Security Council. In this connection, it is noted that, while Article 93, paragraph 2, of the Charter requires the setting of conditions of accession in each case, Articles 4 and 69 of the Statute permit the General Assembly, on the recommendation of the Security Council, to set generally applicable conditions on which non-member States parties to the Statute may participate in electing members of the Court and in the making of amendments to the Statute. The Committee advises that no special conditions on those matters should be prescribed in the case of Switzerland. It advises also that the Council should not now recommend to the Assembly generally applicable conditions under Articles 4 and 69 of the Statute, but should do so after Switzerland or some other non-member States has actually acceded to the Statute. At that time, the Council may wish to include in the generally applicable conditions provisions similar to those of Article 19 of the Charter in connection with the third condition of accession suggested in paragraph 2 above, if the General Assembly prescribes that condition and Switzerland accepts it.

LIECHTENSTEIN, JAPAN, SAN MARINO

The Security Council, in its resolutions 71 (1949) adopted at the 432nd meeting on 27 July 1949, 162 (1953) and 103 (1953) adopted at the 645th meeting on 3 December 1953, used identical terms to recommend the participation in the Statute of Liechtenstein, Japan and San Marino. Similarly, the General Assembly, in its resolutions 363 (IV) of 1 December 1949, 805 (VIII) and 806 (VIII) of 9 December 1953, also in identical terms, laid down the conditions on which those States might become parties to the Statute.

CONDITIONS UNDER WHICH A STATE, A PARTY TO THE STATUTE OF THE INTERNATIONAL COURT OF JUSTICE BUT NOT A MEMBER OF THE UNITED NATIONS, MAY PARTICIPATE IN THE ELECTIONS OF THE MEMBERS OF THE COURT

General Assembly Resolution 264 (III)
8 October 1948

The General Assembly,

Having received the recommendations [b] of the Security Council with regard to the conditions under which a State which is a party to the Statute of the International Court of Justice but not a Member of the United Nations may participate in electing members of the Court,

Resolves

1. That such a State shall be on an equal footing with the Members of the United Nations in respect to those provisions of the Statute which regulate the nominations [sic] of candidates for election by the General Assembly;

2. That such a State shall participate, in the General Assembly, in electing the members of the Court in the same manner as the Members of the United Nations;

3. That such a State, when in arrears in the payment of its contribution to the expenses of the Court, shall not participate in electing the members of the Court in the General Assembly if the amount of its arrears equals or exceeds the amount of the contribution due from it for the preceding two full years. The General Assembly may, nevertheless, permit such a State to participate in the elections, if it is satisfied that the failure to pay is due to conditions beyond the control of that State (see Charter, Article 19).

Hundred and fiftieth plenary meeting,
8 October 1948

---

b. Adopted by the Security Council in its resolution 58 (1948) at the 360th meeting on 28 September 1948.

PARTICIPATION OF STATES WHICH ARE PARTIES TO THE STATUTE OF THE INTERNATIONAL COURT OF JUSTICE, BUT ARE NOT MEMBERS OF THE UNITED NATIONS, IN THE PROCEDURE FOR EFFECTING AMENDMENTS TO THE STATUTE

General Assembly Resolution 2520 (XXIV)
4 December 1969

The General Assembly,

Recalling that under Article 69 of the Statute of the International Court of Justice, the Security Council may recommend to the General Assembly for adoption provisions concerning the participation of States which are parties to the Statute, but are not Members of the United Nations, in the procedure for effecting amendments to the Statute,

Having received the recommendations of the Security Council in this regard, contained in Council resolution 272 (1969) of 23 October 1969,[c]

Decides that:

(*a*) A State which is a party to the Statute of the International Court of Justice, but is not a Member of the United Nations, may participate in the General Assembly in regard to amendments to the Statute in the same manner as the Members of the United Nations;

(*b*) Amendments to the Statute of the International Court of Justice shall come into force for all States which are parties to the Statute when they have been adopted by a vote of two thirds of the States which are parties to the Statute and ratified in accordance with their respective constitutional processes by two thirds of the States which are parties to the Statute and in accordance with the provisions of Article 69 of the Statute and Article 109 of the Charter of the United Nations.

1820th plenary meeting,
4 December 1969

---

c. Adopted at the 1514th meeting of the Security Council. For the circumstances in which this resolution was adopted, see *Official Records of the General Assembly*, twenty-fourth session, annexes, agenda item 93.

ACCESS TO COURT OF STATES NOT PARTIES TO THE STATUTE

ACCESS TO COURT OF STATES NOT PARTIES TO THE STATUTE

Security Council Resolution 9 (1946)
15 October 1946 *

The Security Council,
In virtue of the powers conferred upon it by Article 35, paragraph 2, of the Statute of the International Court of Justice, and subject to the provision of that Article,
Resolves that:
1. The International Court of Justice shall be open to a State which is not a party to the Statute of the International Court of Justice, upon the following condition, namely, that such State shall previously have deposited with the Registrar of the Court a declaration by which it accepts the jurisdiction of the Court, in accordance with the Charter of the United Nations and with the terms and subject to the conditions of the Statute and Rules of the Court, and undertakes to comply in good faith with the decision or decisions of the Court and to accept all the obligations of a Member of the United Nations under Article 94 of the Charter;
2. Such declaration may be either particular or general. A particular declaration is one accepting the jurisdiction of the Court in respect only of a particular dispute or disputes which have already arisen. A general declaration is one accepting the jurisdiction generally in respect of all disputes or of a particular class or classes of disputes which have already arisen or which may arise in the future. A State, in making such a general declaration, may, in accordance with Article 36, paragraph 2, of the Statute, recognize as compulsory, *ipso facto* and without special agreement, the jurisdiction of the Court, provided, however, that such acceptance may not, without explicit agreement, be relied upon vis-à-vis States parties to the Statute which have made the declaration in conformity with Article 36, paragraph 2, of the Statute of the International Court of Justice;
3. The original declarations made under the terms of this resolution shall be kept in the custody of the Registrar of the Court, in accordance with the practice of the Court. Certified true copies thereof shall be transmitted, in accordance with the practice of the Court, to all States parties to the Statute of the International Court of Justice, and to such other States as shall have deposited a declaration under the terms of this resolution, and to the Secretary-General of the United Nations;
4. The Security Council reserves the right to rescind or amend this resolution by a resolution which shall be communicated to the Court,

---

* Invoked in the following cases: *Corfu Channel, Monetary Gold from Rome, Treatment in Hungary of Aircraft and Crew of U.S.A.* (U.S.A. v. Hungary), *Aerial Incident of 10 March 1953, Continental Shelf* and *Fisheries Jurisdiction* (Federal Republic of Germany v. Iceland).

and on the receipt of such communication and to the extent determined by the new resolution, existing declarations shall cease to be effective except in regard to disputes which are already before the Court;

5. All questions as to the validity or the effect of a declaration made under the terms of this resolution shall be decided by the Court.

Adopted at the 76th meeting

8

PRIVILEGES AND IMMUNITIES

PRIVILEGES AND IMMUNITIES OF MEMBERS OF THE INTERNATIONAL COURT OF JUSTICE, THE REGISTRAR, OFFICIALS OF THE REGISTRY, ASSESSORS, THE AGENTS AND COUNSEL OF THE PARTIES AND OF WITNESSES AND EXPERTS

General Assembly Resolution 90 (I)
11 December 1946

By a resolution adopted on 13 February 1946, the General Assembly, with a view to ensuring that the International Court of Justice should enjoy the privileges, immunities and facilities necessary for the exercise of its functions and the fulfilment of its purposes, in the country of its seat and elsewhere, invited the Court at its first session to consider this question and to inform the Secretary-General of its recommendations.

The Court has accordingly examined the problem in its various aspects during its first session, held at The Hague from 3 April to 6 May 1946, and has transmitted to the General Assembly its conclusions.[a]

The General Assembly considered the recommendations of the Court during the second part of its first session, and the report of the Sixth Committee.[b]

The General Assembly,

1. *Approves* the agreements concluded between the International Court of Justice and the Netherlands Government, as recorded in the exchange of letters between the President of the Court and the Minister for Foreign Affairs of the Netherlands (Annex).

2. *Recommends* that if a judge, for the purpose of holding himself permanently at the disposal of the Court, resides in some country other than his own, he should be accorded diplomatic privileges and immunities during the period of his residence there.

3. *Recommends* that judges should be accorded every facility for leaving the country where they may happen to be, for entering the country where the Court is sitting, and again for leaving it. On journeys in connection with the exercise of their functions, they should, in all countries through which they may have to pass, enjoy all the privileges, immunities and facilities granted by these countries to diplomatic envoys.

This provision should also apply to the Registrar and to any officer of the Court acting as Registrar.

4. *Recommends* that:

(*a*) Officials of the Court should enjoy in any country where they may be on the business of the Court, or in any country through which they may pass on such business, such privileges, immunities and facilities for re-

---

a. *Official Records of the General Assembly*, first session, first part, Sixth Committee (doc. A/105), p. 246.

b. Id., Plenary meetings (doc. A/202), p. 1510.

sidence and travel as may be necessary for the independent exercise of their functions.

The Registrar, and any officer of the Court acting as Registrar, should, while on the business of the Court, be accorded diplomatic privileges and immunities.

(*b*) Inasmuch as these privileges and immunities are granted to officials of the Court in the interests of the International Court of Justice, and not for the personal benefit of the individuals themselves, the Registrar of the Court, with the President's approval, should have the right and the duty to waive the immunity in any case where, in his opinion, the immunity would impede the course of justice, and can be waived without prejudice to the interests of the Court. In the case of the Registrar, the Court should have the right to waive immunity.

5. *Recommends* that:

(*a*) (i) The agents, counsel and advocates before the Court should be accorded, during the period of their missions, including the time spent on journeys in connection with their missions, the privileges and immunities provided for in article IV, sections 11, 12 and 13 of the Convention on the privileges and immunities of the United Nations under the conditions of article IV, section 15, of that Convention.

(ii) Assessors of the Court should be accorded, during the period of their missions, including the time spent on journeys in connection with their missions, the privileges and immunities provided for in article VI, section 22, of the Convention on the privileges and immunities of the United Nations.

(iii) Witnesses, experts and persons performing missions by order of the Court should be accorded, during the period of their missions, including the time spent on journeys in connection with their missions, the privileges and immunities provided for in article VI, section 22, of the Convention on the privileges and immunities of the United Nations.

(*b*) Inasmuch as the privileges and immunities referred to above under (*a*) are granted in the interests of the good administration of justice and not for the personal benefit of the individuals themselves, the appropriate authority should have the right and the duty to waive the immunity in any case where, in its opinion, the immunity would impede, and can be waived without prejudice to, the course of justice.

For this purpose, the competent authority in the case of agents, counsel and advocates representing a State will be the State concerned. In other cases (including those of assessors of the Court, persons performing missions by order of the Court and witnesses or experts), the competent authority will be the International Court of Justice or, when the Court is not sitting, the President of the Court.

6. *Recommends* that:

(*a*) The authorities of Members should recognize and accept United Nations *laissez-passer*, issued by the International Court of Justice to the members of the Court, the Registrar and the officials of the Court, as

valid travel documents, taking into account the provisions of sub-paragraph (*b*).

(*b*) Applications for visas (where required) from the judges of the Court and the Registrar should be dealt with as speedily as possible. All other holders of *laissez-passer* should receive the same facilities when the applications for visas are accompanied by a certificate that they are travelling on the business of the Court. In addition, all holders of *laissez-passer* should be granted facilities for speedy travel.

(*c*) Similar facilities to those specified in sub-paragraph (*b*) should be accorded to experts and other persons who, though not the holders of United Nations *laissez-passer* delivered by the International Court of Justice, have a certificate that they are travelling on the business of the Court.

Fifty-fifth plenary meeting,
11 December 1946

Annex

EXCHANGE OF LETTERS BETWEEN THE PRESIDENT OF THE COURT AND THE MINISTER FOR FOREIGN AFFAIRS OF THE NETHERLANDS *

1. The President of the Court to the Minister for Foreign Affairs of the Netherlands

The Hague, 26 June 1946

Monsieur le Ministre,

As Your Excellency is aware, the General Assembly of the United Nations, on 19 January 1946, instructed its Sixth Committee to consider the question of the privileges, immunities and facilities to be granted to the United Nations. In accordance with these instructions, the Sixth Committee prepared a number of draft resolutions. One of these relates to the adoption of a General Convention containing an Article V, in which the privileges, immunities, exemptions and facilities to be enjoyed as a general rule by the officials of the Organization are set out.

As regards the International Court of Justice, the Sixth Committee devoted to it a special resolution. After considering the question of the privileges and immunities to be accorded to members of the Court, to the Registrar and the Court's staff, and to the agents, counsel and advocates of the parties, the resolution recommended that, to ensure that the Court shall enjoy the privileges, immunities and facilities necessary for the exer-

---

* The original of this exchange of notes is in French. The above English version is taken from the official version of Resolution 90 (I) published in doc. A/64/Add. 1. Slightly different versions were published in 8 U.N.T.S., p. 61 and by the Court in I.C.J. Constitution (2nd ed., 1947), p. 84.

cise of its functions and the fulfilment of its purpose, in the country of its seat and elsewhere, the Court shall make recommendations, to be forwarded to the Secretary-General.

The Assembly's reason for dealing separately with the case of the International Court of Justice and for asking it to formulate proposals was that the Court's Statute, which is annexed to, and forms an integral part of, the Charter, provides in Article 19, that, when engaged on the business of the Court the members of the Court shall enjoy diplomatic privileges and immunities; while Article 42 lays down that the agents, counsel and advocates of the parties before the Court shall enjoy the privileges and immunities necessary to the independent exercise of their duties. Another reason was, doubtless, that the Court is an organism whose members, with their small staff, perform duties of a special character and whose requirements are consequently different from those of the other organs of the United Nations.

In any case, as regards Netherlands territory, negotiations have taken place between representatives of the Netherlands Foreign Ministry and representatives of the Court, with a view to giving effect in the most satisfactory way possible to the above mentioned Assembly resolution. In accordance with the excellent relations that have always existed between international judicial bodies and the Government of the Netherlands, these conservations led to an agreement on the general principles that should govern the matter.

Those principles are set out in the appendix to the present note. In communicating this document to Your Excellency, I have the honour to ask you to confirm that its content is in accordance with the agreement reached.

I would add the following: In the report in which the Court forwards its recommendations on privileges and immunities, the Secretary-General is requested to ask the General Assembly to declare the agreement reached between the Netherlands Government and the Court to be satisfactory. Special mention is made of the traditional liberality of the Netherlands in this matter.

On the other hand, I trust that you will agree with me that the question of precedence, formerly dealt with in paragraph IV of the General Principles annexed to the letters exchanged on 22 May 1928, between the President of the Permanent Court of International Justice and the Netherlands Minister for Foreign Affairs, remains outside the present agreement. I should be grateful if you would confirm your agreement on this point.

I have, etc.

(*Signed*) J. G. Guerrero,
President of the International
Court of Justice

Appendix

1. As concerns the privileges, immunities, facilities and prerogatives, within the territory of the Netherlands, of members and staff of the International Court of Justice of other than Dutch nationality:

(*a*) The members of the Court will, in a general way, be accorded the same treatment as heads of diplomatic missions accredited to Her Majesty the Queen of the Netherlands.

As regards the privileges, immunities and facilities above-mentioned, this provision applies also to the Registrar of the Court and to the Deputy-Registrar when acting for the Registrar.

(*b*) The Deputy-Registrar of the Court will, in a general way, be accorded the same treatment as counsellors attached to diplomatic missions at The Hague.

The higher officials of the Court—first secretaries and secretaries—will, in a general way, be accorded the same treatment as secretaries attached to diplomatic missions at The Hague.

(*c*) The other officials of the Court will be treated as officials of comparable rank attached to diplomatic missions at The Hague.

2. Members of the Court, the Registrar and higher officials of the Court who are of Netherlands nationality are not answerable to the local jurisdiction for acts performed by them in their official capacity and within the limits of their duties.

Netherlands nationals of whatever rank are exempt from direct taxation on the salaries allotted to them from the Court's budget.

3. The wives and unmarried children of members of the Court, the Registrar and the higher officials of the Court, when of non-Netherlands nationality shall receive the same treatment as the head of the family, if they live with him and are without profession. The household of the family (governesses, private secretaries, servants, etc.) occupy the same position as is accorded in each case to the domestic staff of diplomatic persons of comparable rank.

4. Privileges and immunities are granted in the interests of the administration of international justice and not in the personal interest of the beneficiary.

As concerns officials of the Registry, the Registrar, with the President's approval, may withdraw their immunities, with due regard to the principle laid down in the previous paragraph. In the case of the Registrar, this duty shall rest with the Court.

5. The assessors of the Court and the agents, counsel and advocates of the Parties, shall be accorded such privileges, immunities and facilities for residence and travel as may be required for the independent exercise of their functions.

Witnesses and experts shall be accorded the immunities and facilities necessary for the fulfilment of their mission.

2. The Minister for Foreign Affairs of the Netherlands to the President to the Court

The Hague, 26 June 1946

Monsieur le Président,

I have the honour to acknowledge receipt of Your Excellency's letter of 26 June, in which you draw my attention to the resolution of the Sixth Committee of the United Nations General Assembly, concerning privileges and immunities to be granted to the International Court of Justice.

I was much pleased to note that Your Excellency was good enough to mention that the conversations that took place between representatives of the Court and representatives of my Ministry were marked by a continuance of the excellent relations that prevail by tradition between international judicial organizations and Her Majesty's Government, and I hasten to assure Your Excellency that Her Majesty's Government also has a happy recollection of the relations that existed between it and the Permanent Court of International Justice.

In accordance with Your Excellency's request, I wish to confirm that the Appendix attached to your above-mentioned letter fully corresponds to the agreement reached during the conversations and exactly reproduces the Netherlands Government's views on the subject.

I note with much satisfaction that in the report in which the Court forwards its recommendations concerning privileges and immunities—requesting the Secretary-General of the United Nations to beg the General Assembly to declare the agreement reached between the Netherlands Government and the Court entirely satisfactory—special mention is made of the liberal traditions of the Netherlands in this matter.

With reference to the last paragraph of Your Excellency's letter above-mentioned I beg to confirm that it is understood that the question of precedence, formerly dealt with in paragraph IV of the General Principles attached to the letters exchanged between the President of the Permanent Court of International Justice and the Netherlands Minister for Foreign Affairs, dated 22 May 1928, remains outside the present Agreement.

I have, etc.

(*Signed*) J. H. van Roijen,
Minister for Foreign Affairs

* * * * * * *

The question of precedence was re-opened in 1967 and is now regulated by the following letter from the Minister for Foreign Affairs of the Netherlands, dated 26 February 1971, addressed to the President of the Court:*

---

* 25 Yearbook of the International Court of Justice (1970-1971), p. 110.

Sir,

I have the honour to refer to Your Excellency's aide-mémoire on the order of precedence that you handed to me on June 15th, 1970. By that memorandum you proposed that following the precedent established in Washington, the President of the International Court of Justice would take precedence over all diplomats, ambassadors and ministers, accredited to Her Majesty the Queen of the Netherlands, including the Dean of the Diplomatic Corps.

The Dean of the Diplomatic Corps would come immediately after the President of the Court and would be followed by the Vice-President of the Court and thereafter the precedence would proceed alternately between the regular diplomatic corps and the members of the Court, it being recognized that in the event of a vacancy on either side the next Judge or Ambassador, as the case might be, would be promoted to that vacancy, depending upon whether the vacancy resulted from the completion of the term of office of a Judge or that of a diplomat. A Judge would be replaced by the Judge next in order of precedence and a diplomat would be replaced by the diplomat next in order of precedence.

This would work out as follows:

1. the President of the International Court of Justice,
2. the Dean of the Diplomatic Corps,
3. the Vice-President of the International Court of Justice,
4. diplomat 1,
5. judge 1,

and thereafter alternately till:

28. diplomat 13,
29. judge 13,
30. diplomat 14.

I have pleasure to inform you that the Netherlands Government agrees to this proposal. I would add to this that in case the President of the International Court of Justice has left the Netherlands, the Vice-President shall take the President's place and if the Dean of the Diplomatic Corps is absent the acting Dean shall take the Dean's place. The same rule applies where the President of the International Court of Justice or the Dean of the Diplomatic Corps have been invited in their quality but, though being in the country, are unable to attend the function for which they have been invited.

The Dean of the Diplomatic Corps has been informed of this decision.

Please accept, Sir, the assurances of my highest consideration.

(Signed) J. M. A. H. Luns

RESOLUTIONS OF THE
UNITED NATIONS GENERAL ASSEMBLY

NEED FOR GREATER USE BY THE UNITED NATIONS AND ITS ORGANS OF THE INTERNATIONAL COURT OF JUSTICE

General Assembly Resolution 171 (II)*
14 November 1947

A

The General Assembly,
Considering that it is a responsibility of the United Nations to encourage the progressive development of international law;
Considering that it is of paramount importance that the interpretation of the Charter of the United Nations and the constitutions of the specialized agencies should be based on recognized principles of international law;
Considering that the International Court of Justice is the principal judicial organ of the United Nations;
Considering that it is also of paramount importance that the Court should be utilized to the greatest practicable extent in the progressive development of international law, both in regard to legal issues between States and in regard to constitutional interpretation,
Recommends that organs of the United Nations and the specialized agencies should, from time to time, review the difficult and important points of law within the jurisdiction of the International Court of Justice which have arisen in the course of their activities and involve questions of principle which it is desirable to have settled, including points of law relating to the interpretation of the Charter of the United Nations or the constitutions of the specialized agencies, and, if duly authorized according to Article 96, paragraph 2, of the Charter, should refer them to the International Court of Justice for an advisory opinion.

B

(See p. 318 below)

C

The General Assembly,
Considering that, in virtue of Article 1 of the Charter, international disputes should be settled in conformity with the principles of justice and international law;
Considering that the International Court of Justice could settle or assist in settling many disputes in conformity with these principles if, by the full application of the provisions of the Charter and of the Statute of the Court, more frequent use were made of its services,

---

* For the report of the Sixth Committee (A/459) see *Official Records of the General Assembly,* second session, plenary meetings, volume II, p. 1559.

1. *Draws the attention* of the States which have not yet accepted the compulsory jurisdiction of the Court in accordance with Article 36, paragraphs 2 and 5, of the Statute, to the desirability of the greatest possible number of States accepting this jurisdiction with as few reservations as possible;

2. *Draws the attention* of States Members to the advantage of inserting in conventions and treaties arbitration clauses providing, without prejudice to Article 95 of the Charter, for the submission of disputes which may arise from the interpretation or application of such conventions or treaties, preferably and as far as possible to the International Court of Justice;

3. *Recommends* as a general rule that States should submit their legal disputes to the International Court of Justice.

Hundred and thirteenth plenary meeting,
14 November 1947

METHODS AND PROCEDURES OF THE GENERAL ASSEMBLY FOR DEALING WITH LEGAL AND DRAFTING QUESTIONS

General Assembly Resolution 684 (VII)*
6 November 1952

The General Assembly,

Considering that it is desirable to introduce adequate methods and procedures for dealing with the legal questions with which it is concerned, while leaving its Committees sufficient latitude for conducting their proceedings concerning matters within their competence,

Takes note of the report and recommendations of the Special Committee established under resolution 597 (VI) of 20 December 1951,

1. *Recommends*:

(*a*) That, whenever any Committee contemplates making a recommendation to the General Assembly to request an advisory opinion from the International Court of Justice, the matter may, at some appropriate stage of its consideration by that Committee, be referred to the Sixth Committee for advice on the legal aspects and on the drafting of the request, or the Committee concerned may propose that the matter should be considered by a joint Committee of itself and the Sixth Committee;

(*b*) * * * * .
(*c*) * * * * .
(*d*) * * * * .

---

* *Official Records of the General Assembly*, seventh session, annexes, agenda item 53.

The recommendation now appears as Annex II to the Rules of Procedure of the General Assembly (A/520/Rev. 12).

2. *Directs*

(*a*) That the terms of the foregoing * * * shall be embodied as an annex to the rules of procedure of the General Assembly * * * *.

DECLARATION ON PRINCIPLES OF INTERNATIONAL LAW CONCERNING FRIENDLY RELATIONS AND CO-OPERATION AMONG STATES IN ACCORDANCE WITH THE CHARTER OF THE UNITED NATIONS
(Extract)

General Assembly Resolution 2625 (XXV), Annex
24 October 1970

*The principle that States shall settle their international disputes by peaceful means in such a manner that international peace and security and justice are not endangered.**

Every State shall settle its international disputes with other States by peaceful means, in such a manner that international peace and security and justice are not endangered.

States shall accordingly seek early and just settlement of their international disputes by negotiation, inquiry, mediation, conciliation, arbitration, judicial settlement, resort to regional agencies or arrangements or other peaceful means of their choice. In seeking such a settlement the parties shall agree upon such peaceful means as may be appropriate to the circumstances and nature of the dispute.

The parties to a dispute have the duty, in the event of failure to reach a solution by any one of the above peaceful means, to continue to seek a settlement of the dispute by other peaceful means agreed upon by them.

States parties to an international dispute, as well as other States, shall refrain from any action which may aggravate the situation so as to endanger the maintenance of international peace and security, and shall act in accordance with the purposes and principles of the United Nations.

International disputes shall be settled on the basis of the sovereign equality of States and in accordance with the principle of free choice of means. Recourse to, or acceptance of, a settlement procedure freely agreed

---

* For the history of the drafting of this text, see: Report of the 1966 Special Committee on Principles of International Law concerning Friendly Relations and Co-operation among States, doc. A/6230, §§ 24-156 and Report of the Sixth Committee, doc. A/6547, §§ 45-51, in *Official Records of the General Assembly*, twenty-first session, annexes, agenda item 87 (1966); Report of the Special Committee on Principles of International Law concerning Friendly Relations and Co-operation among States, doc. A/6799, §§ 369-408 and Report of the Sixth Committee, doc. A/6955, §§ 93-97, in *Official Records of the General Assembly*, twenty-second session, annexes, agenda item 87 (1967).

to by States with regard to existing or future disputes to which they are parties shall not be regarded as incompatible with sovereign equality.

Nothing in the foregoing paragraphs prejudices or derogates from the applicable provisions of the Charter, in particular those relating to the pacific settlement of international disputes.

REVIEW OF THE ROLE OF THE INTERNATIONAL COURT OF JUSTICE *

General Assembly Resolution 2723 (XXV)
15 December 1970

The General Assembly,

Recalling that the International Court of Justice is the principal judicial organ of the United Nations,

Considering the desirability of finding ways and means of enhancing the effectiveness of the Court,

Bearing in mind that a study of the Court will in no way impair its authority, but should seek to facilitate the greatest possible contribution by the Court to the advancement of the rule of law and the promotion of justice among nations,

1. *Invites* Member States and States parties to the Statute of the International Court of Justice to submit to the Secretary-General, by 1 July 1971, views and suggestions concerning the role of the Court on the basis of the questionnaire to be prepared by the Secretary-General;

2. *Requests* the Secretary-General to transmit to the Court the records of the discussions and proposals in the Sixth Committee on this item;

3. *Invites* the Court to state its views, should it so desire;

4. *Requests* the Secretary-General to prepare a comprehensive report in the light of the opinions expressed by States and the Court, should the Court so desire;

5. *Decides* to include in the provisional agenda of its twenty-sixth session an item entitled "Review of the role of the International Court of Justice", with a view to taking such appropriate measures as may seem desirable.

1931st plenary meeting,
15 December 1970

---

* *Official Records of the General Assembly,* twenty-fifth session, annexes, agenda item 96: ib., twenty-sixth session, annexes, agenda item 90; ib., twenty-seventh session, annexes, agenda item 90 (no resolution adopted); ib., twenty-eighth session, annexes, agenda item 97 (no resolution adopted).

General Assembly Resolution 2818 (XXVI)
15 December 1971

The General Assembly,

Recalling that the International Court of Justice is the principal judicial organ of the United Nations,

Recalling further that, in accordance with Article 2, paragraph 3, of the Charter of the United Nations, all Members shall settle their international disputes by peaceful means in such a manner that international peace and security, and justice, are not endangered,

Emphasizing that, in conformity with that principle, as solemnly proclaimed in the Declaration on Principles of International Law concerning Friendly Relations and Co-operation among States in accordance with the Charter of the United Nations,[1] judicial settlement is one of the means to which States can have recourse in seeking a just settlement of their disputes,

Considering the desirability of finding ways and means of enhancing the effectiveness of the Court,

Noting that the Court has undertaken a revision of its Rules,

Having noted the report of the Secretary-General[2] containing the replies received from certain Member States and from Switzerland to the questionnaire prepared in accordance with General Assembly resolution 2723 (XXV) of 15 December 1970 and the text of the letter addressed to the Secretary-General by the President of the Court,

1. *Invites* Member States and States parties to the Statute of the International Court of Justice which have not yet been able to do so to transmit to the Secretary-General, by 1 July 1972, their comments on the questionnaire prepared in accordance with General Assembly resolution 2723 (XXV);

2. *Requests* the Secretary-General to submit those comments to the General Assembly at its twenty-seventh session;

3. *Requests* the Secretary-General to transmit to the Court his report, together with the summary records of the discussions held in the Sixth Committee on this subject at the twenty-sixth session;

4. *Invites* the Court to submit its views on the matter if it so desires;

5. *Expresses the hope* that the Court will complete the revision of its Rules as soon as possible;

6. *Decides* to include in the provisional agenda of its twenty-seventh session an item entitled "Review of the role of the International Court of Justice".

2019th plenary meeting,
15 December 1971

---

1. General Assembly resolution 2625 (XXV).
2. A/8382 and Add. 1-4.

DECLARATIONS
ACCEPTING THE
COMPULSORY JURISDICTION
(Statute, Article 36, paragraphs 2 and 5)

This Section contains the texts or English translations and other relevant particulars of declarations accepting the compulsory jurisdiction of the Court made by virtue of Article 36 (2) of the Statute and declarations accepting the compulsory jurisdiction of the Permanent Court the effect of which has been transferred to the present Court by virtue of Article 36 (5) of the Statute (as interpreted by the Court). All the texts mentioned are referred to in the Yearbooks. The texts and other particulars have been taken from the League of Nations and United Nations *Treaty Series*, except where otherwise indicated. Inclusion or exclusion of any declaration here is not to be considered as an expression of the editor's views on any question connected with the status of that declaration.

Australia

1ᵃ

On behalf of His Majesty's Government in the Commonwealth of Australia, I now declare that they accept as compulsory *ipso facto* and without special convention, on condition of reciprocity, the jurisdiction of the Court, in conformity with paragraph 2 of Article 36 of the Statute of the Court, for a period of five years from today's date and thereafter until such time as notice may be given to terminate the acceptance, over all disputes arising after August 18th, 1930, with regard to situations or facts subsequent to the said date, other than:

disputes in regard to which the Parties to the dispute have agreed or shall agree to have recourse to some other method of peaceful settlement;

disputes with the government of any other Member of the League which is a Member of the British Commonwealth of Nations, all of which disputes shall be settled in such manner as the Parties have agreed or shall agree;

disputes with regard to questions which by international law fall exclusively within the jurisdiction of the Commonwealth of Australia; and

disputes arising out of events occurring at a time when His Majesty's Government in the Commonwealth of Australia were involved in hostilities,

and subject to the condition that His Majesty's Government in the Commonwealth of Australia reserve the right to require that proceedings in the Court shall be suspended in respect of any dispute which has been submitted to and is under consideration by the Council of the League of Nations, provided that notice to suspend is given after the dispute has been submitted to the Council and is given within ten days of the notification of the initiation of the proceedings in the Court, and provided also that such suspension shall be limited to a period of twelve months or such longer

---

a. Original English. 200 L.N.T.S., p. 424. Terminated on 6 February 1954. 186 U.N.T.S., p. 380.

period as may be agreed by the Parties to the dispute or determined by a decision of all the Members of the Council other than the Parties to the dispute.

London, 21 August 1940   (*Signed*) S. M. Bruce

2 ^b

Whereas by paragraph 5 of Article 36 of the Statute of the International Court of Justice a declaration made under Article 36 of the Statute of the Permanent Court of International Justice and still in force at the coming into operation of the Statute of the International Court of Justice is deemed, as between the parties to the latter Statute, to be an acceptance of the compulsory jurisdiction of the International Court of Justice for the period which it still has to run and in accordance with its terms;

and whereas on the coming into operation of the Statute of the International Court of Justice there was still in force in respect of Australia a declaration made on 21 August 1940 under Article 36 of the Statute of the Permanent Court of International Justice;

and whereas that declaration accepted as compulsory the jurisdiction of the Court in respect of certain disputes for a period of five years from the date thereof and thereafter until such time as notice might be given to terminate the acceptance;

and whereas the Government of Australia is desirous of terminating that acceptance and also of making a new declaration of acceptance in terms appropriate to contemporary circumstances;

now therefore I, William Douglass Forsyth, Head of the Australian Mission to the United Nations, acting on behalf of the Government of Australia and in accordance with instructions in that regard from The Right Honourable Richard Gardiner Casey, Minister of State for External Affairs,

(1) give notice that I hereby terminate the acceptance by Australia of the compulsory jurisdiction of the International Court of Justice hitherto effective by virtue of the declaration made on 21 August 1940 under Article 36 of the Statute of the Permanent Court of International Justice and made applicable to the International Court of Justice by paragraph 5 of Article 36 of the Statute of that Court;

(2) declare, under paragraph 2 of Article 36 of the Statute of the International Court of Justice, that the Government of Australia recognizes as compulsory *ipso facto* and without special agreement, in relation to any other State accepting the same obligation, the jurisdiction of the International Court of Justice, from the date of this declaration and thereafter until notice is given to terminate this declaration, in all legal disputes

---

b. Original English. Deposited on 6 February 1954. 186 U.N.T.S., p. 77. Invoked in *Nuclear Tests* case (Australia v. France).

arising after 18 August 1930 with regard to situations or facts subsequent to that date and concerning:

(a) the interpretation of a treaty;

(b) any question of international law;

(c) the existence of any fact which, if established, would constitute a breach of an international obligation;

(d) the nature or extent of the reparation to be made for the breach of an international obligation;

but this declaration does not apply to:

(i) disputes in regard to which the parties to the dispute have agreed or shall agree to have recourse to some other method of peaceful settlement;

(ii) disputes with the Government of any other member of the British Commonwealth of Nations, all of which disputes will be settled in such manner as the parties have agreed or shall agree;

(iii) disputes with regard to questions which by international law fall exclusively within the jurisdiction of Australia;

(iv) disputes arising out of events occurring at a time when the Government of Australia was or is involved in hostilities; and

(v) disputes arising out of or concerning jurisdiction or rights claimed or exercised by Australia

(a) in respect of the continental shelf of Australia and the Territories under the authority of Australia, as that continental shelf is described or delimited in the Australian Proclamations of 10 September 1953 or in or under the Australian Pearl Fisheries Acts;

(b) in respect of the natural resources of the sea-bed and subsoil of that continental shelf, including the products of sedentary fisheries; or

(c) in respect of Australian waters, within the meaning of the Australian Pearl Fisheries Acts, being jurisdiction or rights claimed or exercised in respect of those waters by or under those Acts,

except a dispute in relation to which the parties have first agreed upon a *modus vivendi* pending the final decision of the Court in the dispute;

And this declaration is subject to the condition that the Government of Australia reserves the right to require that proceedings in the Court shall be suspended in any dispute in respect of which the Security Council of the United Nations is exercising the functions assigned to it by the Charter of the United Nations, provided that notice to suspend is given within ten days of the notification of the initiation of the proceedings in the Court, and provided also that the suspension shall be limited to a period of twelve months or such longer period as may be agreed by the parties to the dispute or determined by a decision of the Security Council.

Signed and sealed by the said William Douglass Forsyth this sixth day of February one thousand nine hundred and fifty-four.

W. D. Forsyth

Austria

1ᶜ

I hereby declare that the Republic of Austria recognizes as compulsory *ipso facto* and without special agreement, in relation to any other state which accepts or has accepted the same obligation, the jurisdiction of the International Court of Justice in all legal disputes referred to in paragraph 2 of Article 36 of the Statute of the International Court of Justice.

This Declaration does not apply to any dispute in respect of which the parties thereto have agreed or shall agree to have recourse to other means of peaceful settlement for its final and binding decision.

This Declaration shall remain in force for a period of five years and thereafter until it will be terminated or modified by a written declaration.

Done at Vienna on 28 April 1971.

(*Signed*) Franz Jonas
The Federal President

Belgium

1ᵈ

On behalf of the Belgian Government, I declare that we recognize as compulsory *ipso facto* and without special agreement, for a period of five years, the jurisdiction of the International Court of Justice, in accordance with Article 36, paragraph 2, of the Statute of the Court, in relation to any other State or Member accepting the same obligation, in any legal dispute which may arise after the ratification of this Declaration concerning any situation or fact arising after such ratification, save in cases where the Parties have agreed or agree to employ other means of peaceful settlement.

Brussels, 10 June 1948

(*Signed*) P. H. Spaak,
Prime Minister and
Minister of Foreign Affairs

2ᵉ

I declare on behalf of the Belgian Government that I recognize as compulsory *ipso facto* and without special agreement, in relation to any other State accepting the same obligation, the jurisdiction of the Inter-

---

c. Original English. Deposited on 19 May 1971. 778 U.N.T.S.

d. Original French. Instrument of ratification deposited on 13 July 1948, 16 U.N.T.S., p. 203.

e. Original French. Instrument of ratification deposited on 17 June 1958. 302 U.N.T.S., p. 251.

national Court of Justice, in conformity with Article 36, paragraph 2, of the Statute of the Court, in legal disputes arising after 13 July 1948 concerning situations or facts subsequent to that date, except those in regard to which the Parties have agreed or may agree to have recourse to another method of pacific settlement.

This declaration is made subject to ratification. It shall take effect on the day of deposit of the instrument of ratification for a period of five years. Upon the expiry of that period, it shall continue to have effect until notice of its termination is given.

Brussels, 3 April 1958   (*Signed*) V. Larock
                          Minister of Foreign Affairs

Bolivia

1f

The Government of Bolivia declares that, in accordance with Article 36, paragraphs 2 and 3, of the Statute of the International Court of Justice, it recognizes as compulsory *ipso facto* and without special agreement, in relation to any other State accepting the same obligation, the jurisdiction of the Court in all legal disputes, for a period of five years from this date.

La Paz, 5 July 1948   (*Signed*) Adolfo Costa du Rels
                          Minister of Foreign Affairs
                          and Public Worship

Botswana

1g

I, Sir Seretse Khama, President of the Republic of Botswana, have the honour to declare on behalf of the Government of the Republic of Botswana, that it recognises as compulsory *ipso facto* and without special agreement, on condition of reciprocity, the jurisdiction of the International Court of Justice, in accordance with paragraph 2 of Article 36 of the Statute of the Court.

This Declaration does not extend:

(*a*) to disputes in respect of which the parties have agreed or shall agree to have recourse to another means of peaceful settlement; or

(*b*) to disputes relating to matters which, by international law, are essentially within the domestic jurisdiction of the Republic of Botswana.

The Government of the Republic of Botswana also reserves the right at

---

f. Original Spanish. Deposited on 16 July 1948. 16 U.N.T.S., p. 207.

g. Original English. Deposited on 16 March 1970. 721 U.N.T.S.

any time, by means of a notification addressed to the Secretary-General of the United Nations, and with effect as from the moment of such notification, either to add to, amend or withdraw any of the foregoing reservations, or any that may hereafter be added.

Done at Gaborone this 14th day of January in the year of our Lord one thousand nine hundred and seventy

(Signed) Seretse M. Khama
President

Brazil

1ʰ

On behalf of the Government of the Republic of the United States of Brazil, I hereby renew, in virtue of the authorization of the National Legislature, the acceptance of the compulsory jurisdiction of the Permanent Court of International Justice, for a period of ten years, on condition of reciprocity, with the exception of questions which, by international law, fall exclusively within the jurisdiction of Brazil, or which belong to the constitutional regime of each State.

Geneva, 26 January 1937   *(Signed)* A. dos Guimarães Bastos,
Chargé d'Affaires of the United
States of Brazil at Berne

2ⁱ

In conformity with the authorization of the National Congress, contained in Legislative Decree No. 4, of August 22nd, 1947, the Government of the Republic of the United States of Brazil declares that it recognizes as obligatory, *ipso facto* and without special agreement, the jurisdiction of the International Court of Justice, provided for in Article 36, paragraph 2, of the Statute of the said Court, under condition of reciprocity, that is, in relation to any other State accepting the same obligation and under the terms in which said obligation was assumed. This declaration shall be valid for a period of five years, as from the date of its presentation to the Secretariat of the United Nations.

Rio de Janeiro, 12 February 1948   *(Signed)* Raul Fernandes,
Minister of State
for External Relations

---

h. Original French. 177 L.N.T.S., p. 382.
i. Original Portuguese. Deposited on 12 March 1948. 15 U.N.T.S., p. 221.

Canada

1 j

On behalf of His Majesty's Government in Canada and subject to ratification, I accept as compulsory *ipso facto* and without special convention, on condition of reciprocity, the jurisdiction of the Court in conformity with Article 36, paragraph 2, of the Statute, for a period of ten years and thereafter until such time as notice may be given to terminate the acceptance, in all disputes arising after ratification of the present declaration with regard to situations or facts subsequent to said ratification:

> other than disputes in regard to which the Parties to the dispute have agreed or shall agree to have recourse to some other method of peaceful settlement; and disputes with the government of any other Member of the League which is a member of the British Commonwealth of Nations, all of which disputes shall be settled in such manner as the Parties have agreed or shall agree; and
>
> disputes with regard to questions which by international law fall exclusively within the jurisdiction of the Dominion of Canada;

and subject to the condition that His Majesty's Government in Canada reserve the right to require that proceedings in the Court shall be suspended in respect of any dispute which has been submitted to and is under consideration by the Council of the League of Nations, provided that notice to suspend is given after the dispute has been submitted to the Council and is given within ten days of the notification of the initiation of the proceedings in the Court, and provided also that such suspension shall be limited to a period of twelve months or such longer period as may be agreed by the Parties to the dispute or determined by a decision of all the Members of the Council other than the Parties to the dispute.

20 September 1929 (*Signed*) R. Dandurand

2 k

Communication from the Canadian Government, received on 8 December 1939

Sir,

The Canadian Government has found it necessary to consider the position, resulting from the existence of a state of war with Germany, of the

---

j. Original English. Ratification deposited on 28 July 1930. 88 L.N.T.S., p. 282, 100 L.N.T.S., p. 155. Terminated on 7 April 1970. 724 U.N.T.S.

k. Original English. The date of this communication is 7 December 1939. 197 L.N.T.S., p. 288.

Canadian acceptance of the Optional Clause of the Statute of the Permanent Court of International Justice. The acceptance of this Clause was for ten years from the date of ratification, which took place on July 28th, 1930.

The general acceptance of the Optional Clause providing for the compulsory adjudication of certain issues was part of the system of collective action for the preservation of peace established under the Covenant of the League. It is clear that the conditions assumed when the Optional Clause was accepted do not now exist, and that it would not be possible that the only part of the procedure to remain in force should be the provisions restricting the operations of the countries resisting aggression.

I am therefore directed to notify you that the Canadian Government will not regard their acceptance of the Optional Clause as covering disputes arising out or events occurring during the present war.

It is requested that this notification may be communicated to the governments of all the States that have accepted the Optional Clause and to the Registrar of the Permanent Court of International Justice.

I have the honour to be, etc.

(*Signed*) H. H. Wrong

*The Secretary-General of the
League of Nations*

3[1]

On behalf of the Government of Canada,

(1) I give notice that I hereby terminate the acceptance by Canada of the compulsory jurisdiction of the International Court of Justice hitherto effective by virtue of the declaration made on September 20, 1929 and ratified on July 28, 1930, under Article 36 of the Statute of the Permanent Court of International Justice, and made applicable to the International Court of Justice by paragraph 5 of Article 36 of the Statute of that Court.

(2) I declare that the Government of Canada accepts as compulsory *ipso facto* and without special convention, on condition of reciprocity, the jurisdiction of the International Court of Justice, in conformity with paragraph 2 of Article 36 of the Statute of the Court, until such time as notice may be given to terminate the acceptance, over all disputes arising after the present declaration with regard to situations or facts subsequent to this declaration, other than:

(*a*) disputes in regard to which parties have agreed or shall agree to have recourse to some other method of peaceful settlement;

(*b*) disputes with the Government of any other country which is a member of the Commonwealth of Nations, all of which disputes shall be settled in such manner as the parties have agreed or shall agree;

---

1. Original English. 724 U.N.T.S.

(*c*) disputes with regard to questions which by international law fall exclusively within the jurisdiction of Canada;

(*d*) disputes arising out of or concerning jurisdiction or rights claimed or exercised by Canada in respect of the conservation, management or exploitation of the living resources of the sea, or in respect of the prevention or control of pollution or contamination of the marine environment in marine areas adjacent to the coast of Canada.

(3) The Government of Canada also reserves the right at any time, by means of a notification addressed to the Secretary-General of the United Nations, and with effect as from the moment of such notification, either to add to, amend or withdraw any of the foregoing reservations, or any that may hereafter be added.

New York, April 7, 1970
          (*Signed*) Yvon Beaulne
                   Ambassador and Permanent Representative

China

1[m]

The Chinese Government recognizes as compulsory *ipso facto* and without special agreement, in relation to any State which accepts the same obligation and on the sole condition of reciprocity, the jurisdiction of the International Court of Justice in conformity with Article 36, paragraphs 2 and 3, of the Statute of the International Court of Justice for a period of five years and thereafter until the expiration of a six months' notice of termination.

Washington, 26 October 1946

2[n]

On 5 December 1972 the Permanent Representative of the People's Republic of China to the United Nations addressed the following communication to the Secretary-General of the United Nations:

I have the honour to inform Your Excellency that, with regard to the jurisdiction of the International Court of Justice, the Government of the People's Republic of China has authorized me to make the following statement:

"The Government of the People's Republic of China does not recognize the statement made by the defunct Chinese government on 26 October

---

m. Original English. Deposited on 26 October 1946. 1 U.N.T.S., p. 36.

n. Original Chinese. Circulated in C.N.232.1972.TREATIES-2 dated 8 December 1972.

1946 in accordance with paragraph 2 of Article 36 of the Statute of the International Court of Justice concerning the acceptance of the compulsory jurisdiction of the Court."

I would request Your Excellency to communicate the above statement to all the States Members of the United Nations.

Colombia

1[o]

The Republic of Colombia recognizes as compulsory, *ipso facto* and without special agreement, on condition of reciprocity, in relation to any other State accepting the same obligation, the jurisdiction of the Permanent Court of International Justice, in accordance with Article 36 of the Statute.

The present Declaration applies only to disputes arising out of facts subsequent to 6 January 1932.

Geneva, 30 October 1937   (*Signed*) J. M. Yepes
                                     Legal Adviser of the Permanent
                                     Delegation of Colombia to the
                                     League of Nations

Costa Rica[p]

San José, 5 February 1973

Sir,

The Government of the Republic of Costa Rica, considering that, having ratified the Charter of the United Nations, it is *ipso facto* a party to the Statute of the International Court of Justice and that Costa Rica, as a peace-loving country and one which respects the international legal order, has faith in the law and in international judicial organs for the settlement of international disputes, has the honour, in accordance with article 36, paragraph 2, of the Statute of the International Court of Justice, to submit to you the following declaration:

    The Government of Costa Rica recognizes as compulsory *ipso facto* and without special agreement, in relation to any other State accepting the same obligation, the jurisdiction of the International Court of Justice in all legal disputes of the kinds referred to in Article 36, paragraph 2, of the Statute of the International Court of Justice. This Declaration shall be valid for a period of five years and shall

---

o. Original French. 181 L.N.T.S., p. 347. This Declaration apparently supplements an earlier Declaration of 6 January 1932, which did not contain a limitation *ratione temporis*. 117 L.N.T.S., p. 47.

p. Original Spanish. Deposited on 20 February 1973.

be understood to be tacitly renewed for like periods, unless denounced before the expiration of the said period.

Accept, Sir, the assurances of my highest consideration.

Gonzalo J. Facio
Minister for Foreign Affairs

Denmark

1[q]

In accordance with Article 36, paragraph 2, of the Statute of the International Court of Justice, Denmark recognizes as compulsory, in relation to any other State accepting the same obligation, the jurisdiction of the Court, for a period of ten years from the deposit of this declaration with the Secretary-General of the United Nations.

New York, 10 December 1946 (*Signed*) Gustav Rasmussen,
Minister for Foreign Affairs
of Denmark

2[r]

In conformity with the Royal Decree of 3 December 1956, I have the honour, on behalf of the Danish Government, to make the following declaration:

Pursuant to Article 36, paragraph 2, of the Statute of the International Court of Justice, the Kingdom of Denmark recognizes as compulsory *ipso facto* and without special agreement the jurisdiction of the Court in relation to any other State accepting the same obligation, that is to say on condition of reciprocity, for a period of five years from 10 December 1956 and thereafter for further periods of five years, if this declaration is not denounced by notice of not less than six months before the expiration of any five-year period.

New York, 10 December 1956
(*Signed*) Karl I. Eskelund,
Ambassador Extraordinary and Plenipotentiary,
Permanent Representative to the United Nations

---

a. Original Spanish. In force from 27 January 1947. 1 U.N.T.S., p. 49. Invoked in text of the Declaration made before 1921, and which had last been renewed for a period of ten years from 13 June 1936, see 6 L.N.T.S., p. 384.

r. Original French. Deposited on 10 December 1956. Full powers authorizing the deposit of the Declaration were received by the Secretary-General on 8 January 1957. 257 U.N.T.S., p. 35.

Dominican Republic

1[s]

On behalf of the Government of the Dominican Republic and subject to ratification, I recognize, in relation to any other Member or State accepting the same obligation, that is to say, on the sole condition of reciprocity, the jurisdiction of the Court as compulsory, *ipso facto* and without special convention.

Geneva, 30 September 1924   (*Signed*) Jacinto R. de Castro

Egypt

(See page 306 below)

El Salvador

1[t]

When signing the Protocol of Signature of the Statute of the Court—at a date previous to 28 January 1921—the Government of El Salvador also accepted the compulsory jurisdiction of the Court "on condition of reciprocity".

The instrument of ratification states that the ratification of the optional clause was given subject to certain reservations expressed in the Decision of the Executive Power of 26 May 1930, as follows:

The provisions of this Statute do not apply to any dispute or differences concerning points or questions which cannot be submitted to arbitration in accordance with the political constitution of this Republic.

The provisions of this Statute also do not apply to disputes which arose before that date or to pecuniary claims made against the Nation, it being further understood that Article 36 binds Salvador only in regard to States which accept the arbitration in that form.

2[u]

San Salvador, 26 November 1973

Sir,

In my capacity as Minister for Foreign Affairs and on behalf of the

---

s. Original French. 27 L.N.T.S., p. 417. Ratification deposited on 4 February 1933. 130 *ibid.,* p. 441.

t. Original Spanish. Ratification deposited on 29 August 1930. 100 L.N.T.S., p. 155. Terminated on 30 November 1973.

u. Original Spanish. Deposited on 30 November 1973.

Government of the Republic of El Salvador,

Considering that Article 36, paragraph 5, of the Statute of the International Court of Justice provides that a declaration made under Article 36 of the Statute of the Permanent Court of International Justice makes the jurisdiction of the International Court of Justice compulsory in accordance with the terms of the original declaration,

Considering that the Government of El Salvador, in accordance with the Agreement of the Executive Authority of 26 May 1930, ratified by the Legislative Authority in accordance with Decree No. 110 of 3 July 1930, made a declaration recognizing the compulsory jurisdiction of the Permanent Court of International Justice, with the reservations set forth in the same document and on the basis of the Political Constitution of the Republic which, at the time, was that promulgated on 24 August 1886,

Considering that, after the notification of that declaration, other Political Constitutions of the Republic have been promulgated, the latest being that currently in effect as from 24 January 1962, and that moreover, after that declaration, the United Nations Charter was adopted on 26 June 1945 and the Charter of the Organization of American States on 30 April 1948, revised by the Protocol of Buenos Aires in 1967;

Considering that, consequently, the terms of the declaration must be adapted to accord with those postulated in the Political Constitution currently in effect, and with the present circumstances; bearing in mind, furthermore, the texts of similar declarations made by other States Members of the United Nations,

I therefore:

Make the following declaration:

In accordance with Article 36, paragraph 2, of the Statute of the International Court of Justice, El Salvador recognizes as compulsory *ipso facto* and without special agreement, in relation to any other State accepting the same obligation, the jurisdiction of the Court in all legal disputes concerning:

(*a*) The interpretation of a treaty;

(*b*) Any question of international law;

(*c*) The existence of any fact which, if established, would constitute a breach of an international obligation;

(*d*) The nature or extent of the reparation to be made for the breach of an international obligation.

This declaration shall apply solely to situations or facts that may arise after this date; it is made on condition of reciprocity in relation to any other State party to any dispute with El Salvador and is subject to the following exceptions, on which El Salvador does not accept the Court's compulsory jurisdiction:

(I) disputes which the parties have agreed or may agree to submit to other means of peaceful settlement;

(II) disputes which, under international law, fall exclusively within the

domestic jurisdiction of El Salvador;

(III) disputes with El Salvador concerning or relating to:

(1) the status of its territory or the modification or delimitation of its frontiers or any other matter concerning boundaries;

(2) the territorial sea and the corresponding continental slope or continental shelf and the resources thereof, unless El Salvador accepts the jurisdiction in that particular case;

(3) the condition of its islands, bays and gulfs and that of the bays and gulfs that for historical reasons belong to it or are under a system of joint ownership, whether or not recognized by rulings of international tribunals;

(4) the airspace superjacent to its land and maritime territory;

(IV) disputes relating to or connected with facts or situations of hostilities, armed conflicts, individual or collective actions taken in self-defence, resistance to aggression, fulfilment of obligations imposed by international bodies, and other similar or related acts, measures or situations in which El Salvador is, has been or may at some time be involved;

(V) pre-existing disputes, it being understood that this includes any dispute the foundations, reasons, facts, causes, origins, definitions, allegations or bases of which existed prior to this date, even if they are submitted or brought to the knowledge of the Court hereafter; and

(VI) disputes that may arise over the interpretation or implementation of a multilateral treaty unless (i) all the parties to the treaty are also parties in the case before the Court, or (ii) El Salvador expressly accepts the Court's jurisdiction in that particular case.

This declaration revokes and replaces the previous declaration made before the Permanent Court of International Justice and will remain in effect for a period of five years from this date. The above shall not prejudice the right which El Salvador reserves to be able at any time to modify, add to, clarify or derogate from the exceptions presented in it.

This declaration is made in compliance with Executive Agreement No. 826 of 24 November 1973, ratified by the Legislative Authority under Decree No. 488 of 26 November 1973.

I respectfully request you to be good enough to take the appropriate action with this declaration and to have it registered immediately in accordance with the practice established on the basis of the United Nations Charter.

Accept, Sir, the assurances of my highest consideration.

> Mauricio A. Borgonovo Pohl,
> Minister for Foreign Affairs
> of El Salvador

Finland

1[v]

On behalf of the Finnish Government, I hereby declare that I recognize as compulsory *ipso facto* and without special agreement, in relation to any other State accepting the same obligation, that is to say, on condition of reciprocity, the jurisdiction of the International Court of Justice, in accordance with Article 36, paragraph 2, of the Statute of the Court, for a period of five years from 25 June 1958. This declaration shall be renewed by tacit agreement for further periods of the same duration, unless it is denounced not later than six months before the expiry of any such period. This declaration shall apply only to disputes arising in regard to situations or facts subsequent to 25 June 1958.

New York, 25 June 1958 (*Signed*) G. A. Gripenberg,
Permanent Representative of Finland
to the United Nations

France

1[w]

On behalf of the Government of the French Republic, and subject to ratification, I declare that I recognize as compulsory *ipso facto* and without special agreement, in relation to any other State accepting the same obligation, that is on condition of reciprocity, the jurisdiction of the International Court of Justice, in conformity with Article 36, paragraph 2, of the Statute of the said Court, for all disputes which may arise in respect of facts or situations subsequent to the ratification of the present declaration, with the exception of those with regard to which the Parties may have agreed or may agree to have recourse to another method of peaceful settlement.

This declaration does not apply to differences relating to matters which are essentially within the national jurisdiction as understood by the Government of the French Republic.

The present declaration has been made for five years from the date of the deposit of the instrument of ratification. It shall continue in force thereafter until notice to the contrary is given by the French Government.

Paris, 18 February 1947 (*Signed*) Bidault

v. Original French. Deposited on 25 June 1958. 303 U.N.T.S., p. 137.

w. Original French. Ratification deposited on 1 March 1949. 26 U.N.T.S., p. 91. Terminated on 10 July 1959. 337 U.N.T.S., p. 375. Invoked in *U.S. Nationals in Morocco* and *Norwegian Loans* cases.

2 ˣ

10-VII-59

On behalf of the Government of the French Republic, I accept as compulsory *ipso facto* and without special agreement, in relation to other Members of the United Nations which accept the same obligation, that is to say, on condition of reciprocity, the jurisdiction of the Court, in conformity with Article 36, paragraph 2, of the Statute, for a period of three years and thereafter until such time as notice may be given of the termination of this acceptance, in all disputes which may arise in respect of facts or situations subsequent to this declaration, with the exception of:

(1) disputes with regard to which the Parties may have agreed or may agree to have recourse to another method of peaceful settlement;

(2) disputes relating to questions which by international law fall exclusively within the domestic jurisdiction;

(3) disputes arising out of any war or international hostilities and disputes arising out of a crisis affecting the national security or out of any measure or action relating thereto;

(4) disputes with any State which, at the date of occurrence of the facts or situations giving rise to the dispute, has not accepted the compulsory jurisdiction of the International Court of Justice for a period at least equal to that specified in this declaration.

(*Signed*) Couve de Murville

3 ʸ

On behalf of the Government of the French Republic, I declare that I recognize as compulsory *ipso facto* and without special agreement, in relation to other Members of the United Nations which accept the same obligation, that is to say on condition of reciprocity, the jurisdiction of the Court, in conformity with Article 36, paragraph 2, of the Statute, until such time as notice may be given of the termination of this acceptance, in all disputes which may arise concerning facts or situations subsequent to this declaration, with the exception of:

(1) Disputes with regard to which the parties may have agreed or may agree to have recourse to another mode of pacific settlement;

(2) Disputes concerning questions which, according to international law, are exclusively within domestic jurisdiction;

(3) Disputes arising out of a war or international hostilities, disputes arising out of a crisis affecting national security or out of any measure or

---

x. Original French. Deposited on 10 July 1959. 337 U.N.T.S., p. 65. Terminated on 20 May 1966. 562 U.N.T.S., p. 331.

y. Original French. Deposited on 20 May 1966. 562 U.N.T.S., p. 71. Invoked in *Nuclear Tests* cases. Terminated on 10 January 1974.

action relating thereto, and disputes concerning activities connected with national defence;

(4) Disputes with a State which, at the time of occurrence of the facts or situations giving rise to the dispute, had not accepted the compulsory jurisdiction of the International Court of Justice.

The Government of the French Republic also reserves the right to supplement, amend or withdraw at any time the reservations made above, or any other reservation which it may make hereafter, by giving notice to the Secretary-General of the United Nations; the new reservations, amendments or withdrawals shall take effect on the date of the said notice.

Paris, 16 May 1966 (*Signed*) M. Couve de Murville

Gambia

1ᶻ

In accordance with Article 36, paragraph 2, of the Statute of the International Court of Justice, I declare, on behalf of the Government of the Gambia, that the Gambia recognises as compulsory *ipso facto* and without special agreement, in relation to any other State accepting the same obligation, the jurisdiction of the International Court of Justice until such time as notice may be given to terminate the acceptance, over all disputes arising in the future concerning:

(*a*) The interpretation of a treaty;

(*b*) Any question of international law;

(*c*) The existence of any fact which, if established, would constitute a breach of an international obligation;

(*d*) The nature or extent of the reparation to be made for the breach of an international obligation;

with the reservation, however, that this declaration does not apply to

(*a*) Disputes in regard to which the parties have agreed to a settlement other than by recourse to the International Court of Justice;

(*b*) Disputes with any country in the Commonwealth;

(*c*) Disputes which, by international law, fall exclusively within the jurisdiction of the Gambia.

Bathhurst, The Gambia (*Signed*) A. B. N'jie,
14th June, 1966 Minister of State for External Affairs

---

z. Original English. Deposited on 22 June 1966. 565 U.N.T.S., p. 21.

Guatemala

1ª

The Government of Guatemala declares that in accordance with Article 36 (2) and (3) of the Statute of the International Court of Justice, it recognizes as compulsory, *ipso facto* and without special agreement, in relation to any other State accepting the same obligation, and for a period of five years, the jurisdiction of the Court in all legal disputes. This declaration does not cover the dispute between England and Guatemala concerning the restoration of the territory of Belize, which the Government of Guatemala would, as it has proposed, agree to submit to the judgment of the Court, if the case were decided *ex aequo et bono*, in accordance with Article 38 (2) of the said Statute.

Guatemala, 27 January 1947   (*Signed*) E. Silva Pena

Haiti

1ᵇ

On behalf of the Republic of Haiti, I recognize the jurisdiction of the Permanent Court of International Justice as compulsory.

(*Signed*) F. Addor
Consul

Honduras

1ᶜ

The Executive of the Republic of Honduras, with due authorization from the National Congress granted by Decree Number Ten of the nineteenth of December, nineteen hundred and forty-seven, and in conformity with paragraph two of Article thirty-six of the Statute of the International Court of Justice,
Hereby declares:
That it recognizes as compulsory *ipso facto* and without special agreement, in relation to any other State accepting the same obligation, the

---

a. Original Spanish. In force from 27 January 1947. 1 U.N.T.S., p. 49. Invoked in *Nottebohm* case.

b. Original French. Signature, on 16 December 1920, effective from entry into force of Protocol of Signature. 6. L.N.T.S., p. 387.

c. Original Spanish. Deposited on 10 February 1948. 15 U.N.T.S., p. 217.

jurisdiction of the International Court of Justice in all legal disputes concerning:

(*a*) the interpretation of a treaty;

(*b*) any question of international law;

(*c*) the existence of any fact which, if established, would constitute a breach of an international obligation;

(*d*) the nature or extent of the reparation to be made for the breach of an international obligation.

This declaration is made on condition of reciprocity and for a period of six years from the date of the deposit of the declaration with the Secretary-General of the United Nations.

National Palace, Tegucigalpa, D.C., the second of February, nineteen-hundred and forty-eight.

President of the Republic: Minister for External Relations:
(*Signed*) Tiburcio Carias A.   (*Signed*) Silverio Lainez

2 d

The Executive Power of the Republic of Honduras, having been duly authorized by the National Congress under Decree No. 77 of 13 February 1954, to renew the Declaration referred to in Article 36 (2) of the Statute of the International Court of Justice,

Hereby declares:

That it renews the Declaration which it made on 2 February 1948, recognizing as compulsory *ipso facto* and without special agreement, in relation to any other State accepting the same obligation, the jurisdiction of the Court in all legal disputes concerning:

a. the interpretation of a treaty;

b. any question of international law;

c. the existence of any fact which, if established, would constitute a breach of an international obligation;

d. the nature and extent of the reparation to be made for the breach of an international obligation.

This declaration of renewal is made on condition of reciprocity, for a period of six years, renewable by tacit reconduction, from the date on which it is deposited with the Secretary-General of the United Nations.

National Palace, Tegucigalpa, D.C.,   (*Signed*) Juan Manuel Galvez
19 April 1954   (*Signed*) J. E. Valenzuela,
     Secretary of State for
     Foreign Affairs

---

d. Original Spanish. Deposited on 24 May 1954. 190 U.N.T.S., p. 377. Invoked in *Arbitral Award* case.

3ᵉ

The Government of the Republic of Honduras, duly authorized by the National Congress, under Decree No. 99 of 29 January 1960, to renew the Declaration referred to in Article 36 (2) of the Statute of the International Court of Justice, *hereby declares:*

1. That it renews the Declaration made by it for a period of six years on 19 April 1954 and deposited with the Secretary-General of the United Nations on 24 May 1954, the term of which will expire on 24 May 1960; recognizing as compulsory *ipso facto* and without special agreement, in relation to any other State accepting the same obligation, the jurisdiction of the International Court of Justice in all legal disputes concerning:

(*a*) the interpretation of a treaty;

(*b*) any question of international law;

(*c*) the existence of any fact which, if established, would constitute a breach of an international obligation;

(*d*) the nature and extent of the reparation to be made for the breach of an international obligation.

2. This new Declaration is made on condition of reciprocity, for an indefinite term, starting from the date on which it is deposited with the Secretary-General of the United Nations.

National Palace, Tegucigalpa, D.C.,   (*Signed*) Ramon Villeda Morales
20 February 1960   The Secretary of State for
                                   Foreign Affairs:
                    (*Signed*) Andres Alvarado Puerto

India

1ᶠ

On behalf of the Government of India, I now declare that they accept as compulsory *ipso facto* and without special convention, on condition of reciprocity, the jurisdiction of the Court, in conformity with paragraph 2 of Article 36 of the Statute of the Court for a period of 5 years from to-day's date, and thereafter until such time as notice may be given to terminate the acceptance, over all disputes arising after February 5th, 1930, with regard to situations or facts subsequent to the same date, other than:

disputes in regard to which the Parties to the dispute have agreed or shall agree to have recourse to some other method of peaceful settlement;

disputes with the government of any other Member of the League which

---

e. Original Spanish. Deposited on 10 March 1960. 353 U.N.T.S., p. 309.

f. Original English. Deposited on 7 March 1940. 200 L.N.T.S., p. 489. Terminated on 9 January 1956. 226 U.N.T.S., p. 388. Invoked in *Right of Passage* case.

is a Member of the British Commonwealth of Nations, all of which disputes shall be settled in such manner as the Parties have agreed or shall agree;

disputes with regard to questions which by international law fall exclusively within the jurisdiction of India; and

disputes arising out of events occurring at a time when the Government of India were involved in hostilities;

and subject to the condition that the Government of India reserve the right to require that proceedings in the Court shall be suspended in respect of any dispute which has been submitted to and is under consideration by the Council of the League of Nations, provided that notice to suspend is given after the dispute has been submitted to the Council and is given within 10 days of the notification of the initiation of the proceedings in the Court, and provided also that such suspension shall be limited to a period of 12 months or such longer period as may be agreed by the Parties to the dispute or determined by a decision of all the Members of the Council other than the Parties to the dispute.

London, 28 February 1940 (*Signed*) Zetland

2 g

7 January 1956

I have the honour, by direction of the President of India, to declare on behalf of the Government of India that, in pursuance of paragraph 2 of Article 36 of the Statute of the International Court of Justice, the Government of India recognize as compulsory *ipso facto* and without special agreement, on condition of reciprocity and only till such time as notice may be given to terminate this Declaration, the jurisdiction of the International Court of Justice in all legal disputes arising after the 26th January, 1950 with regard to situations or facts subsequent to that date concerning:

(*a*) the interpretation of a treaty;

(*b*) any question of International Law;

(*c*) the existence of any facts which if established would constitute a breach of an international obligation; or

(*d*) the nature or extent of the reparations to be made for the breach of an international obligation,

but excluding the following:

(i) disputes in regard to which the parties to the dispute have agreed or shall agree to have recourse to some other method of peaceful settlement;

(ii) disputes with the Government of any country which on the date of this Declaration is a member of the Commonwealth of Nations, all of which disputes shall be settled in such manner as the parties have agreed or shall agree;

---

g. Original English. Deposited on 9 January 1956, 226 U.N.T.S., p. 235. Terminated on 8 February 1957. 260 U.N.T.S., p. 459.

(iii) disputes in regard to matters which are essentially within the domestic jurisdiction of India as determined by the Government of India; and
(iv) disputes arising out of or having reference to any hostilities, war, state of war or belligerent or military occupation in which the Government of India are or have been involved.

> (*Signed*) Arthur S. Lall
> Permanent Representative of India to the United Nations

3 ʰ

I have the honour, by direction of the President of India, to declare on behalf of the Government of the Republic of India that they accept, in conformity with paragraph 2 of Article 36 of the Statute of the Court, until such time as notice may be given to terminate such acceptance, as compulsory *ipso facto* and without special agreement, and on the basis and condition of reciprocity, the jurisdiction of the International Court of Justice over all disputes arising after 26 January 1950 with regard to situations or facts subsequent to that date, other than:

(1) Disputes, in regard to which the Parties to the dispute have agreed or shall agree to have recourse to some other method or methods of settlement.

(2) Disputes with the Government of any State which, on the date of this Declaration, is a Member of the Commonwealth of Nations.

(3) Disputes in regard to matters which are essentially within the jurisdiction of the Republic of India.

(4) Disputes concerning any question relating to or arising out of belligerent or military occupation or the discharge of any functions pursuant to any recommendation or decision of an organ of the United Nations, in accordance with which the Government of India have accepted obligations.

(5) Disputes in respect of which any other party to a dispute has accepted the compulsory jurisdiction of the International Court of Justice exclusively for or in relation to the purposes of such dispute; or where the acceptance of the Court's compulsory jurisdiction on behalf of a party to the dispute was deposited or ratified less than twelve months prior to the filing of the application bringing the dispute before the Court.

(6) Disputes with the Government of any State with which, on the date of an application to bring a dispute before the Court, the Government of India has no diplomatic relations.

New York,
14 September 1959

(*Signed*) C. S. Jha
Permanent Representative of India
to the United Nations

---

h. Original English. Deposited on 14 September 1959. 340 U.N.T.S., p. 289. Invoked in *Pakistani Prisoners of War* case.

Iran

1[i]

The Imperial Government of Persia recognize as compulsory *ipso facto* and without special agreement in relation to any other State accepting the same obligation, that is to say on condition of reciprocity, the jurisdiction of the Permanent Court of International Justice, in accordance with Article 36, paragraph 2, of the Statute of the Court, in any disputes arising after the ratification of the present declaration with regard to situations or facts relating directly or indirectly to the application of treaties or conventions accepted by Persia [Iran] and subsequent to the ratification of this declaration, with the exception of:

(*a*) Disputes relating to the territorial status of Persia, including those concerning the rights of sovereignty of Persia over its Islands and Ports;

(*b*) Disputes in regard to which the Parties have agreed or shall agree to have recourse to some other method of peaceful settlement;

(*c*) Disputes with regard to questions which, by international law, fall exclusively within the jurisdiction of Persia.

However, the Imperial Government of Persia reserve the right to require that proceedings in the Court shall be suspended in respect of any dispute which has been submitted to the Council of the League of Nations.

The present declaration is made for a period of six years. At the expiration of that period, it shall continue to bear its full effects until notification is given of its abrogation.

Geneva, 2 October 1930 (*Signed*) Hussein Alâ

Israel

1[j]

On behalf of the Government of Israel, and subject to ratification, I declare that Israel recognizes as compulsory *ipso facto* and without special agreement, in relation to all other Members of the United Nations and to any non-member State which becomes a party to the Statute of the International Court of Justice pursuant to Article 93, paragraph 2, of the Charter and which accepts the same obligation (that is, subject to reciprocity), the jurisdiction of the International Court of Justice in conformity with Article 36, paragraph 2, of the Statute of the said Court in

---

i. Original French. 104 L.N.T.S., p. 492. Ratification deposited on 19 September 1932. 126 L.N.T.S., p. 430. Terminated on 9 July 1951. 92 U.N.T.S., p. 432. Invoked in *Anglo-Iranian Oil Co.* case.

j. Original French. Ratification deposited on 25 October 1951. 108 U.N.T.S., p. 237.

all legal disputes concerning situations or facts which may arise after the date of deposit of the instrument of ratification of this declaration and, in particular, which do not involve a legal title created or conferred by a Government or authority other than the Government of the State of Israel or an authority under the jurisdiction of that Government.

This declaration does not apply:

(*a*) to any dispute in respect of which the parties have agreed or shall agree to have recourse to another means of peaceful settlement;

(*b*) to any dispute relating to matters which are essentially within the domestic jurisdiction of the State of Israel;

(*c*) to any dispute between the State of Israel and another State which refuses to establish or maintain normal relations with it.

The present declaration has been made for five years as from the date of deposit of the instrument of ratification.

Hakirya, the twenty-second of Elul, five thousand seven-hundred and ten (the fourth of September, 1950).

(*Signed*) Moshe Sharett
Minister for Foreign Affairs

The instrument of ratification, signed on 28 June 1951, contains the following passage:

It being understood that reservation (*c*) is intended in principle to apply in cases where the absence of relations existed prior to and independently of the dispute. It shall not normally be invoked in cases where relations are broken off after or as a result of the dispute. Nevertheless, any divergence of views which may arise in a given case will come under the jurisdiction of the Court in accordance with Article 36, paragraph 6, of its Statute. Taking into account this provision of the Statute, the Government of Israel cannot commit itself or its successors to abide strictly by this interpretation should a difference arise as to the competence of the Court under this declaration and, should such a dispute arise, full freedom of action is reserved as to the way in which the jurisdiction of the Court may be invoked.

2 k

On behalf of the Government of Israel I declare that Israel recognizes as compulsory *ipso facto* and without special agreement, in relation to all other Members of the United Nations and to any non-member State which becomes a party to the Statute of the International Court of Justice pursuant to Article 93, paragraph 2, of the Charter, and subject to reciprocity, the jurisdiction of the International Court of Justice in accordance with

---

k. Original English. Deposited on 17 October 1956. 252 U.N.T.S., p. 301. Invoked in *Aerial Incident of 27 July 1955* case.

Article 36, paragraph 2, of the Statute of the Court in all legal disputes concerning situations or facts which may arise subsequent to 25 October 1951, provided that such dispute does not involve a legal title created or conferred by a Government or authority other than the Government of Israel or an authority under the jurisdiction of that Government.

This Declaration does not apply to:

(*a*) Any dispute in respect to which the Parties have agreed or shall agree to have recourse to another means of peaceful settlement;

(*b*) Any dispute relating to matters which are essentially within the domestic jurisdiction of the State of Israel;

(*c*) Any dispute between the State of Israel and any other State whether or not a member of the United Nations which does not recognize Israel or which refuses to establish or to maintain normal diplomatic relations with Israel and the absence or breach of normal relations precedes the dispute and exists independently of that dispute;

(*d*) Disputes arising out of events occurring between 15 May 1948 and 20 July 1949;

(*e*) Without prejudice to the operation of sub-paragraph (*d*) above, disputes arising out of, or having reference to, any hostilities, war, state of war, breach of the peace, breach of armistice agreement or belligerent or military occupation (whether such war shall have been declared or not, and whether any state of belligerency shall have been recognized or not) in which the Government of Israel are or have been or may be involved at any time.

The validity of the present Declaration is from 25 October 1956 and it remains in force for disputes arising after 25 October 1951 until such time as notice may be given to terminate it.

In witness whereof I, Golda Meir, Minister for Foreign Affairs, have hereunto caused the Seal of the Ministry for Foreign Affairs to be affixed, and have subscribed my signature at Jerusalem this Twenty-Eighth day of Tishri, Five Thousand Seven Hundred and Seventeen, which corresponds to the Third day of October, One Thousand Nine Hundred and Fifty-Six.

(*Signed*) Golda Meir

Japan

1[1]

I have the honour, by direction of the Minister for Foreign Affairs, to declare on behalf of the Government of Japan, that in conformity with paragraph 2 of Article 36 of the Statute of the International Court of Justice, Japan recognizes as compulsory *ipso facto* and without special agreement, in relation to any other State accepting the same obligation

---

1. Original English. Deposited on 15 September 1958. 312 U.N.T.S., p. 155.

and on condition of reciprocity, the jurisdiction of the International Court of Justice, over all disputes which arise on and after the date of the present declaration with regard to situations or facts subsequent to the same date and which are not settled by other means of peaceful settlement.

This declaration does not apply to disputes which the parties thereto have agreed or shall agree to refer for final and binding decision to arbitration or judicial settlement.

This declaration shall remain in force for a period of five years and thereafter until it may be terminated by a written notice.

New York, 15 September 1958

> (*Signed*) Koto Matsudaira
> Permanent Representative of Japan
> to the United Nations

Kenya

1ᵐ

I have the honour to declare, on behalf of the Government of the Republic of Kenya, that it accepts, in conformity with paragraph 2 of Article 36 of the Statute of the International Court of Justice until such time as notice may be given to terminate such acceptance, as compulsory *ipso facto* and without special agreement, and on the basis and condition of reciprocity, the jurisdiction over all disputes arising after 12th December, 1963, with regard to situations or facts subsequent to that date, other than:

1. Disputes in regard to which the parties to the dispute have agreed or shall agree to have recourse to some other method or methods of settlement;

2. Disputes with the Government of any State which, on the date of this Declaration, is a member of the Commonwealth of Nations or may so become subsequently;

3. Disputes with regard to questions which by general rules of International Law fall exclusively within the jurisdiction of Kenya;

4. Disputes concerning any question relating to or arising out of belligerent or military occupation or the discharge of any functions pursuant to any recommendation or decision of an organ of the United Nations, in accordance with which the Government of the Republic of Kenya have accepted obligations.

The Government of the Republic of Kenya reserves the right at any time by means of a notification addressed to the Secretary-General of the United Nations to add to, amend, or withdraw any of the foregoing

---

m. Original English. Deposited on 19 April 1965. 531 U.N.T.S., p. 113.

reservations. Such notifications shall be effective on the date of their receipt by the Secretary-General of the United Nations.

12 April 1965   (*Signed*) Joseph Murumbi
                                    Minister for External Affairs

Khmer Republic
(Cambodia)

1[n]

Phnom-Penh, 9 September 1957

Sir,
   On behalf of the Royal Government of Cambodia I have the honour to declare that, in accordance with Article 36, paragraph 2, of the Statute of the International Court of Justice, I recognize as compulsory *ipso facto* and without special agreement, in relation to any other State Member of the United Nations accepting the same obligation, that is to say on condition of reciprocity, the jurisdiction of the said Court in all legal disputes, other than:
   1. Disputes in regard to which the Parties to the dispute have agreed or shall agree to have recourse to some other method of peaceful settlement;
   2. Disputes with regard to questions which by international law fall exclusively within the jurisdiction of the Kingdom of Cambodia;
   3. Disputes relating to any matter excluded from judicial settlement or compulsory arbitration by virtue of any treaty, convention or other international agreement or instrument to which the Kingdom of Cambodia is a Party.
   This declaration is valid for ten years from the date of its deposit. It shall remain in force thereafter until notice to the contrary has been given by the Royal Government of Cambodia.
   I have the honour to be, etc.   (*Signed*) Sim Var

The Secretary-General of the United Nations
New York

Liberia

1[o]

   On behalf of the Government of the Republic of Liberia, I, Gabriel I. Dennis, Secretary of State of Liberia, subject to ratification declare that

---

n. Original French. Deposited on 19 September 1957. 277 U.N.T.S., p. 77. Invoked in *Temple of Preah Vihear* case.
   o. Original English. Deposited on 20 March 1952. Instrument of ratification deposited on 17 April 1953. 163 U.N.T.S., p. 117.

the Republic of Liberia recognizes as compulsory *ipso facto* and without special agreement, in relation to any other State, also a party to the Statute pursuant to Article 93 of the United Nations Charter, which accepts the same obligation (i.e. subject to reciprocity), the jurisdiction of the International Court of Justice in all legal disputes arising after ratification concerning:

(*a*) the interpretation of a treaty;

(*b*) any question of international law;

(*c*) the existence of any fact which, if established, would constitute a breach of an international obligation;

(*d*) the nature or extent of the reparation to be made for the breach of an international obligation.

This declaration does not apply:

(*a*) to any dispute which the Republic of Liberia considers essentially within its domestic jurisdiction;

(*b*) to any dispute in regard to which the parties have agreed or may agree to bring before other tribunals as a result of agreements already existing or which may be made in the future.

The present declaration has been made for a period of 5 years as from the date of deposit of the ratification and thereafter until notice of termination is given.

Done at Monrovia, this 3rd day of March 1952.

(Signed) Gabriel L. Dennis,
Secretary of State

Liechtenstein

1ᵖ

The Government of the Principality of Liechtenstein, duly authorized by His Serene Highness, the Reigning Prince François Joseph II, in accordance with the Order of the Diet of the Principality of Liechtenstein dated 9th March, 1950, which came into force on 10th March, 1950, declares by these presents that the Principality of Liechtenstein recognizes as compulsory *ipso facto* and without special agreement, in relation to any other State accepting the same obligation, the jurisdiction of the International Court of Justice in all disputes concerning:

(*a*) the interpretation of a treaty;

(*b*) any question of international law;

(*c*) the existence of any fact which, if established, would constitute a breach of an international obligation;

---

p. Original French. Deposited on 29 March 1950. 51 U.N.T.S., p. 119. Liechtenstein became a party to the Statute on 29 March 1950. Ibid., p. 115. Invoked in *Nottebohm* case.

(*d*) the nature and extent of the reparation to be made for the breach of an international obligation.

The present Declaration, which is made under Article 36 of the Statute of the International Court of Justice, shall take effect from the date on which the Principality becomes a party to the Statute and shall take effect as long as the Declaration has not been revoked subject to one year's notice;

Done at Vaduz, 10th March, 1950

> On behalf of the Government of the
> Principality of Liechtenstein:
> Head of Government,
> (*Signed*) A. Frick

Luxembourg

1q

The Government of the Grand-Duchy of Luxembourg recognizes as compulsory, *ipso facto* and without special agreement, in relation to any other State accepting the same obligation, that is to say on condition of reciprocity, the jurisdiction of the Court in conformity with Article 36, paragraph 2, of the Statute, in any dispute arising after the signature of the present declaration with regard to situations or facts subsquent to this signature, except in cases where the parties have agreed or shall agree to have recourse to another procedure or to another method of pacific settlement. The present declaration is made for a period of five years. Unless it is denounced six months before the expiration of that period, it shall be considered as renewed for a further period of five years and similarly thereafter.

Geneva, 15 September 1930 (*Signed*) Bech

Malawi

1r

On behalf of the Government of Malawi, I declare under Article 36, paragraph 2, of the Statute of the International Court of Justice that I recognize as compulsory *ipso facto* and without special agreement, in relation to any other State accepting the same obligation, on condition of reciprocity, the jurisdiction of the International Court of Justice in all legal disputes which may arise in respect of facts or situations subsequent

---

q. Original French. 100 L.N.T.S., p. 154.
r. Original English. Deposited on 12 December 1966. 581 U.N.T.S., p. 135.

to this declaration concerning—
(*a*) The interpretation of a treaty;
(*b*) Any question of international law;
(*c*) The existence of any fact which, if established, would constitute a breach of an international obligation;
(*d*) The nature or extent of the reparation to be made for the breach of international obligation:
Provided that this declaration shall not apply to—
(i) Disputes with regard to matters which are essentially within the domestic jurisdiction of the Republic of Malawi as determined by the Government of Malawi;
(ii) Disputes in regard to which the parties of the dispute have agreed or shall agree to have recourse to some other method of peaceful settlement; or
(iii) Disputes concerning any question relating to or arising out of belligerent or military occupation.

The Government of Malawi also reserves the right at any time, by means of a notification addressed to the Secretary-General of the United Nations, to add to, amend, or withdraw any of the foregoing reservations or any that may hereafter be added. Such notifications shall be effective on the date of their receipt by the Secretary-General of the United Nations.

Given under my hand in Zomba this 22nd day of November 1966.

> (*Signed*) H. Kamuzu Banda
> President and Minister
> for External Affairs

Malta

1ˢ

I have the honour to declare, on behalf of the Government of Malta, that Malta accepts as compulsory *ipso facto* and without special convention, on condition of reciprocity, the jurisdiction of the International Court of Justice, in conformity with paragraph 2 of Article 36 of the Statute of the Court, until such time as notice may be given to terminate the acceptance, over all disputes other than:—
(i) Disputes in regard to which the Parties to the dispute have agreed or shall agree to have recourse to some other method of peaceful settlement;
(ii) Disputes with the Government of any other country which is a Member of the British Commonwealth of Nations, all of which disputes shall be settled in such manner as the Parties have agreed or shall agree;
(iii) Disputes with regard to questions which by international law fall exclusively within the jurisdiction of Malta;

---

s. Original English. Deposited on 6 December 1966. 580 U.N.T.S., p. 205.

(iv) Disputes concerning any question relating to or arising out of belligerent or military occupation or the discharge of any functions pursuant to any recommendation or decision of an organ of the United Nations, in accordance with which the Government of Malta have accepted obligations;

(v) Disputes arising under a multilateral treaty, unless (1) all Parties to the treaty affected by the decision are also Parties to the case before the Court, or (2) the Government of Malta specially agrees to jurisdiction;

(vi) Disputes relating to any matter excluded from compulsory adjudication or arbitration under any treaty, convention or other international agreement or instrument to which Malta is a Party;

(vii) Disputes in respect of which arbitral or judicial proceedings are taking, or have taken place with any State which, at the date of the commencement of the proceedings, had not itself accepted the compulsory jurisdiction of the International Court of Justice; and

(viii) Disputes in respect of which any other Party to the dispute has accepted the compulsory jurisdiction of the International Court of Justice only in relation to or for the purposes of the dispute; or where the acceptance of the Court's compulsory jurisdiction on behalf of any other Party to the dispute was deposited or ratified less than twelve months prior to the filing of the application bringing the dispute before the Court.

The Government of Malta also reserves the right at any time, by means of a notification addressed to the Secretary-General of the United Nations, and with effect as from the moment of such notifications either to add to, amend or withdraw any of the foregoing reservations or any that may hereafter be added.

29 November 1966   (*Signed*) G. Felice
                                           Acting Minister

Mauritius

1[t]

I have the honour to declare, on behalf of the Government of Mauritius, that Mauritius accepts as compulsory *ipso facto* and without special convention, on condition of reciprocity, the jurisdiction of the International Court of Justice, in conformity with paragraph 2 of Article 36 of the Statute of the Court, until such time as notice may be given to terminate the acceptance, over all disputes other than:

(i) Disputes in regard to which the Parties to the dispute have agreed or shall agree to have recourse to some other method of peaceful settlement;

(ii) Disputes with the Government of any other country which is a Member of the British Commonwealth of Nations, all of which disputes shall

---

t. Original English. Deposited on 23 September 1968. 646 U.N.T.S., p. 171.

be settled in such manner as the parties have agreed or shall agree;

(iii) Disputes with regards to questions which by international law fall exclusively within the jurisdiction of Mauritius;

(iv) Disputes concerning any question relating to or arising out of belligerent or military occupation or the discharge of any functions pursuant to any recommendation or decision of an organ of the United Nations, in accordance with which the Government of Mauritius has accepted obligations;

(v) Disputes relating to any matter excluded from compulsory adjudication or arbitration under any treaty, convention or other international agreement or instrument to which Mauritius is a party;

(vi) Disputes in respect of which arbitral or judicial proceedings are taking, or have taken place with any State which, at the date of the commencement of the proceedings, had not itself accepted the compulsory jurisdiction of the International Court of Justice; and

(vii) Disputes in respect of which any other Party to the dispute has accepted the compulsory jurisdiction of the International Court of Justice only in relation to or for the purposes of the dispute; or where the acceptance of the Court's compulsory jurisdiction on behalf of any other Party to the dispute was deposited or ratified less than twelve months prior to the filing of the application bringing the dispute before the Court.

The Government of Mauritius also reserves the right at any time, by means of a notification addressed to the Secretary-General of the United Nations, and with effect as from the moment of such notification either to add to, amend or withdraw any of the foregoing reservations or any that may hereafter be added.

Port Louis, 4 September 1968   (*Signed*) S. Ramgoolam
Prime Minister and
Minister for External Affairs

Mexico

1ᵘ

In regard to any legal dispute that may in future arise between the United States of Mexico and any other State out of events subsequent to the date of this Declaration, the Mexican Government recognizes as compulsory *ipso facto*, and without any special agreement being required therefor, the jurisdiction of the International Court of Justice in accordance with Article 36, paragraph 2, of the Statute of the said Court, in relation to any other State accepting the same obligation, that is, on condition of strict reciprocity. This Declaration, which does not apply to disputes arising from matters that, in the opinion of the Mexican Govern-

---

u. Original Spanish. Deposited on 28 October 1947. 9 U.N.T.S., p. 97.

ment, are within the domestic jurisdiction of the United States of Mexico, shall be binding for a period of five years as from 1 March 1947 and after that date shall continue in force until six months after the Mexican Government gives notice of denunciation.

Mexico, D.F., 23 October 1947   (*Signed*) Jaime Torres Bodet,
                                                    Secretary of State
                                                    for External Relations

Netherlands

1ᵛ

I declare that the Netherlands Government recognizes as compulsory *ipso facto* and without special agreement, in relation to any other Member of the United Nations and any other State accepting the same obligation, that is to say, on condition of reciprocity, the jurisdiction of the International Court of Justice in conformity with Article 36, paragraph 2, of the Statute of the Court, for a period of ten years as from 6 August 1946 and thereafter until notification of abrogation is made, on any future disputes, except those in regard to which the parties would have agreed, after the coming into force of the Statute of the Permanent Court of International Justice, to have recourse to another method of pacific settlement.

New York, 5 August 1946   (*Signed*) E. N. van Kleffens

2ʷ

I hereby declare that the Government of the Kingdom of The Netherlands recognizes, in accordance with Article 36, paragraph 2, of the Statute of the International Court of Justice, with effect from 6 August 1956, as compulsory *ipso facto* and without special agreement, in relation to any other State accepting the same obligation, that is on condition of reciprocity, the jurisdiction of said Court in all disputes arising or which may arise after 5 August 1921, with the exception of disputes in respect of which the parties, excluding the jurisdiction of the International Court of Justice, may have agreed to have recourse to some other method of pacific settlement.

The aforesaid obligation is accepted for a period of five years and will be renewed by tacit agreement for additional periods of five years, unless notice is given, not less than six months before the expiry of any such

---

v. Original French. 1 U.N.T.S., p. 7. Terminated on 1 August 1956 with effect from 6 August 1956. 248 U.N.T.S., p. 357.

w. Original French. Deposited on 1 August 1956. 248 U.N.T.S., p. 33. Invoked in *Guardianship Convention* case.

period, that the Government of the Kingdom of The Netherlands does not wish to renew it.

The acceptance of the jurisdiction of the Court founded on the declaration of 5 August 1946 is terminated with effect from 6 August 1956.

New York, 1 August 1956   (*Signed*) E. L. C. Schiff
                                    Acting Permanent Representative
                                    of the Kingdom of the Netherlands
                                    to the United Nations

New Zealand

1^x

London, 30 March 1940

I have now the honour to inform you that the New Zealand Government have been considering the conditions under which they would be prepared to accept the Optional Clause for a further period, and, in accordance with the directions I have received, I hereby, on behalf of His Majesty's Government in the Dominion of New Zealand, accept as compulsory *ipso facto* and without special convention, on condition of reciprocity, the jurisdiction of the Court, in conformity with paragraph 2 of Article 36 of the Statute of the Court, for a period of five years from to-day's date and thereafter until such time as notice may be given to terminate the acceptance, over all disputes arising after March 19th, 1930, with regard to situations or facts subsequent to the said date, other than:

disputes in regard to which the Parties to the dispute have agreed or shall agree to have recourse to some other method of peaceful settlement;

disputes with the government of any other Member of the League which is a Member of the British Commonwealth of Nations, all of which disputes shall be settled in such manner as the Parties have agreed or shall agree;

disputes with regard to questions which by international law fall exclusively within the jurisdiction of New Zealand; and

disputes arising out of events occurring at a time when His Majesty's Government in New Zealand were involved in hostilities,

and subject to the condition that His Majesty's Government in the Dominion of New Zealand reserve the right to require that proceedings in the Court shall be suspended in respect of any dispute which has been submitted to and is under consideration by the Council of the League of Nations, provided that notice to suspend is given after the dispute has been submitted to the Council and is given within ten days of the notification of the initiation of the proceedings in the Court, and provided also

---

x. Original English. Deposited on 8 April 1940. 200 L.N.T.S., p. 491. Invoked in *Nuclear Tests* (New Zealand v. France) case.

that such suspension shall be limited to a period of twelve months or such longer period as may be agreed by the Parties to the dispute or determined by a decision of all the Members of the Council other than the Parties to the dispute.

I am, etc.

(*Signed*) W. J. Jordan
High Commissioner for New Zealand

Nicaragua

1^y

On behalf of the Republic of Nicaragua, I recognize as compulsory unconditionally the jurisdiction of the Permanent Court of International Justice.

Geneva, 24 September 1929 (*Signed*) T. F. Medina

Nigeria

1^z

Whereas under Article 93 of the United Nations Charter all Member States are ipso facto parties to the Statute of the International Court of Justice:

and whereas the Government of the Federal Republic of Nigeria has decided to accept the compulsory jurisdiction of the International Court of Justice and it is necessary to make a declaration in terms of Article 36 (2) of the Statute of the Court:

now therefore, I, Nuhu Bamali, Minister of State for External Affairs hereby declare that the Government of the Federal Republic of Nigeria recognizes as compulsory ipso facto and without special agreement, in relation to any other state accepting the same obligation, that is to say, on the sole condition of reciprocity, the jurisdiction of the International Court of Justice in conformity with Article 36, paragraph 2 of the Statute of the Court.

---

y. Original French. 88 L.N.T.S., p. 283. For the parliamentary instruments approving ratification, see *Arbitral Award* case, Pleadings, vol. I, pp. 128, 129, A ratification said to have been made on 29 November 1939 is not notified in the League of Nations *Treaty Series*. See Yearbook, 1946-7, p. 210. In the 21st List of Signatures, Ratifications and Accessions in respect of Agreements and Conventions concluded under the auspices of the League of Nations, it is stated that Nicaragua's signature of the Optional Clause is "not yet perfected ratification". *League of Nations Official Journal,* Special Supplement No. 193, p. 43. Invoked in *Arbitral Award* case.

z. Original English. Deposited on 3 September 1965. 544 U.N.T.S., p. 113.

Done at Lagos, this 14th day of August, one thousand nine hundred and sixty-five.

(*Signed*) Nuhu Bamali
Minister of State for External Affairs

Norway

1ᵃ

I declare on behalf of the Norwegian Government that Norway recognizes as compulsory *ipso facto* and without special agreement, in relation to any other State accepting the same obligation, that is to say, on condition of reciprocity, the jurisdiction of the International Court of Justice in conformity with Article 36, paragraph 2, of the Statute of the Court, for a period of ten years as from 3rd October 1946.

New York, 16 November 1946   (*Signed*) Halvard M. Lange,
Minister for Foreign Affairs

2ᵇ

I hereby declare on behalf of the Royal Norwegian Government that Norway recognizes as compulsory *ipso facto* and without special agreement, in relation to any other State accepting the same obligation, that is on condition of reciprocity, the jurisdiction of the International Court of Justice in conformity with Article 36, paragraph 2, of the Statute of the Court, for a period of five years as from 3rd October, 1956. This declaration shall thereafter be tacitly renewed for additional periods of five years, unless notice of termination is given not less than six months before the expiration of the current period.

New York, 17 December 1956

(*Signed*) Hans Engen,
Permanent Representative of Norway
to the United Nations

---

a. Original French. 1 U.N.T.S., p. 37. For the text of the Declaration signed on 6 September 1921, and which had last been renewed for a period of ten years from 3 October 1936, see 6 L.N.T.S., p. 387. Invoked in *Fisheries* and *Norwegian Loans* cases.

b. Original English. Deposited on 19 December 1956. 256 U.N.T.S., p. 315.

Pakistan

1c

I, Muhammad Zafrulla Khan, Knight Commander of the Most Exalted Order of the Star of India, Minister of Foreign Affairs and Commonwealth Relations, Dominion of Pakistan, declare on behalf of the Government of Pakistan, under Article 36, paragraph 2, of the Statute of the International Court of Justice, and in accordance with the Resolution of May 26th, 1948, of the Constituent Assembly (Legislature) of the Dominion of Pakistan, that the Government of Pakistan recognize as compulsory *ipso facto* and without special agreement, in relation to any other State accepting the same obligation, the jurisdiction of the International Court of Justice in all legal disputes hereafter arising concerning:

a. The interpretation of a treaty;

b. Any question of international law;

c. The existence of any fact which, if established, would constitute a breach of an international obligation;

d. The nature or extent of the reparation to be made for the breach of an international obligation;

provided, that this declaration shall not apply to

(*a*) Disputes the solution of which the parties shall entrust to other tribunals by virtue of agreements already in existence or which may be concluded in the future; or

(*b*) Disputes with regard to matters which are essentially within the domestic jurisdiction of the Government of Pakistan as determined by the Government of Pakistan; or

(*c*) Disputes arising under a multilateral treaty unless

(1) all parties to the treaty affected by the decision are also parties to the case before the Court, or

(2) the Government of Pakistan specially agree to jurisdiction; and provided further, that this declaration shall remain in force for a period of five years in the first instance and thereafter until the expiration of six months after notice may be given to terminate this declaration.

Done at Karachi, this twenty-second day of June 1948

> (*Signed*) Zafrulla Khan,
> Minister of Foreign Affairs
> and Commonwealth Relations

---

c. Original English. Deposited on 9 July 1948. 16 U.N.T.S., p. 197. Terminated on 21 December 1956 with effect from 21 June 1957. 257 U.N.T.S., p. 360.

2 d

I have the honour, by direction of the President of Pakistan, to declare on behalf of the Government of Pakistan under Article 36, paragraph 2, of the Statute of the International Court of Justice, that the Government of Pakistan recognize as compulsory *ipso facto* and without special agreement, in relation to any other State accepting the same obligation, the jurisdiction of the International Court of Justice in all legal disputes after the 24th June, 1948, arising, concerning:

(*a*) The interpretation of a treaty;

(*b*) Any question of international law;

(*c*) The existence of any fact which, if established, would constitute a breach of an international obligation;

(*d*) The nature or extent of the reparation to be made for the breach of an international obligation;

provided, that the declaration shall not apply to:

(*a*) Disputes the solution of which the Parties shall entrust to other tribunals by virtue of agreements already in existence or which may be concluded in the future; or

(*b*) Disputes with regard to matters which are essentially within the domestic jurisdiction of the Government of Pakistan as determined by the Government of Pakistan; or

(*c*) Disputes arising under a multilateral treaty unless

(i) all Parties to the treaty affected by the decision are also Parties to the case before the Court, or

(ii) the Government of Pakistan specially agree to jurisdiction; and

provided further, that this declaration shall remain in force till such time as notice may be given to terminate it.

New York, 23 May 1957

> (*Signed*) G. Ahmed,
> Ambassador Extraordinary and Plenipotentiary,
> Permanent Representative of Pakistan to the
> United Nations

3 e

I have the honour, by direction of the President of Pakistan, to make the following declaration on behalf of the Government of Pakistan under

---

d. Original English. Deposited on 23 May 1957. Full powers authorizing the deposit were received by the Secretary-General on 18 June 1957. 269 U.N.T.S., p. 77. Terminated on 13 September 1960. 374 U.N.T.S., p. 382.

e. Original English. Deposited, accompanied by full powers authorizing the deposit, on 13 September 1960. 374 U.N.T.S., p. 127. Invoked in *Pakistani Prisoners of War* case.

Article 36, paragraph 2, of the Statute of the International Court of Justice:

The Government of Pakistan recognize as compulsory *ipso facto* and without special agreement in relation to any other State accepting the same obligation, the jurisdiction of the International Court of Justice in all legal disputes after the 24th June, 1948, arising, concerning:

(*a*) The interpretation of a treaty;

(*b*) Any question of international law;

(*c*) The existence of any fact which, if established, would constitute a breach of an international obligation;

(*d*) The nature or extent of the reparation to be made for the breach of an international obligation;

Provided, that the declaration shall not apply to:

(*a*) Disputes the solution of which the parties shall entrust to other tribunals by virtue of agreements already in existence or which may be concluded in the future; or

(*b*) Disputes relating to questions which by international law fall exclusively within the domestic jurisdiction of Pakistan;

(*c*) Disputes arising under a multilateral treaty unless

(i) all parties to the treaty affected by the decision are also parties to the case before the Court, or

(ii) the Government of Pakistan specially agree to jurisdiction; provided further, that this Declaration shall remain in force till such time as notice may be given to terminate it.

New York, 12 September 1960

> (*Signed*) Said Hasan,
> Ambassador Extraordinary and Plenipotentiary
> Permanent Representative of Pakistan to the
> United Nations

Panama

1^f

On behalf of the Government of Panama, I recognize, in relation to any other Member or State which accepts the same obligation, that is to say, on the sole condition of reciprocity, the jurisdiction of the Court as compulsory, *ipso facto* and without any special convention.

Paris, 25 October 1921   (*Signed*) R. A. Amador
Chargé d'Affaires

---

f. Original French. 6 L.N.T.S., p. 387. Ratification deposited on 14 June 1929. 88 L.N.T.S., p. 272.

Philippines

1�g

I, Manuel Roxas, President of the Philippines, declare on behalf of the Republic of the Philippines, under Article 36, paragraph 2, of the Statute of the International Court of Justice, and in accordance with Resolution No. 33, dated May 22, 1947, of the Senate of the Republic of the Philippines, that the Republic of the Philippines recognizes as compulsory *ipso facto*, and without special agreement, in relation to any other State accepting the same obligation, and on condition of reciprocity, the jurisdiction of the International Court of Justice in all cases enumerated in paragraph two, Article thirty-six, of the Statute of the Court, for a period of ten years, from July fourth, nineteen hundred and forty-six, and thereafter to continue until notification of abrogation is made by the Philippine Government.

In witness whereof, I have hereunto set my hand and caused the seal of the Republic of the Philippines to be affixed.

By the President:
(*Signed*) Bernabe Africa
    Acting Secretary of Foreign Affairs

Done in the City of Manila, this 12th day of July, in the year of Our Lord, one thousand nine hundred and forty-seven, and of the Independence of the Philippines, the second.
(*Signed*) Manuel Roxas

2ʰ

I, Carlos P. Romulo, Secretary of Foreign Affairs of the Republic of the Philippines, hereby declare, under Article 36, paragraph 2, of the Statute of the International Court of Justice, that the Republic of the Philippines recognizes as compulsory *ipso facto* and without special agreement, in relation to any other State accepting the same obligation, the jurisdiction of the International Court of Justice in all legal disputes arising hereafter concerning:

(*a*) the interpretation of a treaty;
(*b*) any question of international law;
(*c*) the existence of any fact which, if established, would constitute a

---

g. Original English. Deposited on 21 August 1947. 7 U.N.T.S., p. 229. Terminated on 18 January 1972. See Monthly Statement of Treaties and International Agreements registered with the Secretariat, January 1972 (doc. ST/LEG/SER.A/299), p. 14.

h. Original English. Deposited on 18 January 1972. Registered No. 11523.

breach of an international obligation;

(*d*) the nature or extent of the reparation to be made for the breach of an international obligation;

Provided, that this declaration shall not apply to any dispute—

(*a*) in regard to which the parties thereto have agreed or shall agree to have recourse to some other method of peaceful settlement; or

(*b*) which the Republic of the Philippines considers to be essentially within its domestic jurisdiction; or

(*c*) in respect of which the other party has accepted the compulsory jurisdiction of the International Court of Justice only in relation to or for the purposes of such dispute; or where the acceptance of the compulsory jurisdiction was deposited or ratified less than 12 months prior to the filing of the application bringing the dispute before the Court; or

(*d*) arising under a multilateral treaty, unless (1) all parties to the treaty are also parties to the case before the Court, or (2) the Republic of the Philippines specially agrees to jurisdiction; or

(*e*) arising out of or concerning jurisdiction or rights claimed or exercised by the Philippines—

(i) in respect of the natural resources, including living organisms belonging to sedentary species, of the sea-bed and subsoil of the continental shelf of the Philippines, or its analogue in an archipelago, as described in Proclamation No. 370 dated 20 March 1968 of the President of the Republic of the Philippines; or

(ii) in respect of the territory of the Republic of the Philippines, including its territorial seas and inland waters; and

Provided, further, that this declaration shall remain in force until notice is given to the Secretary-General of the United Nations of its termination.

Done at Manila this 23rd day of December 1971.

Portugal

1i

Under Article 36, paragraph 2, of the Statute of the International Court of Justice, I declare on behalf of the Portuguese Government that Portugal

---

i. Original English. Deposited on 19 December 1955. Full powers authorizing the deposit received on 21 December 1955. 224 U.N.T.S., p. 275. Invoked in *Right of Passage* case. The following interpretation was contained in a Note dated 5 July 1956 from the Deputy Permanent Representative of Portugal to the United Nations, addressed to the Secretary-General (text in *Right of Passage* case, Pleadings, vol. I, p. 218):

At the request of the Swedish Government, the United Nations conveyed to my Government, by letter of April 19, 1956 (C.N. 40. 1956. Treaties), the translation of a letter from the Ministry of Foreign Affairs of Sweden, dated February 23, 1956, commenting upon the Declaration made by the Portuguese Government under

recognizes the jurisdiction of this Court as compulsory *ipso facto* and without special agreement, as provided for in the said paragraph 2 of Article 36 and under the following conditions:

(1) The present declaration covers disputes arising out of events both prior and subsequent to the declaration of acceptance of the "optional clause" which Portugal made on December 15, 1920, as a party to the Statute of the Permanent Court of International Justice.

(2) The present declaration enters into force at the moment it is deposited with the Secretary-General of the United Nations; it shall be valid for a period of one year, and thereafter until notice of its denunciation is given to the said Secretary-General.

(3) The Portuguese Government reserves the right to exclude from the scope of the present declaration, at any time during its validity, any given category or categories of disputes, by notifying the Secretary-General of the United Nations and with effect from the moment of such notification.

Washington, D.C., 19 December 1955

> (*Signed*) L. Esteves Fernandes
> Ambassador of Portugal to the
> United States of America

Article 36 (2) of the Statute of the International Court of Justice.

2. The unequivocal wording of sub-paragraph (3) of the Declaration offers no basis for the interpretation put upon this particular proviso by the Swedish Government. As, however, the conclusion drawn by the latter is liable to raise doubts regarding the validity of the Declaration, a correction is essential.

3. In no way, indeed, does sub-paragraph (3) warrant the conclusion that the Portuguese Government would be in a position to withdraw from the jurisdiction of the Court any dispute, or category of disputes, already referred to it, for it expressly states that the reservation would only take effect from the date of its notification to the Secretary-General of the United Nations. The Portuguese Declaration thus produces all the effect provided for by article 36 as regards disputes referred to the Court prior to a possible notification. Hence, the interpretation of the Swedish Government is not in accord with the facts.

4. This material flaw would suffice to enable further comment to be dispensed with. Yet in order to show more clearly the absence of any basis for such doubts as to the validity of the Portuguese Declaration it should be mentioned that the contents of sub-paragraph (3) amount to no more than a form—attenuated be it said—of the reservation which several countries have in the past invoked (without ever having thereby given rise to any objections), of the right to abrogate at any time their declarations of acceptance. In any case, the Court alone is competent to pronounce on the validity of these declarations.

5. The Portuguese Government being anxious that no misunderstanding should subsist in regard to a matter the importance of which is such as to require that it should be dealt with in as precise a manner as possible, I should be grateful if Your Excellency would be so good as to transmit the contents of this letter to those Governments and entities to whom copies of the letter from the Ministry of Foreign Affairs of Sweden, under reference, were sent.

Somalia

1ʲ

I have the honour to declare on behalf of the Government of the Somali Republic that the Somali Republic accepts as compulsory *ipso facto*, and without special agreement, on condition of reciprocity, the jurisdiction of the International Court of Justice, in conformity with paragraph 2 of Article 36 of the Statute of the Court, until such time as notice may be given to terminate the acceptance, over all legal disputes arising other than disputes in respect of which any other Party to the dispute has accepted the compulsory jurisdiction of the International Court of Justice only in relation to or for the purposes of the dispute; or where the acceptance of the Court's compulsory jurisdiction on behalf of any other Party to the dispute was deposited or ratified less than twelve months prior to the filing of the application bringing the dispute before the Court.

The Somali Republic also reserves the right at any time by means of a notification addressed to the Secretary-General of the United Nations, and with effect as from the moment of such notification, either to add to, amend or withdraw any of the foregoing reservations, or any that may hereafter be added.

Mogadishu, 25 March 1963   (*Signed*) Abdullahi Issa
                                      Minister for Foreign Affairs

South Africa

1ᵏ

7 April 1940
On behalf of His Majesty's Government in the Union of South Africa, I accept as compulsory *ipso facto* and without special convention, on condition of reciprocity, the jurisdiction of the Court in conformity with Article 36, paragraph 2, of the Statute of the Court, until such time as notice may be given to terminate the acceptance, over all disputes arising after the signing of the present declaration with regard to situations or facts subsequent to such signing, other than

disputes in regard to which the Parties to the dispute have agreed or shall agree to have recourse to some other method of peaceful settlement, and

disputes with the government of any other Member of the League which is a Member of the British Commonwealth of Nations, all of which

---

j. Original English. Deposited on 11 April 1963. 458 U.N.T.S., p. 143.

k. Original English. Deposited on 20 April 1940. 200 L.N.T.S., p. 493. Terminated on 13 September 1955. 216 U.N.T.S., p. 433.

disputes shall be settled in such manner as the Parties have agreed or shall agree, and

disputes with regard to questions which by international law fall exclusively within the jurisdiction of the Union of South Africa, and

disputes arising out of events occurring during any period in which the Union of South Africa is engaged in hostilities as a belligerent,

and subject to the condition that His Majesty's Government in the Union of South Africa reserve the right to require that proceedings in the Court shall be suspended in respect of any dispute which has been submitted to and is under consideration by the Council of the League of Nations, provided that notice to suspend is given after the dispute has been submitted to the Council and is given within ten days of the notification of the initiation of the proceedings in the Court, and provided also that such suspension shall be limited to a period of twelve months or such longer period as may be agreed by the Parties to the dispute or determined by a decision of all the Members of the Council other than the Parties to the dispute.

(*Signed*) J. C. Smuts
Minister of External Affairs

2¹

12 September 1955

I have the honour, by direction of the Minister of External Affairs, to declare on behalf of the Government of the Union of South Africa that they accept as compulsory *ipso facto* and without special convention, on condition of reciprocity, the jurisdiction of the International Court of Justice, in conformity with paragraph 2 of Article 36 of the Statute of the Court, until such time as notice may be given to terminate this acceptance, over all disputes arising after the signing of the present declaration with regard to situations or facts subsequent to such signing other than:

---

1. Original English. Deposited on 13 September 1955. 216 U.N.T.S., p. 115. Terminated on 12 April 1967. 595 U.N.T.S., p. 363. The letter of that date, from the Permanent Representative of South Africa to the Secretary-General of the United Nations, stated:

"I have the honour to refer to the letter addressed to the Secretary-General on 12th September, 1955, declaring, on behalf of the Government of the Union of South Africa, that it accepted as compulsory *ipso facto* and without special convention, on condition of reciprocity, the jurisdiction of the International Court of Justice, subject to certain conditions, in conformity with paragraph 2 of Article 36 of the Statute of the Court, until such time as notice may be given to terminate the acceptance.

In the light of the changed circumstances, *inter alia* the fact that South Africa is no longer a member of the Commonwealth as stated in the declaration of 12th September, 1955, the South African Government is considering a revision of that declaration, which should therefore, with effect from the date of this letter, be regarded as withdrawn and terminated."

disputes in regard to which the Parties to the dispute have agreed or shall agree to have recourse to some other method of peaceful settlement;

disputes with the Government of any other country which is a Member of the Commonwealth of Nations, all of which disputes shall be settled in such manner as the Parties have agreed or shall agree;

disputes with regard to matters which are essentially within the jurisdiction of the Government of the Union of South Africa as determined by the Government of the Union of South Africa;

disputes arising out of events occurring during any period in which the Union of South Africa is engaged in hostilities as a belligerent.

> (*Signed*) Jordaan
> Deputy Permanent Representative of the
> Union of South Africa to the United Nations

Sudan

1ᵐ

I have the honour by direction of the Ministry of Foreign Affairs to declare, on behalf of the Government of the Republic of the Sudan, that in pursuance of paragraph 2 of Article 36 of the Statute of the International Court of Justice, the Government of the Republic of the Sudan recognize as compulsory *ipso facto* and without special agreement, on condition of reciprocity, until such time as notice may be given to terminate this Declaration, the jurisdiction of the International Court of Justice in all legal disputes arising after the first day of January 1956 with regard to situations or facts subsequent to that date concerning:

(*a*) the interpretation of a treaty concluded or ratified by the Republic of the Sudan on or after the first day of January 1956;

(*b*) any question of international law;

(*c*) the existence of any fact, which, if established, would constitute a breach of an international obligation; or

(*d*) the nature or extent of the reparation to be made for the breach of an international obligation,

but excluding the following:

(i) disputes in regard to which the Parties to the dispute have agreed or shall agree to have recourse to some other method of peaceful settlement;

(ii) disputes in regard to matters which are essentially within the domestic jurisdiction of the Republic of the Sudan as determined by the Government of the Republic of the Sudan;

(iii) disputes arising out of events occurring during any period in which

---

m. Original English. Deposited on 2 January 1958. 184 U.N.T.S., p. 215.

the Republic of the Sudan is engaged in hostilities as a belligerent.

New York, 30 December 1957   (*Signed*) Yacoub Osman,
                                     Permanent Representative of the
                                     Sudan to the United Nations

Swaziland

1[n]

I, Prince Makhosini Jameson Dlamini, Prime Minister of the Kingdom of Swaziland to whom His Majesty has delegated responsibility for the conduct of foreign affairs, have the honour to declare on behalf of the Government of the Kingdom of Swaziland, that it recognizes as compulsory *ipso facto* and without special agreement, on condition of reciprocity, the jurisdiction of the International Court of Justice, in accordance with paragraph 2 of Article 36 of the Statute of the Court.

This Declaration does not extend:

(*a*) To disputes in respect of which the parties have agreed or shall agree to have recourse to another means of peaceful settlement; or

(*b*) To disputes relating to matters which, by international law, are essentially within the domestic jurisdiction of the Kingdom of Swaziland.

The Government of the Kingdom of Swaziland also reserves the right to add to, amend or withdraw this Declaration by means of a notification addressed to the Secretary-General of the United Nations, with effect as from the moment of such notification.

Mbabane, 9th May, 1969   (*Signed*) Makhosini Jameson Dlamini
                                        Prime Minister and
                                        Minister for Foreign Affairs

Sweden

1[o]

On behalf of the Royal Swedish Government I declare that it accepts as compulsory *ipso facto* and without special agreement, in relation to any other State accepting tht same obligation, the jurisdiction of the International Court of Justice, in accordance with Article 36, paragraph 2, of the Statute of the said Court, for a period of ten years, in all disputes which may arise with regard to situations or facts subsequent to the present declaration.

Washington, 5 April 1947   (*Signed*) Herman Eriksson

---

n. Original English. Deposited on 26 May 1969. 673 U.N.T.S., p. 155.

o. Original French. Deposited on 6 April 1947. 2 U.N.T.S., p. 3.

2ᴘ

On behalf of the Royal Swedish Government, I declare that it accepts as compulsory *ipso facto* and without special agreement, in relation to any other State accepting the same obligation, the jurisdiction of the International Court of Justice, in accordance with Article 36, paragraph 2, of the Statute of the said Court, for a period of five years as from 6 April 1957. This obligation shall be renewed by tacit agreement for further periods of the same duration unless notice of abrogation is made at least six months before the expiration of any such period. The above-mentioned obligation is accepted only in respect of disputes which may arise with regard to situations or facts subsequent to 6 April 1947.

New York, 6 April 1957   (*Signed*) Claes Carbonnier
                                   Permanent Representative a.i.
                                   of Sweden to the United Nations

Switzerland

1 q

The Swiss Federal Council,
duly authorized for that purpose by a Federal Order which was adopted on March 12th, 1948, by the Federal Assembly of the Swiss Confederation and put into effect on June 17th, 1948,

hereby declares
that the Swiss Confederation recognizes as compulsory *ipso facto* and without special agreement, in relation to any other State accepting the same obligation, the jurisdiction of the International Court of Justice in all legal disputes concerning:
(*a*) the interpretation of a treaty;
(*b*) any question of international law;
(*c*) the existence of any fact which, if established, would constitute a breach of an international obligation;
(*d*) the nature or extent of the reparation to be made for the breach of an international obligation.
This declaration, which is made under Article 36 of the Statute of the International Court of Justice, shall take effect from the date on which the Swiss Confederation becomes a party to that Statute and shall have effect

---

p. Original French. Deposited on 6 April 1957. 264 U.N.T.S., p. 221. Invoked in *Guardianship Convention* case.

q. Original French. Deposited on 28 July 1948. 17 U.N.T.S., p. 115. Switzerland became a party to the Statute on the same date. Ibid., p. 111. Invoked in *Interhandel* case.

as long as it has not been abrogated subject to one year's notice.
Done at Berne, 6 July 1948

For the Swiss Federal Council:

The President	The Chancellor
of the Confederation:	of the Confederation:
(*Signed*) Celio	(*Signed*) Leimgruber

Thailand

1ʳ

On behalf of the Siamese Government, I recognize, subject to ratification, in relation to any other Member or State which accepts the same obligation, that is to say, on the condition of reciprocity, the jurisdiction of the Court as compulsory *ipso facto* and without any special convention, in conformity with Article 36, paragraph 2, of the Statute of the Court for a period of ten years in all disputes, as to which no other means of pacific settlement is agreed upon between the Parties.

Geneva, 20 September 1929 (*Signed*) Varnvaidya

2ˢ

Bangkok, 20 May 1950

Sir,

I have the honour to inform you that by a declaration dated September 20, 1929, His Majesty's Government had accepted the compulsory jurisdiction of the Permanent Court of International Justice in conformity with Article 36, paragraph 2, of the Statute for a period of ten years and on condition of reciprocity. That declaration has been renewed on May 3, 1940 for another period of ten years.

In accordance with the provisions of Article 36, paragraph 4 of the Statute of the International Court of Justice, I have now the honour to inform you that His Majesty's Government hereby renew the declaration above mentioned for a further period of ten years as from May 3, 1950, with the limits and subject to the same conditions and reservations as set forth in the first declaration of September 20, 1929.

The Secretary-General of the	(*Signed*) Warakan Bancha
United Nations	Minister of Foreign Affairs
	of Thailand

---

r. Original English. Ratification deposited on 7 May 1930. 96 L.N.T.S., p. 181. Renewed on 3 May 1940 for a period of 10 years from 7 May 1940. 200 L.N.T.S., p. 484. Expired on the dissolution of the Permanent Court prior to the admission of Thailand to the United Nations on 16 November 1946.

s. Original English. Deposited on 13 June 1950. 65 U.N.T.S., p. 157. Invoked in *Temple of Preah Vihear* case.

Turkey

1ᵗ

In accordance with Article 36, paragraph 2, of the Statute of the International Court of Justice, and in conformity with Law No. 5047, promulgated by the Grand National Assembly on 12 May 1947, I declare, on behalf of the Government of the Republic of Turkey, that Turkey recognizes as compulsory *ipso facto* and without special agreement, in relation to any other State accepting the same obligation, that is to say, under conditions of reciprocity, the jurisdiction of the International Court of Justice for a period of five years from 22 May 1947, in all disputes which will arise in the future concerning:

A) the interpretation of a treaty;

B) any question of international law;

C) the existence of any fact which, if established, would constitute a breach of an international obligation;

D) the nature or extent of the reparation to be made for the breach of an international obligation;

Under the reservation however, that this declaration does not apply:

(*a*) to situations previous to the present declaration and to disputes which arise therefrom;

(*b*) to disputes for which it would be apropriate to apply, directly or indirectly, Agreements and Conventions concluded by Turkey providing for a different method of settling disputes.

Ankara, 22 May 1947   (*Signed*) Hasan Saka
                                 Minister for Foreign Affairs

Uganda

1ᵘ

I hereby declare on behalf of the Government of Uganda that Uganda recognizes as compulsory *ipso facto* and without special agreement, in relation to any other State accepting the same obligation, and on condition of reciprocity, the jurisdiction of the International Court of Justice in

---

t. Original French. Deposited on 22 May 1947. 4 U.N.T.S., p. 265. Renewed for five years from 23 May 1952 on 8 June 1954. 191 U.N.T.S., p. 357. Further extended for five years from 23 May 1957 on 7 May 1958. 308 U.N.T.S., p. 301. Further renewed for five years from 23 May 1962 on 19 March 1964. 491 U.N.T.S., p. 385. Further renewed for five years from 23 May 1967 on 31 August 1967. 604 U.N.T.S., p. 349.

u. Original English. 479 U.N.T.S., p. 35.

conformity with paragraph 2 of Article 36 of the Statute of the Court.

New York, 3 October 1963

> (*Signed*) Apollo K. Kironde
> Ambassador and Permanent Representative
> of Uganda to the United Nations

United Arab Republic (Egypt)

1ᵛ

I, Mahmoud Fawzi, Minister for Foreign Affairs of the Republic of Egypt, declare on behalf of the Government of the Republic of Egypt, that, in accordance with Article 36 (2) of the Statute of the International Court of Justice and in pursuance and for the purposes of paragraph 9 (*b*) of the Declaration of the Government of the Republic of Egypt dated April 24, 1957, on "the Suez Canal and the arrangements for its operation", the Government of the Republic of Egypt accept as compulsory *ipso facto*, on condition of reciprocity and without special agreement, the jurisdiction of the International Court of Justice in all legal disputes that may arise under the said paragraph 9 (*b*) of the above Declaration dated April 24, 1957, with effect as from that date.

18 July 1957 (*Signed*) Mahmoud Fawzi

United Kingdom

1ʷ

On behalf of His Majesty's Government in the United Kingdom, I now declare that they accept as compulsory *ipso facto* and without special convention, on condition of reciprocity, the jurisdiction of the Court, in conformity with paragraph 2 of Article 36 of the Statute of the Court, for a period of five years from today's date and thereafter until such time as notice may be given to terminate the acceptance, over all disputes arising after February 5th, 1930, with regard to situations or facts subsequent to the same date, other than:

Disputes in regard to which the Parties to the dispute have agreed or shall agree to have recourse to some other method of peaceful settlement;

---

v. Original English. Deposited on 22 July 1957. 272 U.N.T.S., p. 225. For the declaration of 24 April 1957, see 265 U.N.T.S., p. 299.

w. Original English. Deposited on 7 March 1940. 200 L.N.T.S., p. 486. Terminated on 2 June 1955. 211 U.N.T.S., p. 428. Invoked in *Fisheries* and *Anglo-Iranian Oil Co.* cases.

Disputes with the government of any other Member of the League which is a Member of the British Commonwealth of Nations, all of which disputes shall be settled in such manner as the Parties have agreed or shall agree;

Disputes with regard to questions which by international law fall exclusively within the jurisdiction of the United Kingdom; and

Disputes arising out of events occurring at a time when His Majesty's Government in the United Kingdom were involved in hostilities;

and subject to the condition that His Majesty's Government reserve the right to require that proceedings in the Court shall be suspended in respect of any dispute which has been submitted to and is under consideration by the Council of the League of Nations, provided that notice to suspend is given after the dispute has been submitted to the Council and is given within ten days of the notification of the initiation of the proceedings in the Court, and provided also that such suspension shall be limited to a period of twelve months or such longer period as may be agreed by the Parties to the dispute or determined by a decision of all the Members of the Council other than the Parties to the dispute.

London, 28 February 1940 (*Signed*) Halifax

2 ˣ

I, Ernest Bevin, His Majesty's Principal Secretary of State for Foreign Affairs, declare on behalf of His Majesty's Government in the United Kingdom, in accordance with paragraph 2 of Article 36 of the Statute of the International Court of Justice that for a period of five years from the date of this declaration they accept as compulsory *ipso facto* and without special agreement, in relation to any other State accepting the same obligation, the jurisdiction of the Court in all legal disputes concerning the interpretation, application or validity of any treaty relating to the boundaries of British Honduras, and over any questions arising out of any conclusion which the Court may reach with regard to such treaty.

Given under my hand and seal, at the Foreign Office, London, this thirteenth day of February, one thousand nine hundred and forty-six.

(*Signed*) Ernest Bevin

3 ʸ

2 June 1955

I have the honour, by direction of Her Majesty's Principal Secretary of

---

x. Original English. 1 U.N.T.S., p. 3. Renewed for 5 years from 12 February 1951 on 12 February 1951. 80 U.N.T.S., p. 304.

y. Original English. Deposited on 2 June 1955. U.N.T.S., p. 109. Terminated on 31 October 1955. 219 U.N.T.S., p. 383.

State for Foreign Affairs, to declare on behalf of the Government of the United Kingdom of Great Britain and Northern Ireland that they accept as compulsory *ipso facto* and without special convention, on condition of reciprocity, the jurisdiction of the International Court of Justice, in conformity with paragraph 2 of Article 36 of the Statute of the Court, until such time as notice may be given to terminate the acceptance, over all disputes arising after the 5th of February, 1930, with regard to situations or facts subsequent to the same date, other than:

(i) disputes in regard to which the Parties to the dispute have agreed or shall agree to have recourse to some other method of peaceful settlement;

(ii) disputes with the Government of any other country which is a Member of the British Commonwealth of Nations, all of which disputes shall be settled in such manner as the Parties have agreed or shall agree;

(iii) disputes with regard to questions which by international law fall exclusively within the jurisdiction of the United Kingdom;

(iv) disputes arising out of events occurring between the 3rd of September 1939, and the 2nd of September 1945;

(v) without prejudice to the operation of sub-paragraph (iv) above, disputes arising out of, or having reference to any hostilities, war, state of war, or belligerent or military occupation in which the Government of the United Kingdom are or have been involved; and

(vi) disputes relating to any matter excluded from compulsory adjudication or arbitration under any treaty, convention or other international agreement or instrument to which the United Kingdom is a party.

> (*Signed*) Pierson Dixon
> Permanent Representative of the
> United Kingdom to the United Nations

4 ᶻ

31 October 1955

I have the honour, by direction of Her Majesty's Principal Secretary of State for Foreign Affairs, to declare on behalf of the Government of the United Kingdom of Great Britain and Northern Ireland that they accept as compulsory *ipso facto* and without special convention, on condition of reciprocity, the jurisdiction of the International Court of Justice, in conformity with paragraph 2 of Article 36 of the Statute of the Court, until such time as notice may be given to terminate the acceptance, over all disputes arising after the 5th of February, 1930, with regard to situations or facts subsequent to the same date, other than:

(i) disputes in regard to which the Parties to the dispute have agreed or shall agree to have recourse to some other method of peaceful settlement;

---

z. Original English. Deposited on 31 October 1955. 219 U.N.T.S., p. 179. Terminated on 12 April 1957. 265 U.N.T.S., p. 391.

(ii) disputes with the Government of any other country which is a Member of the British Commonwealth of Nations, all of which disputes shall be settled in such manner as the Parties have agreed or shall agree;

(iii) disputes with regard to questions which by international law fall exclusively within the jurisdiction of the United Kingdom;

(iv) disputes arising out of events occurring between the 3rd of September, 1939, and the 2nd of September, 1945;

(v) without prejudice to the operation of subparagraph (iv) above, disputes arising out of, or having reference to, any hostilities, war, state of war, or belligerent or military occupation in which the Government of the United Kingdom are or have been involved;

(vi) disputes relating to any matter excluded from compulsory adjudication or arbitration under any treaty, convention or other international agreement or instrument to which the United Kingdom is a party; and

(vii) disputes in respect of which arbitral or judicial proceedings are taking, or have taken, place, with any state which, at the date of the commencement of the proceedings, had not itself accepted the compulsory jurisdiction of the International Court of Justice.

> (*Signed*) Pierson Dixon
> Permanent Representative of the
> United Kingdom to the United Nations

5 ª

18 April 1957

I have the honour, by direction of Her Majesty's Principal Secretary of State for Foreign Affairs, to declare on behalf of the Government of the United Kingdom of Great Britain and Northern Ireland that they accept as compulsory *ipso facto* and without special convention, on condition of reciprocity, the jurisdiction of the International Court of Justice, in conformity with paragraph 2 of Article 36 of the Statute of the Court, until such time as notice may be given to terminate the acceptance, over all disputes arising after the 5th of February, 1930, with regard to situations or facts subsequent to the same date, other than:

(i) disputes in regard to which the Parties to the dispute have agreed or shall agree to have recourse to some other method of peaceful settlement;

(ii) disputes with the Government of any other country which is a Member of the British Commonwealth of Nations, all of which disputes shall be settled in such manner as the Parties have agreed or shall agree;

(iii) disputes with regard to questions which by international law fall exclusively within the jurisdiction of the United Kingdom;

---

a. Original English. Deposited on 18 April 1957. 265 U.N.T.S., p. 221. Terminated on 26 November 1958. 316 U.N.T.S., p. 385. Invoked in *Aerial Incident of 27 July 1955* case.

(iv) disputes arising out of events occurring between the 3rd of September, 1939, and the 2nd of September, 1945;

(v) without prejudice to the operation of sub-paragraph (iv) above, disputes arising out of, or having reference to, any hostilities, war, state of war, or belligerent or military occupation in which the Government of the United Kingdom are or have been involved, or relating to any question which, in the opinion of the Government of the United Kingdom, affects the national security of the United Kingdom or of any of its dependent territories;

(vi) disputes relating to any matter excluded from compulsory adjudication or arbitration under any treaty, convention or other international agreement or instrument to which the United Kingdom is a party;

(vii) disputes in respect of which arbitral or judicial proceedings are taking, or have taken, place, with any state which, at the date of the commencement of the proceedings, had not itself accepted the compulsory jurisdiction of the International Court of Justice; and

(viii) disputes in respect of which any other Party to the dispute has accepted the compulsory jurisdiction of the International Court of Justice only in relation to or for the purposes of the dispute; or where the acceptance of the Court's compulsory jurisdiction on behalf of any other Party to the dispute was deposited or ratified less than twelve months prior to the filing of the application bringing the dispute before the Court.

(Signed) Pierson Dixon

6 b

I have the honour, by direction of Her Majesty's Principal Secretary of State for Foreign Affairs, to declare on behalf of the Government of the United Kingdom of Great Britain and Northern Ireland that they accept as compulsory *ipso facto* and without special convention, on condition of reciprocity, the jurisdiction of the International Court of Justice, in conformity with paragraph 2 of Article 36 of the Statute of the Court, until such time as notice may be given to terminate the acceptance, over all disputes arising after the 5th of February, 1930, with regard to situations or facts subsequent to the same date, other than:

(i) disputes in regard to which the Parties to the dispute have agreed or shall agree to have recourse to some other method of peaceful settlement;

(ii) disputes with the Government of any other country which is a Member of the British Commonwealth of Nations, all of which disputes shall be settled in such manner as the Parties have agreed or shall agree;

(iii) disputes with regard to questions which by international law fall exclusively within the jurisdiction of the United Kingdom;

---

b. Original English. Deposited on 26 November 1958. 316 U.N.T.S., p. 59. Terminated on 27 November 1963. 482 U.N.T.S., p. 382.

(iv) disputes arising out of events occurring between the 3rd of September, 1939, and the 2nd of September, 1945;

(v) without prejudice to the operation of sub-paragraph (iv) above, disputes arising out of, or having reference to, any hostilities, war, state of war, or belligerent or military occupation in which the Government of the United Kingdom are or have been involved;

(vi) disputes concerning any question relating to or arising out of events occurring before the date of the present Declaration which, had they been the subject of proceedings brought before the International Court of Justice previous to that date, would have been excluded from the Court's compulsory jurisdiction under the second part of the Reservation numbered (v) in the previous United Kingdom Declaration dated the 18th of April, 1957, namely that part which started with the words ". . . or relating to any question . . ." and ended with the words ". . . dependent territories";

(vii) disputes relating to any matter excluded from compulsory adjudication or arbitration under any treaty, convention or other international agreement or instrument to which the United Kingdom is a party;

(viii) disputes in respect of which arbitral or judicial proceedings are taking, or have taken, place, with any State which, at the date of the commencement of the proceedings, had not itself accepted the compulsory jurisdiction of the International Court of Justice; and

(ix) disputes in respect of which any other Party to the dispute has accepted the compulsory jurisdiction of the International Court of Justice only in relation to or for the purposes of the dispute; or where the acceptance of the Court's compulsory jurisdiction on behalf of any other Party ot the dispute was deposited or ratified less than twelve months prior to the filing of the application bringing the dispute before the Court.

2. The Government of the United Kingdom also reserves the right at any time, by means of a notification addressed to the Secretary-General of the United Nations, and with effect as from the moment of such notification, either to add to, amend or withdraw any of the foregoing reservations, or any that may hereafter be added.

New York, 26 November 1958   (*Signed*) Pierson Dixon

7 c

I have the honour, by direction of Her Majesty's Principal Secretary of State for Foreign Affairs, to declare on behalf of the Government of the United Kingdom of Great Britain and Northern Ireland that they accept as compulsory *ipso facto* and without special convention, on condition of reciprocity, the jurisdiction of the International Court of Justice, in conformity with paragraph 2 of Article 36 of the Statute of the Court, until

---

c. Original English. Deposited on 27 November 1963. 482 U.N.T.S., p. 187. Terminated on 1 January 1969. 654 U.N.T.S., p. 381.

such time as notice may be given to terminate the acceptance, over all disputes arising after the 5th of February, 1930, with regard to situations or facts subsequent to the same date, other than:

(i) disputes in regard to which the Parties to the dispute have agreed or shall agree to have recourse to some other method of peaceful settlement;

(ii) disputes with the Government of any other country which is a Member of the British Commonwealth of Nations, all of which disputes shall be settled in such manner as the Parties have agreed or shall agree;

(iii) disputes with regard to questions which by international law fall exclusively within the jurisdiction of the United Kingdom;

(iv) disputes arising out of events occurring between the 3rd of September, 1939, and the 2nd of September, 1945;

(v) without prejudice to the operation of sub-paragraph (iv) above, disputes arising out of, or having reference to, any hostilities, war, state of war, or belligerent or military occupation in which the Government of the United Kingdom are or have been involved;

(vi) disputes relating to any matter excluded from compulsory adjudication or arbitration under any treaty, convention or other international agreement or instrument to which the United Kingdom is a party;

(vii) disputes in respect of which arbitral or judicial proceedings are taking, or have taken place, with any State which, at the date of the commencement of the proceedings, had not itself accepted the compulsory jurisdiction of the International Court of Justice; and

(viii) disputes in respect of which any other Party to the dispute has accepted the compulsory jurisdiction of the International Court of Justice only in relation to or for the purposes of the dispute; or where the acceptance of the Court's compulsory jurisdiction on behalf of any other Party to the dispute was deposited or ratified less than twelve months prior to the filing of the application bringing the dispute before the Court.

2. The Government of the United Kingdom also reserve the right at any time, by means of a notification addressed to the Secretary-General of the United Nations, and with effect as from the moment of such notification, either to add to, ament or withdraw any of the foregoing reservations, or any that may hereafter be added.

United Kingdom Mission to the United Nations,   (*Signed*) Patrick Dean
New York, 27 November 1963

8 ^d

I have the honour, by direction of Her Majesty's Principal Secretary of State for Foreign and Commonwealth Affairs, to declare on behalf of the Government of the United Kingdom of Great Britain and Northern Ireland that they accept as compulsory *ipso facto* and without special conven-

---

d. Original English. Deposited on 1 January 1969. 654 U.N.T.S., p. 335.

tion, on condition of reciprocity, the jurisdiction of the International Court of Justice, in conformity with paragraph 2 of Article 36 of the Statute of the Court, until such time as notice may be given to terminate the acceptance, over all disputes arising after the 24th of October 1945, with regard to situations or facts subsequent to the same date, other than:

(i) any dispute which the United Kingdom

a) has agreed with the other Party or Parties thereto to settle by some other method of peaceful settlement; or

b) has already submitted to arbitration by agreement with any State which had not at the time of submission accepted the compulsory jurisdiction of the International Court of Justice.

(ii) disputes with the Government of any other country which is a Member of the Commonwealth with regard to situations or facts existing before the 1st of January, 1969.

(iii) disputes in respect of which any other Party to the dispute has accepted the compulsory jurisdiction of the International Court of Justice only in relation to or for the purpose of the dispute; or

where the acceptance of the Court's compulsory jurisdiction on behalf of any other Party to the dispute was deposited or ratified less than twelve months prior to the filing of the application bringing the dispute before the Court.

2. The Government of the United Kingdom also reserve the right at any time, by means of a notification addressed to the Secretary-General of the United Nations, and with effect as from the moment of such notification, either to add to, amend or withdraw any of the foregoing reservations, or any that may hereafter be added.

United Kingdom Mission to the United Nations.   (*Signed*) L. C. Glass
New York, 1 January 1969

United States of America

1ᵉ

I, Harry S. Truman, President of the United States of America, declare on behalf of the United States of America, under Article 36, paragraph 2, of the Statute of the International Court of Justice, and in accordance with the Resolution of August 2, 1946, of the Senate of the United States of America (two-thirds of the Senators present concurring therein), that the United States of America recognizes as compulsory *ipso facto* and without special agreement, in relation to any other State accepting the same obligation, the jurisdiction of the International Court of Justice in all legal disputes hereafter arising concerning:

---

e. Original English. Deposited on 26 August 1946. 1 U.N.T.S., p. 9. Invoked in *U.S. Nationals in Morocco, Interhandel* and *Aerial Incident of 27 July 1955* cases.

(*a*) the interpretation of a treaty;

(*b*) any question of international law;

(*c*) the existence of any fact which, if established, would constitute a breach of an international obligation;

(*d*) the nature or extent of the reparation to be made for the breach of an international obligation;

Provided, that this declaration shall not apply to

(*a*) disputes the solution of which the Parties shall entrust to other tribunals by virtue of agreements already in existence or which may be concluded in the future; or

(*b*) disputes with regard to matters which are essentially within the domestic jurisdiction of the United States of America as determined by the United States of America; or

(*c*) disputes arising under a multilateral treaty, unless (1) all Parties to the treaty affected by the decision are also Parties to the case before the Court, or (2) the United States of America specially agrees to jurisdiction; and

Provided further, that this declaration shall remain in force for a period of five years and thereafter until the expiration of six months after notice may be given to terminate this declaration.

Done at Washington this fourteenth day of August 1946

(*Signed*) Harry S. Truman

Uruguay

1[f]

On behalf of the Government of Uruguay, I recognize, in relation to any Member or State accepting the same obligation, that is to say, on the sole condition of reciprocity, the jurisdiction of the Court as compulsory, *ipso facto* and without special convention.

(*Signed*) B. Fernandez y Medina

---

f. 11 December 1920. 6 L.N.T.S., pp. 380, 413.

AUTHORITY TO REQUEST
ADVISORY OPINIONS
(Charter, Article 96)

(a) ORGANS OF THE UNITED NATIONS AUTHORIZED DIRECTLY BY THE CHARTER

By Article 96, paragraph 1, of the Charter:
The General Assembly or the Security Council may request the International Court of Justice to give an advisory opinion on any legal question.[a]

(b) ORGANS OF THE UNITED NATIONS AUTHORIZED BY THE GENERAL ASSEMBLY
(Charter, Article 96, paragraph 2)

Authorization of the Economic and Social Council to request advisory opinions of the International Court of Justice

General Assembly Resolution 89 (I)[b]
11 December 1946

The General Assembly, under Article 96, paragraph 2, of the Charter, is empowered to authorize other organs of the United Nations and specialized agencies to request advisory opinions of the International Court of Justice on legal questions arising within the scope of their activities.

The Economic and Social Council, as one of the principal organs of the United Nations and by virtue of the functions and powers conferred upon it under Chapter X of the Charter of the United Nations, has wide responsibilities in diverse fields of economic and social co-operation, in the fulfilment of which it may need to request advisory opinions of the International Court of Justice.

In addition, by virtue of the terms of Article 63 of the Charter, the function of co-ordinating the activities of specialized agencies brought into relationship with the United Nations has been conferred upon the Economic and Social Council. To enable the Council adequately to discharge its co-ordinating responsibility, it should be authorized to request advisory opinions on all legal questions within its scope, including legal questions concerning mutual relationships of the United Nations and the specialized agencies.

---

a. Invoked by General Assembly in the following cases: *Conditions of Admission, Reparation, Peace Treaties, Competence of General Assembly, International Status of South West Africa, Reservations, U.N. Administrative Tribunal, South West Africa Voting Procedure, South West Africa Petitioners, Certain Expenses.* Invoked by Security Council in *Namibia* case.

b. For documentation see *Official Records of the Economic and Social Council*, first year, third session, No. 3 p. 37 and Supp. No. 2, doc. E/131/Rev.1; *Official Records of the General Assembly*, First session, second part, plenary meetings, report of the Sixth Committee (A/201), p. 1509, Sixth Committee, p. 94.

The General Assembly, therefore, authorizes the Economic and Social Council to request advisory opinions of the International Court of Justice on legal questions arising within the scope of the activities of the Council.

Fifty-fifty plenary meeting,
11 December 1946

Trusteeship Council
General Assembly Resolution 171 B (II)ᶜ
14 November 1947

B

Under Article 96, paragraph 2, of the Charter, the General Assembly is empowered to authorize other organs of the United Nations and specialized agencies to request advisory opinions of the International Court of Justice on legal questions arising within the scope of their activities.

The Trusteeship Council, as one of the principal organs of the United Nations, and in view of the functions and powers conferred upon it by Chapters XII and XIII of the Charter, should be authorized to request advisory opinions on legal questions arising within the scope of its activities.

The General Assembly, therefore,

Authorizes the Trusteeship Council to request advisory opinions of the International Court of Justice on legal questions arising within the scope of the activities of the Council.

Interim Committee of the General Assembly

By paragraph 3 of General Assembly resolution 196 (III) adopted at the 169th plenary meeting on 3 December 1948, and by paragraph 3 of General Assembly resolution 295 (IV) adopted at the 250th plenary meeting on 21 November 1949, the Interim Committee of the General Assembly was authorized

"to request advisory opinions of the International Court of Justice on legal questions arising within the scope of the Committee's activities."

---

c. For documentation, see note on p. 249 above.

Committee on Applications for Review of Administrative Tribunal
Judgments

*Procedure for review of United Nations Administrative
Tribunal judgements: amendments to the Statute
of the Administrative Tribunal*

General Assembly Resolution 957 (X)[d]
8 November 1955

The General Assembly,
Recalling section B of its resolution 888 (IX) of 17 December 1954 in
which at accepted in principle judicial review of the United Nations
Administrative Tribunal,
Having considered the report of the Special Committee on Review of
Administrative Tribunal Judgements submitted pursuant to that resolution,
1. Decides to amend the Statute of the United Nations Administrative
Tribunal, effective from the date of the adoption of the present resolution,
with respect to judgements rendered by the Tribunal thereafter, as
follows:
(*a*) Add the following new article[s] 11 [and 12]:

Article 11

1. If a Member State, the Secretary-General or the person in
respect of whom a judgement has been rendered by the Tribunal
(including any one who has succeeded to that person's rights on his
death) objects to the judgement on the ground that the Tribunal has
exceeded its jurisdiction or competence or that the Tribunal has
failed to exercise jurisdiction vested in it, or has erred on a question
of law relating to the provisions of the Charter of the United Nations,
or has committed a fundamental error in procedure which has
occasioned a failure of justice, such Member State, the Secretary-
General or the person concerned may, within thirty days from the
date of the judgement, make a written application to the Committee
established by paragraph 4 of this article asking the Committee to
request an advisory opinion of the International Court of Justice on
the matter.
2. Within thirty days from the receipt of an application under
paragraph 1 of this article, the Committee shall decide whether or not
there is a substantial basis for the application. If the Committee decides that such a basis exists, it shall request an advisory opinion of

---

d. Official Records of the General Assembly, tenth session, annexes, agenda item
49. For previous discussion see id., ninth session, annexes, agenda item 48.
Invoked in *Application for Review* case.

the Court, and the Secretary-General shall arrange to transmit to the Court the views of the person referred to in paragraph 1.

3. If no application is made under paragraph 1 of this article, or if a decision to request an advisory opinion has not been taken by the Committee, within the periods prescribed in this article, the judgement of the Tribunal shall become final. In any case in which a request has been made for an advisory opinion, the Secretary-General shall either give effect to the opinion of the Court or request the Tribunal to convene specially in order that it shall confirm its original judgement, or give a new judgement, in conformity with the opinion of the Court. If not requested to convene specially the Tribunal shall at its next session confirm its judgement or bring it into conformity with the opinion of the Court.

4. For the purpose of this article, a Committee is established and authorized under paragraph 2 of Article 96 of the Charter to request advisory opinions of the Court. The Committee shall be composed of the Member States the representatives of which have served on the General Committee of the most recent regular session of the General Assembly. The Committee shall meet at United Nations Headquarters and shall establish its own rules.

5. In any case in which award of compensation has been made by the Tribunal in favour of the person concerned and the Committee has requested an advisory opinion under paragraph 2 of this article, the Secretary-General, if satisfied that such person will otherwise be handicapped in protecting his interests, shall within fifteen days of the decision to request an advisory opinion make an advance payment to him of one-third of the total amount of compensation awarded by the Tribunal less such termination benefits, if any, as have already been paid. Such advance payment shall be made on condition that, within thirty days of the action of the Tribunal under paragraph 3 of this article, such person shall pay back to the United Nations the amount, if any, by which the advance payment exceeds any sum to which he is entitled in accordance with the opinion of the Court.

(b) }
(c) } not here relevant.

2. *Recommends* that Member States and the Secretary-General should not make oral statements before the International Court of Justice in any proceedings made under the new article 11 of the Statute of the Administrative Tribunal adopted under the present resolution.

541st plenary meeting,
8 November 1955

(c) **OTHER ORGANS AUTHORIZED BY THE GENERAL ASSEMBLY**
(Charter, Article 96, paragraph 2)

In all other cases the terms of the authorization appear in the agreement establishing the formal relationship between the United Nations and the organization in question, and the approval of that agreement by the General Assembly constituted the authorization required under the Charter. At the second part of the first session of the General Assembly, on the basis of recommendations of the Economic and Social Council, the matter was discussed in a joint meeting of the Second and Third Committees, and the Sixth Committee was asked to examine the matter from the legal point of view. The Sixth Committee recommended that the general authorization provided for in the agreement reached with the International Labour Organization should be granted to the four specialized agencies then under consideration. At the same time the Sixth Committee expressed the view that the General Assembly is competent under the Charter to revoke such a general authorization, but it did not consider that any change in the agreements as negotiated was necessary. For the opinion of the Sixth Committee, see doc. A/C.2&3/35, *Official Records of the General Assembly*, Joint Second and Third Committees, p. 92: for the report of the Joint Second and Third Committee, doc. A/242, see id., plenary meetings, p. 1576. The texts of the agreements can conveniently be found in the publication *Agreements between the United Nations and the Specialized Agencies and the International Atomic Energy Agency* (doc. ST/SG/14, New York, 1961).

The relevant texts, in the order listed in Chapter III of the Court's Yearbook, are as follows:

International Labour Organization

Article IX
Relations with the International Court of Justice

2. The General Assembly authorizes the International Labour Organization to request advisory opinions of the International Court of Justice on legal questions arising with the scope of its activities other than questions concerning the mutual relationships of the Organisation and the United Nations or other specialized agencies.

3. Such request may be addressed to the Court by the Conference, or by the Governing Body acting in pursuance of an authorization by the Conference.

4. When requesting the International Court of Justice to give an advisory opinion, the International Labour Organization shall inform the Economic and Social Council of the request.

Food and Agriculture Organisation of the United Nations

Article IX
Relations with the International Court of Justice

2. As in ILO Agreement.

3. Such request may be addressed to the Court by the Conference or by the Executive Committee acting in pursuance of an authorization by the Conference.

4. As in ILO Agreement.

United Nations Educational, Scientific and Cultural Organization (UNESCO) [e]

Article XI
Relations with the International Court of Justice

2. As in ILO Agreement.

3. Such request may be addressed to the Court by the General Conference or by the Executive Board acting in pursuance of an authorization by the Conference.

4. As in ILO Agreement.

World Health Organization

Article X
Relations with the International Court of Justice

2. The General Assembly authorizes the World Health Organization to request advisory opinions of the International Court of Justice on legal questions arising within the scope of its competence other than questions concerning the mutual relationships of the Organization and the United Nations or other specialized agencies.

3. Such request may be addressed to the Court by the Health Assembly or by the Executive Board acting in pursuance of an authorization by the Health Assembly.

4. As in ILO Agreement.

---

e. Invoked in *I.L.O. Administrative Tribunal (UNESCO)* case.

International Bank for Reconstruction and Development

Article VIII
International Court of Justice

The General Assembly of the United Nations hereby authorizes the Bank to request advisory opinions of the International Court of Justice on any legal question arising within the scope of the Bank's activities other than questions relating to the relationship between the Bank and the United Nations or any specialized agency. Whenever the Bank shall request the Court for an advisory opinion, the Bank will inform the Economic and Social Council of the request.

International Finance Corporation
International Development Association
  The Agreement with IBRD applies.

International Monetary Fund

Article VIII
International Court of Justice

As in IBRD Agreement.

International Civil Aviation Organization

Article X
Relations with the International Court of Justice

2. As in ILO Agreement.
3. Such request may be addressed to the Court by the Assembly or the Council of the International Civil Aviation Organization.
4. As in ILO Agreement.

International Telecommunication Union

Article VII
Relations with the International Court of Justice

2. As in WHO Agreement.
3. Such request may be addressed to the Court by the Plenipotentiary Conference or the Administrative Council acting in pursuance of an authorization by the Plenipotentiary Conference.
4. As in ILO Agreement.

World Meteorological Organization

Article VII
Relations with the International Court of Justice

2. As in WHO Agreement.
3. Such requests may be addressed to the Court by the Congress or the Executive Committee acting in pursuance of an authorization by the Congress.
4. As in ILO Agreement.

Inter-Governmental Maritime Consultative Organization [f]

Article IX
Relations with the International Court of Justice

2. As in ILO Agreement.
3. Such request may be addressed to the Court by the Assembly or by the Council acting in pursuance of an authorization by the Assembly.
4. As in ILO Agreement.

International Atomic Energy Agency

Article X
International Court of Justice

1. The United Nations will take the necessary action to enable the General Conference or the Board of Governors of the Agency to seek an advisory opinion of the International Court of Justice on any legal question arising within the scope of the activities of the Agency, other than a question concerning the mutual relationships of the Agency and the United Nations or the specialized agencies.

---

f. Invoked in *Maritime Safety Committee* case.

Authority to the International Atomic Energy Agency to request advisory opinions of the International Court of Justice[g]

General Assembly Resolution 1146 (XII)
14 November 1957

The General Assembly,

Recalling the provisions of Article 96 of the Charter of the United Nations,

Noting the provisions of Article XVII of the Statute of the International Atomic Energy Agency and of Article X of the Agreement governing the relationship between the United Nations and the Agency,

Authorizes the International Atomic Energy Agency to request advisory opinions of the International Court of Justice on legal questions arising within the scope of its activities other than questions concerning the relationship between the Agency and the United Nations or any specialized agency.

715th plenary meeting,
14 November 1957.

The agreements with the International Labour Organization, the Food and Agriculture Organization, UNESCO and the International Civil Aviation Organization were approved by General Assembly resolution 50 (I) of 14 December 1946; those with the International Bank for Reconstruction and Development, the International Monetary Fund, the World Health Organization and the International Telecommunication Union by resolution 124 (II) of 15 November 1947; that with the Intergovernmental Maritime Consultative Organization by resolution 204 (II) of 18 November 1948; that with the World Meteorological Organization by resolution 531 (VI) of 20 December 1951; that with the International Finance Corporation by resolution 1116 (XI) of 20 February 1957; and that with the International Development Association by resolution 1594 (XV) of 27 March 1961.

---

g. For documentation see *Official Records of the General Assembly*, twelfth session, annexes, agenda item 18.

THE COMPOSITION OF THE COURT
(1922-1973)

(A) Permanent Court of International Justice
Term of Office commences on 1 January

First Period, 1922-30

R. Altamira y Crevea	Spain
D. Anzilotti (President, 1928-30)	Italy
R. Barbosa (d. 1 March 1923)	Brazil
A. S. de Bustamante y Sirven	Cuba
Viscount Finlay (d. 9 March 1929)	U.K.
H. Fromageot (from 19 September 1929)	France
H. M. Huber (President, 1925-7, Vice-President 1928-31)	Switzerland
C. E. Hughes (8 September 1928-15 February 1930)	U.S.A.
C. J. B. Hurst (from 19 September 1929)	U.K.
F. B. Kellog (from 25 September 1930)	U.S.A.
B. C. J. Loder (President, 1922-4)	Netherlands
J. B. Moore (resigned 11 April 1928)	U.S.A.
D. G. G. Nyholm	Denmark
Y. Oda	Japan
E. d. S. Pessôa (from 10 September 1923)	Brazil
C. A. Weiss (Vice-President 1922-8, d. 31 August 1928)	France

Deputy-Judges

F. V. N. Beichmann	Norway
D. Negulesco	Romania
Wang Ch'ung-hui	China
M. Yovanovitch	Yugoslavia

Second Period, 1931-45

M. Adatci (President 1931-3, d. 28 December 1934)	Japan
R. Altamira y Crevea	Spain
D. Anzilotti	Italy
A. S. de Bustamente y Sirven	Cuba
Cheng Tien-Hsi (from 8 October 1936)	China
R. W. Erich (from 26 September 1938)	Finland
W. J. M. van Eysinga	Netherlands
H. Fromageot	France
J. G. Guerrero (Vice-President, 1931-36, Pres., 1936-46)	El Salvador
Åke Hammarskjöld (from 8 October 1936, d. 7 July 1937)	Sweden
M. O. Hudson (from 8 October 1936)	U.S.A.
C. J. B. Hurst (President 1934-6, Vice-President 1936-46)	U.K.
F. B. Kellog (resigned 9 September 1935)	U.S.A.
H. Nagaoka (from 14 September 1935, resigned 15 January 1942)	Japan

D. Negulesco	Romania
E. Rolin-Jaequemyns (d. 11 July 1936)	Belgium
M. C. J. Rostworowski (d. 24 March 1940)	Poland
W. Schücking (d. 25 August 1935)	Germany
F. J. Urrutia (resigned 9 January 1942)	Colombia
Ch. De Visscher (from 27 May 1937)	Belgium
Wang Ch'ung-hui (resigned 15 January 1936)	China

Deputy-Judges
(Post abolished on 1 February 1936)

R. W. Erich	Finland
J. C. d. Matta	Portugal
M. Novacovitch	Yugoslavia
J. Redlich	Austria

(B) International Court of Justice
Term of Office commences on 6 February

(Judges in order of Precedence)

First Period, 1946-9 and Second Period, 1949-52

*** J. G. Guerrero (President 1946-9, Vice-President 1949-52)	El Salvador
*** J. Basdevant (Vice-President 1946-9, President 1949-52)	France
*** A. Alvarez	Chile
*** I. Fabela	Mexico
** G. H. Hackworth	U.S.A.
* B. Winiarski	Poland
* M. Zoričić	Yugoslavia
** Ch. De Visscher	Belgium
*** Sir A. McNair	U.K.
** H. Klaestad	Norway
* A. H. Badawi	Egypt
** S. B. Krylov	U.S.S.R.
* J. E. Read	Canada
* Hsu Mo	China
*** J. Azevedo (d. 7 May 1951)	Brazil
**** L. Carneiro (from 6 December 1951)	Brazil

   * Elected for three-year term expiring on 6 February 1949.
  ** Elected for six-year term expiring on 6 February 1952.
 *** Elected for nine-year term expiring on 6 February 1955.
**** Elected for remainder of predecessor's term.

Third Period, 1952-5

Sir A. McNair (President)	U.K.
J. G. Guerrero (Vice-President)	El Salvador
A. Alvarez	Chile
J. Basdevant	France
G. H. Hackworth	U.S.A.
B. Winiarski	Poland
M. Zoričić	Yugoslavia
H. Klaestad	Norway
A. H. Badawi	Egypt
J. E. Read	Canada
Hsu Mo	China
L. Carneiro	Brazil
Sir B. Rau (d. 30 November 1953)	India
E. C. Armand-Ugon	Uruguay
S. A. Golunsky (resigned 25 July 1953)	U.S.S.R.
F. I. Kozhevnikov (from 27 November 1953)	U.S.S.R.
Sir M. Zafrulla Khan (from 7 October 1954)	Pakistan

Fourth Period, 1955-8

G. H. Hackworth (President)	U.S.A.
A. H. Badawi (Vice-President)	Egypt
J. G. Guerrero	El Salvador
J. Basdevant	France
B. Winiarski	Poland
M. Zoričić	Yugoslavia
H. Klaestad	Norway
J. E. Read	Canada
Hsu Mo (d. 28 June 1956)	China
E. C. Armand-Ugon	Uruguay
F. I. Kozhevnikov	U.S.S.R.
Sir M. Zafrulla Khan	Pakistan
Sir H. Lauterpacht	U.K.
L. M. Moreno Quintana	Argentina
R. Córdova	Mexico
V. K. Wellington Koo (from 11 January 1957)	China

Fifth Period, 1958-61

H. Klaestad (President)	Norway
Sir M. Zafrulla Khan (Vice-President)	Pakistan
J. G. Guerrero (d. 25 November 1958)	El Salvador
J. Basdevant	France
G. H. Hackworth	U.S.A.

B. Winiarski	Poland
A. H. Badawi	United Arab Republic
E. G. Armand-Ugon	Uruguay
F. I. Kozhevnikov	U.S.S.R.
Sir H. Lauterpacht (d. 8 May 1960)	U.K.
L. M. Moreno Quintana	Argentina
R. Córdova	Mexico
V. K. Wellington Koo	China
J. Spiropoulos	Greece
Sir Percy Spender	Australia
R. J. Alfaro (from 29 September 1959)	Panama
Sir Gerald Fitzmaurice (from 16 November 1960)	U.K.

Sixth Period, 1961-4

B. Winiarski (President)	Poland
R. J. Alfaro (Vice-President)	Panama
J. Basdevant	France
A. H. Badawi	U.A.R.
L. M. Moreno Quintana	Argentina
R. Córdova	Mexico
V. K. Wellington Koo	China
J. Spiropoulos	Greece
Sir Percy Spender	Australia
Sir Gerald Fitzmaurice	U.K.
V. M. Koretsky	U.S.S.R.
K. Tanaka	Japan
J. L. Bustamente y Rivero	Peru
P. C. Jessup	U.S.A.
G. Morelli	Italy

Seventh Period, 1964-7

Sir Percy Spender (President)	Australia
V. K. Wellington Koo (Vice-President)	China
B. Winiarski	Poland
A. H. Badawi (d. 4 August 1965)	U.A.R.
J. Spiropoulos	Greece
Sir Gerald Fitzmaurice	U.K.
V. M. Koretsky	U.S.S.R.
K. Tanaka	Japan
J. L. Bustamante y Rivero	Peru
P. C. Jessup	U.S.A.
G. Morelli	Italy
Sir M. Zafrulla Khan	Pakistan

L. Padilla Nervo	Mexico
I. Forster	Senegal
A. Gros	France
F. Ammoun (from 16 November 1965)	Lebanon

Eighth Period, 1967-70

J. L. Bustamente y Rivero (President)	Peru
V. M. Koretsky (Vice-President)	U.S.S.R.
Sir Gerald Fitzmaurice	U.K.
K. Tanaka	Japan
P. C. Jessup	U.S.A.
G. Morelli	Italy
Sir M. Zafrulla Khan	Pakistan
L. Padilla Nervo	Mexico
I. Forster	Senegal
A. Gros	France
F. Ammoun	Lebanon
C. Bengzon	Philippines
S. Petrén	Sweden
M. Lachs	Poland
C. D. Onyeama	Nigeria

Ninth Period, 1970-3

Sir M. Zafrulla Khan (President)	Pakistan
F. Ammoun (Vice-President)	Lebanon
Sir Gerald Fitzmaurice	U.K.
L. Padilla Nervo	Mexico
I. Forster	Senegal
A. Gros	France
C. Bengzon	Philippines
S. Petrén	Sweden
M. Lachs	Poland
C. D. Onyeama	Nigeria
H. C. Dillard	U.S.A.
I. Ignacio-Pinto	Dahomey
F. de Castro	Spain
P. D. Morozov	U.S.S.R.
E. Jiménez de Aréchaga	Uruguay

Tenth Period (1973- —)

M. Lachs (President)	Poland
F. Ammoun (Vice-President)	Lebanon
I. Forster	Senegal

A. Gros	France
C. Bengzon	Philippines
S. Petrén	Sweden
C. D. Onyeama	Nigeria
H. C. Dillard	U.S.A.
I. Ignacio-Pinto	Dahomey
F. de Castro	Spain
P. D. Morozov	U.S.S.R.
E. Jiménez de Aréchaga	Uruguay
Sir Humphrey Waldock	U.K.
Nagendra Singh	India
J. M. Ruda	Argentina

THE ELECTIONS
OF MEMBERS OF THE COURT

General Election of 1946

The Agreement on Interim Arrangements adopted by the San Francisco Conference established the Preparatory Commission for the purpose of making arrangements for the first meetings of the various principal organs, and for the convening of the Court, and the Commission was specifically empowered to issue invitations for the nomination of candidates for the Court in accordance with the Statute. The Executive Committee of the Preparatory Commission took the view that the election of the judges should take place at the First Session of the General Assembly and the First Meetings of the Security Council, and considering that Article 5 of the Statute required the invitations for the nomination of candidates to be issued at least three months before the date of the election, recommended approval of its action in directing the Executive Secretary to issue the invitations and to take all the necessary action thereafter as required under Article 7 of the Statute. At the same time, it included in its proposals for the Provisional Agenda for the First Part of the First Session and for the Provisional Agenda for the First Meetings of the Security Council the item "election of members of the International Court of Justice". In the Preparatory Commission itself the postponement of the election to the second part of the First Session was suggested, on the ground that more time was needed for securing the best available candidates and for the due consideration of the list of candidates when completed. However, after discussion, this idea was rejected by 26 votes to 8 in Committee 5 of the Preparatory Commission, which at the same time expressed the desire that the remotest date within the first part of the Session should be assigned to the election.[1]

Accordingly, invitations were issued on 12 September 1945, and the final date for receiving nominations was fixed at 10 January 1946. There were 76 candidates nominated, of whom three withdrew before the date of the election. The procedure to be followed was outlined in a memorandum from the Secretariat which was circulated to the two electoral organs, and which was summarized by each President at the commencement of the elections.[2] The election was held at the 9th meeting of the Security Council, which commenced at 10.30 a. m. and terminated at 11. 38 p. m., and in the 23rd, 24th, 25th and 26th Plenary Meetings of the General Assembly, on 6 and 9 February 1946.

On the first ballot in the Security Council, an absolute majority was received by MM. Hsu Mo (China) (11), Krylov (U.S.S.R.) (11), Badawi

---

1. Report of the Executive Committee of the Preparatory Commission, doc. PC/EX/113/Rev. 1, pp. 9, 18, 41, 66; Summary Records, PC/LEG/10, 16, 19, 23, 31; Report of the Preparatory Committee, doc. PC/20, pp. 8, 25, 57.

2. Doc. A/25, *Official Records of the General Assembly*, first session, first part, Plenary, p. 582. In each subsequent election, a similar memorandum has been circulated.

(Egypt) (10), Basdevant (France) (10), Sir Arnold McNair (United Kingdom) (10), MM. Azevedo (Brazil) (9), De Visscher (Belgium) (9), Fabela Alfaro (Mexico) (8), Hackworth (U.S.A.) (8), Read (Canada) (8), Zoričić (Yugoslavia) (8), Alvarez (Chile) (7), Bailey (Australia) (6), Guerrero (El Salvador) (6) and Klaestad (Norway) (6). After the completion of that ballot, the President transmitted those names to the General Assembly, and suspended the meeting until the afternoon.

In the General Assembly, where the required majority was 26, the following candidates received the required majority at the 23rd meeting: MM. Hsu Mo (41), De Visscher (40), Basdevant (39), Guerrero (34), Krylov (34), Sir Arnold McNair (34), MM. Fabela Alfaro (33), Hackworth (32), Alvarez (31), Azevedo (31), Badawi (30), Podestá Costa (Argentina) (30), Read (27), Sir Zafrulla Khan (India)[3] (27) and Zoričić (26).

Thirteen candidates had accordingly been elected by each organ, and their names were announced by the President of the General Assembly, which then adjourned. On the second ballot in the Security Council, an absolute majority was received by M. Winiarski (Poland (7), and a question of procedure then arose, concerning whether the President should communicate the result of that ballot to the General Assembly. The next ballot was then taken, but before announcing the result the President emphasized that it was the third ballot, the implication being that if it failed to produce an election, the procedure of Articles 11 and 12 would be brought into play. This gave rise to a further complicated procedural discussion regarding the meaning of the words "meeting" and "ballot" for the purposes of Articles 11 and 12. In the course of this long discussion the President of the General Assembly was invited to address the Security Council. Ultimately the result of the ballot was announced, and it was disclosed that M. Klaestad (8) had received an absolute majority. At this point the meeting was again suspended.

At the 24th Plenary Meeting of the General Assembly, no candidate received the necessary majority, and a procedural discussion took place on the meaning of the word "meeting" for the purposes of Articles 11 and 12. On a show of hands vote, the General Assembly decided that a meeting for the purpose of election is a meeting with a single ballot, and not an entire day of balloting. Thereafter the General Assembly adjourned its meeting.

At the 25th Plenary Meeting of the General Assembly (which had before it the results of the second and third ballots in the Security Council), M. Klaestad (30) received the required majority, and was declared elected. A further procedural discussion ensued, and it was decided to proceed to a fourth vote at which M. Winiarski (26) received the necessary majority.

The Security Council then resumed its meeting, in the course of which it was explained by the President that no precedent was being created

---

3. Before the partition of India.

pending the clarification of the matter before the next election. M. Winiarski (8) received an absolute majority, and was declared elected. At the 26th Plenary Meeting of the General Assembly on 9 February, no new ballot was held, and the President formally announced the election of M. Winiarski. The determination of the three, six and nine year terms of office, all of which commenced on 6 February 1946, was then made by lot, drawn by the Secretary-General. Judges Zoričić, Read, Winiarski, Badawi and Hsu Mo received terms of office of three years, Fabela Alfaro, Klaestad, De Visscher, Hackworth and Krylov six years, and Basdevant, Guerrero, Sir Arnold McNair, Azevedo and Alvarez nine years.

An agreed definition of "meeting" was later inserted into the Rules of Procedure of the electoral organs (see Statute, Article 6).

Regular Election of 1948

For the regular election consequent on the expiry in 1949 of the terms of office of Judges Zoričić, Read, Winiarski, Badawi and Hsu Mo, there were 40 candidates, including all the retiring judges. The election took place at the 369th and 371st meetings of the Security Council and the 152nd and 153rd Plenary Meetings of the General Assembly, on 22 October 1948.[4]

On the first ballot in the Security Council, an absolute majority was obtained by MM. Hsu Mo (10), Badawi (9), Read (6) and Winiarski (6). The second, third, fourth and fifth ballots were inconclusive, no candidate receiving an absolute majority. On the sixth ballot an absolute majority was received by Sir Benegal Rau (India) (6).

In the General Assembly, where the absolute majority was 30, MM. Hsu Mo (48), Badawi (43) and Read (37) received the necessary majority on the first ballot. The second and third ballots were inconclusive, and MM. Winiarski (33) and Spiropoulos (Greece) (31) received the necessary majority on the fourth ballot. Four judges having thus been elected, the two organs adjourned, and reconvened in new meetings.

At the 371st meeting of the Security Council, no candidate received an absolute majority on the first ballot, and M. Zoričić (7) on the second. At the 152nd Plenary Meeting of the General Assembly, two ballots were inconclusive, and on the third ballot M. Zoričić (37) received the necessary majority, and the election was thus completed.

Occasional and Regular Elections of 1951

The death on 7 May 1951 of Judge Azevedo, whose term of office was due to expire in 1955, occasioned the first instance of the procedure of Article 14 of the present Statute. The Security Council, at its 548th

---

4. See doc. A/677, *Official Records of the General Assembly*, third session, first part, Plenary, annexes, p. 244.

meeting on 29 May 1951, accepted the suggestion of the Secretary-General
(S/2153) that it should decide on the date of the election before the
invitations were sent to the national groups to nominate candidates. In
resolution 94 (1951), adopted unanimously on the proposal of the President, it formally decided that the election should take place during the
sixth session of the General Assembly and prior to the regular election
to be held at the same session.[5]

For the occasional election, there were 11 candidates, including one
nominated by the national group of Brazil. The election took place at the
567th meeting of the Security Council and the 350th Plenary Meeting of
the General Assembly (in which the required majority was 32) on 6 December 1951. On a single ballot in each organ, M. Carneiro was elected
unanimously in the Security Council, and with a majority of 60 in the
General Assembly.

For the regular election consequent on the expiry in 1952 of the terms
of office of Judges Fabela Alfaro, Klaestad, De Visscher, Hackworth and
Krylov, there were 32 nominated candidates, of whom two withdrew. On
the first ballot in the Security Council, an absolute majority was obtained
by MM. Armand-Ugon (Uruguay) (7), Golunsky (U.S.S.R.) (9), Hackworth (11), Klaestad (8), De Visscher (7) and Sir Benegal Rau (7). Before
the balloting, the President had indicated that should more than five
candidates obtain the necessary majority, he would decide upon the
procedure to be followed. (The difficulty really arose from the fact that
three candidates had received 7 votes, and this made it impossible to apply
the normal procedure of declaring elected those who had received the
greatest number of votes in excess of the absolute majority.) After a
procedural discussion the President ruled against submitting the six names
to the General Assembly on the ground that to do so appeared to be
"incompatible" with the Statute. The Council rejected a proposal by India
to await receipt of the results of the ballot in the General Assembly before
again voting, and decided to vote again for all five vacancies. A second
ballot was then held at which an absolute majority was obtained by MM.
Armand-Ugon (9), Golunsky (7), Hackworth (9), Klaestad (9) and Sir
Benegal Rau (8).

On the first ballot in the General Assembly, the necessary majority was
obtained by MM. Hackworth (43), Golunsky (41), Armand-Ugon (41)
and Sir Benegal Rau (32). No candidate received an absolute majority on
the second ballot, and then, on the proposal of the President, a restricted
ballot was held, limited to MM. Klaestad and De Visscher. M. Klaestad
received a majority of 43 and the election was thus completed.

As a result of this election, the representation of Europe on the Court
was reduced by one, and that of Asia was increased.

---

5. For documentation, see *Official Records of the General Assembly*, sixth session,
annexes, agenda item 15. On this election, see Hudson, "The Thirtieth Year of the
World Court" in *American Journal of International Law*, 46 (1952), at p. 39.

Occasional Election of 1953

Following the resignation on 27 July 1953 of Judge Golunsky, whose term of office was due to expire in 1961, the Security Council, at its 618th meeting on 12 August 1953, decided in resolution 99 (1953) that an election to fill the vacancy should be held during the eighth session of the General Assembly. There were nine nominated candidates, of whom three withdrew. At the 644th meeting of the Security Council and the 458th Plenary Meeting of the General Assembly on 27 November 1953, M. Kozhevnikov was elected by majorities of 9 and 57 respectively.[6]

Occasional and Regular Elections of 1954

Following the death on 30 November 1953 of Sir Benegal Rau, whose term of office was due to expire in 1961, the Security Council decided, at its 677th meeting on 28 July 1954, that the election to fill the vacancy would be held during the ninth session of the General Assembly and prior to the regular election to be held at the same session (resolution 105 (1954), following the memorandum of the Secretariat in S/3226). For this election, there were 12 nominated candidates, of whom one withdrew. The election took place at the 681st meeting of the Security Council and the 493rd Plenary Meeting of the General Assembly, on 7 October 1954. In the Security Council, Sir Zafrulla Khan (Pakistan) (6) received an absolute majority. In the General Assembly, the absolute majority was 33. On the first ballot, which was inconclusive, Mr. Pal (India) received 32 votes, and on the second ballot Sir Zafrulla Khan received 33, and was duly elected.

The surprising feature of this election was the closeness of the voting in both organs. The candidate proposed by the national group of the resigned or deceased member has no absolute right to be elected: such a theory would make elections to fill occasional vacancies unnecessary. Nevertheless, there are good grounds for the view that an occasional election should be removed from political asperities. Had Article 10 of the Statute been interpreted as requiring an absolute majority of those *present and voting* in the General Assembly, the candidate of the Indian national group would have been chosen. But the requirement of an absolute majority of those entitled to vote, whether or not they were present and voting, puts a premium on absent States. In 1954, 64 States (60 members of the United Nations plus four non-members parties to the Statute) were entitled to vote—hence the required absolute majority of 33. However, San Marino did not participate in the meetings, nor did Israel, for reasons of a special kind. The date fixed for the election coincided with the Day of Atonement, and it was impossible for the Israel

---

6. For documentation, see *Official Records of the General Assembly*, eighth session, annexes, agenda item 59.

delegation to participate in any meeting on that day. According to press reports, Israel's absence was decisive.[7]

For the regular election consequent upon the expiration in 1955 of the terms of office of Judges Basdevant, Guerrero, Sir Arnold McNair, Alvarez and Carneiro, there were 30 nominated candidates, of whom three withdrew and one (Sir Zafrulla Khan) had become ineligible.[8]

On the first ballot in the Security Council, an absolute majority was received by MM. Basdevant (10), Lauterpacht (United Kingdom) (9), Córdova (Mexico) (8), Guerrero (7), Moreno Quintana (Argentina) (7) and De Visscher (6). The result of the second ballot was similar: MM. Basdevant (10), Córdova (8), Guerrero (8), Lauterpacht (8), Moreno Quintana (7) and De Visscher (7), as was the result of the third ballot: MM. Basdevant (9), Córdova (8), Lauterpacht (8), Moreno Quintana (7), De Visscher (7) and Guerrero (6). On the fourth ballot, an absolute majority was received by MM. Basdevant (9), Córdova (9), Lauterpacht (8) and Moreno Quintana (8). On the fifth ballot, an absolute majority was received by M. Guerrero (7). One ballot only was necessary in the General Assembly, where the requisite majority was received by MM. Córdova (41), Guerrero (41), Basdevant (40), Lauterpacht (39) and Moreno Quintana (36).

This election produced no change in the representation of continents on the Court.

Occasional Election of 1956

Following the death on 28 June 1956 of Judge Hsu Mo, whose term of office was due to expire in 1958, the Security Council decided, at its 733rd meeting on 6 September 1956 (Resolution 117 (1956)), that the election should take place during the Eleventh Session of the General Assembly. For this election there were eight nominated candidates, of whom three withdrew. The election was held at the 757th, 758th and 759th meetings of the Security Council and the 625th, 626th and 627th Plenary Meetings of the General Assembly on 19 December 1956, and at the 760th meeting of the Security Council and 637th Plenary Meeting of the General Assembly on 11 January 1957.[9]

At the 757th meeting of the Security Council, M. Wellington Koo

---

7. *New York Times* of 8 October 1954; also in Israel press. It is understood that attempts made to have the date of the election changed were unsuccessful. If so, this would appear to indicate that the procedure for determining the dates of fixed events in the General Assembly—such as elections—is unduly rigid and that not enough time is available for consultations with the different delegations, to ascertain the suitability of the date proposed.

8. For documentation, see *Official Records of the General Assembly*, ninth session, annexes, agenda item 16.

9. For documentation, see *Official Records of the General Assembly*, eleventh session, annexes, agenda item 17.

(China) (8) received an absolute majority. At the 625th Plenary Meeting of the General Assembly, where the absolute majority was 42, two inconclusive ballots were held before M. Kuriyama (Japan) (43) received the majority. The second and third ballots were restricted to MM. Koo and Kuriyama. At the 758th meeting of the Security Council, M. Koo (7) received an absolute majority on the first ballot. At the 626th Plenary Meeting, the first ballot was inconclusive, and on the second, restricted to MM. Koo and Kuriyama, M. Kuriyama received 42 votes. At the 759th meeting of the Security Council, M. Koo (7) again received an absolute majority. At the 627th Plenary Meeting, the first ballot (unrestricted), the second and third (restricted to the same two candidates), fourth, fifth and sixth (unrestricted), seventh, eighth and ninth (restricted) ballots were inconclusive. On the tenth ballot (unrestricted), M. Kuriyama (44) received the necessary majority. The General Assembly then decided to postpone the election.

By the time the election was resumed in January 1957, a change had occurred in the composition of the Security Council. On the first ballot in the 760th meeting, M. Wellington Koo (8) received an absolute majority. At the 637th Plenary Meeting of the General Assembly, the first ballot was inconclusive, and on the second (restricted) ballot M. Koo (42) received the requisite majority, and was duly declared elected.

The *Official Records* of the two electoral organs do not disclose any attempt to resolve the deadlock between the two organs on the basis of the Joint Conference envisaged in Article 12 of the Statute. This confirms the permissive character of the provision. The only comment was that of the President of the General Assembly who, at the commencement of the business, remarked that the General Assembly was about to proceed to the first ballot of the fourth meeting on the question. These fourth meetings proceeded smoothly, and it may be therefore assumed that more discreet methods were found to resolve the deadlock than the cumbersome device of the Joint Conference of the two organs.

Regular Election of 1957

For the regular election consequent upon the expiration in 1958 of the terms of office of Judges Badawi, Read, Winiarski, Zoričić and Wellington Koo, there were 24 nominated candidates, including four of the retiring judges, of whom three withdrew. The election was held at the 793rd and 794th meetings of the Security Council and the 695th and 696th Plenary Meetings of the General Assembly, on 1 October 1957. On the first ballot in the Security Council, an absolute majority was obtained by MM. Morelli (Italy) (10), Sir Percy Spender (Australia) (10), Badawi (8), Wellington Koo (8) and Winiarski (6). In the General Assembly, where the absolute majority was 43, the necessary majority was received on the first ballot by MM. Sir Percy Spender (58), Badawi (55), Wellington Koo (47) and Winiarski (44). On the second ballot, which

was restricted to MM. Morelli and Spiropoulos, no candidate received an absolute majority, and on the third ballot, which was also restricted, M. Spiropoulos (50) received the necessary majority. At the next meeting of the Security Council, the first ballot was inconclusive, and on the second ballot, M. Spiropoulos (6) received an absolute majority. Similarly, the first ballot in the second meeting of the General Assembly was inconclusive, and on the second (restricted) ballot, M. Spiropoulos received 47 votes and was elected.[10]

As a result of this election, the representation of North America was reduced by one, and Australia was represented on the Court for the first time, but this implied no change in the representation of the principal legal systems.

Occasional Election of 1959

Following the death on 25 October 1958 of Judge Guerrero, whose term of office was due to expire in 1964, the Security Council, at its 840th meeting on 25 November 1958, in resolution 130 (1958) introduced a slight modification into its practice, by deciding that the election to fill the vacancy would take place during the Fourteenth Session of the General Assembly or any special session of the General Assembly which might be held before that. The President of the Council explained that by "special session" was meant a session for which provision is made in paragraph (a) of Rule 8 of the Rules of Procedure of the General Assembly, and not an emergency special session convened, under paragraph (b), in accordance with Resolution 377 A (V) of 3 November 1950.

There were 11 nominated candidates. At the 849th meeting of the Security Council and the 813rd Plenary Meeting of the General Assembly, held on 29 September 1959, Mr. Alfaro (Panama) was elected on the first ballot in each organ.[11]

Occasional and Regular Elections of 1960

Following the death on 8 May 1960 of Judge Sir Hersch Lauterpacht, whose term of office was due to expire in 1964, the Security Council, at its 864th meeting on 31 May 1960, decided in resolution 137 (1960) that the election to fill the vacancy would take place during the fifteenth session of the General Assembly.[12]

---

10. For documentation, see *Official Records of the General Assembly*, twelfth session, annexes, agenda item 16.

11. For documentation, see *Official Records of the General Assembly*, fourteenth session, annexes, agenda item 18.

12. On the provisional agenda the occasional election appeared as sub-item (b). At its 127th meeting, the General Committee reverted to the established practice of holding the occasional election before the regular election, and included it in the agenda as sub-item (a). Between the decision of the Security Council and the opening

There were five nominated candidates, of whom two withdrew. At the election which took place in the 909th meeting of the Security Council and the 915th Plenary Meeting of the General Assembly, on 16 November 1960, Sir Gerald Fitzmaurice (United Kingdom) was elected on the first ballot in each organ.

For the regular election consequent on the expiration in 1961 of the terms of office of Judges Klaestad, Zafrulla Khan, Hackworth, Kozhevnikov and Armand-Ugon, there were 26 nominated candidates, of whom four withdrew. At the 909th meeting of the Security Council, an absolute majority was received by MM. Jessup (U.S.A.) (11), Koretsky (U.S.S.R.) (9), Morelli (7), Sapena Pastor (Paraguay) (6) and Tanaka (Japan) (6). In the General Assembly, where the requisite majority was 52,[13] an absolute majority on the first ballot was received by MM. Jessup (77) and Koretsky (62). The President then proposed, in accordance with practice since 1951, to hold a restricted ballot limited to the six candidates who had received the largest number of votes after the two who had received an absolute majority.[14] This was challenged by India on the ground that by Rule 151 of the General Assembly's Rules of Procedure, the Statute exclusively governs the voting in the General Assembly. The President put to the vote this question, and on a roll-call vote the General Assembly decided, by 47 votes to 27 with 25 abstentions, not to hold restricted ballots.[15] On the second ballot, M. Tanaka (56) received an absolute majority. At this point the General Assembly and the Security Council each suspended their meetings for 24 hours.

At the resumed 915th Plenary Meeting, the third ballot was inconclusive, on the fourth ballot M. Bustamente y Rivero (Peru) (53) and on the fifth ballot M. Morelli (56) received an absolute majority. With one vacancy to be filled, both organs then adjourned their meetings.

At the 910th meeting of the Security Council, M. Bustamente y Rivero (10) was elected on the first ballot. Ten minutes after the commencement of that meeting, the 916th Plenary Meeting of the General Assembly commenced. On a point of order the representative of Peru inquired if the President would read the communication he had received from the Security Council intimating that M. Bustamente y Rivero had received the necessary majority there. The President ruled that it would be con-

---

of the Fifteenth Session of the General Assembly, a special emergency session was held, but in view of the Security Council's decision, it was impossible to contemplate holding the occasional election then. More flexibility in this matter would have made it unnecessary for the Court to have sat for the hearings in the *Arbitral Award* case with one vacancy in its ranks.

13. Including Congo (Leopoldville), which at that time was unable to accredit a delegation.

14. Candidates from Japan, Peru, Pakistan, Italy, Norway and Paraguay.

15. This point of order was raised after the second (restricted) ballot had begun. In consequence of the General Assembly's decision, the resuts of that ballot were not announced.

trary to practice for him to comply with that request, especially since the Peruvian representative had in fact done so himself. On the first ballot, M. Bustamente y Rivero (66) received an absolute majority, and the election was thus completed.[16]

This election produced no change in the representation of continents on the Court.

Regular Election of 1963

For the regular election consequent on the expiration in 1964 of the terms of office of Judges Alfaro, Basdevant, Moreno Quintana, Córdova and Sir Gerald Fitzmaurice, there were 25 nominated candidates, of whom six withdrew. The elections were held in the 1071st and 1072nd meetings of the Security Council and the 1249th and 1250th Plenary Meetings of the General Assembly, on 21 October 1963.

On the first ballot in the Security Council, an absolute majority was received by MM. Padilla Nervo (Mexico) (9), Gros (France) (8), Ammoun (Lebanon) (7), Sir Gerald Fitzmaurice (United Kingdom) (7), Forster (Senegal) (6), and Sir Zafrulla Khan (6). A second ballot produced a similar result, namely, MM. Padilla Nervo (9), Gros (8), Sir Gerald Fitzmaurice (7), Sir Zafrulla Khan (7), Ammoun (6) and Forster (6). A third ballot was then held, at which an absolute majority was received by MM. Gros (8), Sir Gerald Fitzmaurice (8), Forster (6), Padilla Nervo (9) and Sir Zafrulla Khan (7).

In the General Assembly, where the required majority was 58, on the first ballot an absolute majority was received by MM. Gros (79), Sir Gerald Fitzmaurice (65), Padilla Nervo (65), Ammoun (62) and Sir Zafrulla Khan (58). Since one vacancy remained, both organs adjourned.

At the 1072nd meeting of the Security Council, one ballot was held, at which M. Forster (6) received an absolute majority. At the 1250th Plenary Meeting, the first ballot was inconclusive and at the second ballot, an absolute majority was received by M. Forster (58), and the election accordingly terminated.[17]

This election was followed by a formal protest by the Government of Lebanon at the procedure of the Security Council, which regards as inconclusive a ballot in which more than five candidates receive an absolute majority, and it was pointed out that in consequence of that practice, the Lebanese candidate was not elected despite the fact that on the first ballot in each organ, he had received the necessary majority.[18]

---

16. For documentation, see *Official Records of the General Assembly*, fifteenth session, annexes, agenda item 17. And see Simpson, "The 1960 Elections to the International Court of Justice" in *British Year Book of International Law*, 37 (1961), p. 527.

17. For documentation, see *Official Records* of the General Assembly, eighteenth session, annexes, agenda item 15.

18. See document S/5445. Explanations were furnished by the Secretariat in doc.

As a result of this election, fundamental changes were introduced into the representation of continents on the Court. The representation of South America was reduced by two, and that of Asia and Africa (south of the Sahara) increased by one each.

Occasional Election of 1965

Following the death on 4 August 1965 of Judge Badawi, whose term of office was due to expire in 1967, the Security Council, at its 1236th meeting on 10 August 1965, adopted Resolution 208 (1965) in which it decided that the election to fill the vacancy would take place during the twentieth session of the General Assembly. It was made clear in the Security Council that the implementation of this decision was subject to the three-months rule laid down in Article 5 (1) of the Statute.

There were five nominated candidates, of whom three withdrew. At the 1262nd meeting of the Security Council and the 1378th Plenary Meeting of the General Assembly, Mr. Ammoun (Lebanon) was elected, unanimously in the Security Council and with a majority of 101 votes in the General Assembly, where the required majority was 61.[19]

Regular Election of 1966

For the regular election consequent on the expiration in 1967 of the terms of office of Judges Sir Percy Spender, Wellington Koo, Winiarski, Spiropoulos and Ammoun there were 19 nominated candidates, of whom seven withdrew. The elections were held in the 1456th and 1457th Plenary Meetings of the General Assembly and the 1315th and 1318th meetings of the Security Council, on 2 and 3 November 1966.

This was the first election in the Security Council since its enlargement following the entry into force of the amendment to Article 23 of the Charter. This raised the membership from 11 to 15, and the absolute majority required under the Statute from 6 to 8.

On the first ballot in the Security Council the required majority was received by MM. Manfred Lachs (Poland) (14), Ammoun (13), Charles D. Onyeama (Nigeria) (11) and Antonio de Luna (Spain) (8). The Council then proceeded to seven more ballots to fill the fifth place, but no candidate received the required majority. At this point the President (U.S.A.) asked if the Council would desire to take a brief recess before

---

S/5449 and a further reply was sent by Lebanon in S/5461. *Official Records* of the Security Council, eighteenth year, supplement for October-December 1963, pp. 42, 86, 95. See also Hogan, "The Ammoun case and the election of Judges to the International Court of Justice" in *American Journal of International Law*, vol. 59 (1965), p. 908.

19. For documentation see *Official Records* of the General Assembly, twentieth session, annexes, agenda item 97.

proceeding to the next ballot, at the same time drawing attention to Rule 61 of the Provisional Rules of Procedure of the Security Council, requiring the meeting to continue until all the vacant seats have been filled. Four more inconclusive ballots were held, after which the President suspended the meeting "in order to stretch our legs. This is not an adjournment of the meeting; under the rules, the meeting continues". After the suspension the result of the twelfth ballot (inconclusive) was announced, and the Council proceeded to hold three more inconclusive ballots, after which another short recess was taken. The 16th, 17th and 18th ballots were likewise inconclusive, and the meeting was again suspended. This recess was followed by an inconclusive nineteenth ballot. At this point a difficult procedural discussion ensued, after which it was decided to take one more ballot and then suspend the meeting. At the same time the President announced the withdrawal of one more candidate. At the twentieth ballot M. Sture Petrén (Sweden) (10) received the required majority. A further procedural discussion ensued, after which there was a further suspension pending the outcome of the election in the General Assembly. After the recess the President read a letter from the President of the General Assembly stating that the General Assembly had decided to suspend its meeting until the next afternoon, and after a further procedural discussion, the Security Council decided to do likewise.

In the General Assembly, where the required majority was 63, on the first ballot in the 1456th meeting the necessary absolute majority was received by MM. Lachs (103), Ammoun (97), Onyeama (79) and Cesar Bengzon (Philippines) (63). The second and third ballots, unrestricted, were inconclusive, after which a suspension of twenty minutes was taken. After three more inconclusive ballots a further short recess was taken. After the recess the seventh ballot was inconclusive, and then the representative of Guinea announced the withdrawal of a candidate of his nationality. After a further recess the eighth and ninth ballots were taken, and were again inconclusive. At this point a formal motion to suspend the meeting was made and adopted by 53 votes to 33, with 19 abstentions. This led to the suspension of the meeting until the next afternoon. On the tenth ballot M. Petrén (69) received the required majority.

This left one place to be filled.

At the 1318th meeting of the Security Council the next day, after two inconclusive ballots the candidature of Mr. de Luna was withdrawn. Then M. Bengzon (10) received the required absolute majority. At the 1457th Plenary Meeting of the General Assembly only one ballot was required, when M. Bengzon (63) received the required majority.[20]

---

20. For documentation see *Official Records of the General Assembly*, twenty-first session, annexes, agenda item 17.

Regular Election of 1969

For the regular election consequent on the expiration in 1970 of the terms of office of Judges Bustamente y Rivero, Koretsky, Tanaka, Jessup and Morelli there were 20 nominated candidates of whom one withdrew. The elections were held in the 1790th Plenary Meeting of the General Assembly and the 1515th meeting of the Security Council on 27 October 1969.

On the first ballot in the Security Council the required majority was received by MM. Hardy C. Dillard (U.S.A.) (12), Eduardo Jiménez de Aréchaga (Uruguay) (12), Platon D. Morozov (U.S.S.R.) (11) and Federico de Castro (Spain) (10). The second to fifth ballots were inconclusive. On the sixth ballot, M. Louis Ignacio-Pinto (Dahomey) (9) received the required absolute majority.

In the General Assembly where the required majority was 65, on the first ballot the necessary absolute majority was received by MM. Jiménez de Aréchaga (103), Dillard (88), Morozov (81), de Castro (74) and Ignacio-Pinto (69).

This completed the election.[21]

Regular Election of 1972

For the regular election consequent on the expiration in 1973 of the terms of office of Judges Sir Muhammad Zafrulla Khan, Sir Gerald Fitzmaurice, Padilla Nervo, Forster and Gros, there were 12 nominated candidates of whom four withdrew before the election. The elections were held in the 2075th Plenary Meeting of the General Assembly and the 1671st meeting of the Security Council, on 30 October 1972.

On the first ballot in the Security Council the necessary absolute majority was received by MM. Forster (15), Nagendra Singh (India) (14), Gros (13), Sir Humphrey Waldock (U.K.) (12), José María Ruda (Argentina) (9) and Carlos García-Bauer (Guatemala) (8). No one was thus elected and the second ballot was similarly inconclusive for the same reason. On the third ballot the necessary absolute majority was received by MM. Forster (14), Nagendra Singh (14), Gros (13), Sir Humphrey Waldock (13) and Ruda (10).

In the General Assembly, where the required majority was 68, the necessary absolute majority was received on the first ballot by MM. Forster (115), Nagendra Singh (114), Sir Humphrey Waldock (109), Gros (107) and Ruda (79).

This completed the election.[22]

---

21. For documentation, see *Official Records of the General Assembly*, twenty-fourth session, annexes, agenda item 18.

22. For documentation see *Official Records of the General Assembly*, twenty-seventh session, annexes, agenda item 18.

FINANCIAL INFORMATION
RELATING TO THE COURT

FINANCIAL INFORMATION

Year	Estimated Expenditure $	Adv. Comm's Recommendation $	Appropriation by General Assembly $	Revised Appropriation $	Audited Expenditure $	Court's Income $	Audited Annual Expenditure of U.N. $
1946	1,567,857 florins $		477,208		423,983		19,330,287
1947	638,172	638,412	638,412	558,412	525,354		27,290,241
1948	691,011	691,011	691,011	616,011	596,658		38,387,531
1949	695,257	650,000	650,000	589,000	588,512	1,950	42,575,368
1950	627,350	633,965	592,115	606,615	590,544	29,282 a	43,746,264
1951	624,800	595,800	593,930	603,430	596,540	34,217	48,628,383
1952	627,200	617,500	639,860	632,860	627,116	32,206	50,270,153
1953	640,800	630,800	630,800	610,800	585,537	27,022	49,292,552
1954	778,600	621,980	621,980	560,000	557,656	27,865	48,510,009
1955	764,700	600,450	600,450	596,500	594,463	24,638	50,089,808
1956	628,700	620,000	620,000	593,000	582,041	27,106	50,508,095
1957	624,600	617,000	617,000	652,700	642,948	36,145	53,172,964
1958	655,700	650,000	650,000	680,400	674,966	41,723	60,848,555
1959	677,200	672,200	680,500	744,100	732,584	42,146	61,460,607

Year							
1960	710,000	704,500	704,500	752,000	732,207	47,220	65,264,161
1961	734,100	729,000	755,700	781,600	761,990	49,551	71,096,378
1962	815,800	805,800	926,600 [b]	938,600	938,781	58,772	84,452,350
1963	921,300	914,300	914,300	914,300	889,936	58,906	92,195,880
1964	964,600	955,000	955,000	955,000	1,017,893	68,608	102,948,977
1965	1,010,300	995,300	1,147,200	1,111,053	1,111,053	67,687	107,141,392
1966	1,056,120	1,050,000	1,074,100	1,103,429	1,105,419	76,400	119,543,680
1967	1,164,900	1,149,900	1,149,900	1,142,100	1,126,025	81,060	133,084,000
1968	1,394,800	1,356,350	1,356,350	1,412,350	1,391,345	83,500	141,787,750
1969	1,404,360	1,396,000	1,396,000	1,589,200	1,533,536	87,100	156,967,300
1970	1,475,600	1,470,000	1,470,000	1,438,000	1,406,133	87,100	168,956,950
1971	1,503,900	1,453,900	1,453,900	1,499,100	1,495,998	103,950	192,149,300
1972	1,802,850	1,706,150	1,706,150	1,699,900	1,698,981		208,395,154
1973	1,719,800	1,714,900	1,714,900				

Sources: Annual Budget Estimates submitted by the Secretary-General, Annual Reports of the Advisory Committee on Administrative and Budgetary Questions, Annual Appropriations, Annual Supplementary Estimates, Annual Financial Reports and Accounts and Reports of Board of Editors (all published in G.A.O.R.); Yearbooks.

a. From 1950, the Court's income includes amounts credited to it through operation of the Tax Equalization Scheme.

b. The difference between the appropriation and the recommendation of the Advisory Committee is explained by the 1961 revision of the Judges' Pension Scheme.

Contributions of Non-Member States to Court's Expenses: Switzerland, between 1.65% and 1.26% (since 1948); Liechtenstein 0.04% (since 1950); Japan, between 2% and 2.15% (1954-6); San Marino 0.04% (since 1954).

EMOLUMENTS AND PENSIONS
OF MEMBERS OF THE COURT
(Statute, Article 32)

EMOLUMENTS

General Assembly Resolution 3193 (XXVIII)[a]
18 December 1973

The General Assembly,
Having considered the reports of the Secretary-General and the related report of the Advisory Committee on Administrative and Budgetary Questions,
Decides that, with effect from 1 January 1974, the emoluments of the International Court of Justice shall be as follows:

	(US dollars)
President:	
Annual salary	45,000
Special allowance	11,000
Vice-President:	
Annual salary	45,000
Allowance of $68 for every day on which he acts as President, up to an annual maximum of	6,800
Other members:	
Annual salary	45,000

Ad hoc *judges referred to in Article 31 of the Statute of the Court:*

Fee of $80 for each day on which *ad hoc* judges exercise their functions, plus, as appropriate, a daily subsistence allowance of $43.

2206th plenary meeting
18 December 1973.

---

a. For documentation see *Official Records of the General Assembly*, twenty-eighth session, agenda item 79, doc. A/C.5/1516 and Supplement No. 8 (A/9008/Add.3). And see the Report of the Fifth Committee, A/9450, paras 75-78. In this connection see also ib., twenty-seventh session, agenda item 73, doc. A/C.5/1449 and Supplement No. 8 (A/8708/Add.4), recommending that no action be taken in 1972. For previous arrangements see the following: General Assembly resolutions 19 (I) of 6 February 1946, 474 (V) of 15 December 1950, 1738 (XVI) of 20 December 1961, 2366 (XXII) of 18 December 1967, and 2890 B (XXVI) of 22 December 1971. For documentation see *Official Records of the General Assembly*, first session, first part, Sixth Committee, pp. 51 (doc. A/C.6/16), 55 (A.C.6/24); id., fourth session, Fifth Committee, annexes, vol. I pp. 85 (A/C.5/336), 102 (A/C.5/363) and 111 (A/1087); id., fifth session, annexes, agenda item 39 (A/C.5/370), Supplement No. 7 (A/1312), para. 301; id., sixteenth session, annexes, agenda item 54; id., twenty-second session, annexes, agenda item 74, docs. A/C.5/1113, A/6861, A/7014; id., twenty-sixth session, Supplement No. 6B (A/8406/Add.2), A/C.5/

PENSIONS

Judges Pension Scheme

General Assembly Resolution 1562 (XV) of 18 December 1960 as amended by General Assembly Resolutions 1925 (XVIII) of 11 December 1963, 2367 (XXII) of 19 December 1967, 2890 A (XXVI) of 22 December 1971 and 3193 A (XXVIII) of 18 December 1973.[b]

Article I
Retirement Pension

1. A member of the International Court of Justice who has ceased to hold office and who has reached the age of sixty-five shall be entitled during the remainder of his life, subject to paragraph 4 below, to a retirement pension, payable monthly, provided that he has:

(*a*) Completed at least five years of service;

(*b*) Not been required to relinquish his appointment under Article 18 of the Statute of the Court for reasons other than the state of his health.

2. The amount of the retirement pension shall be determined as follows:

(*a*) If the member has served a full term of nine years, the amount of the annual pension shall be one half of the annual salary;[c]

(*b*) If he has served for more than nine years, the amount of the pension shall be increased by one three-hundredth of the amount payable under paragraph 2 (*a*) for each month of service in excess of nine years, provided that the maximum retirement pension shall not exceed two-thirds of his annual salary;[d]

(*c*) If he has served for less than a full term of nine years, the amount of the retirement pension shall be that proportion of one-half of the

---

1364, Sup. No. 8 (A/8408/Add.2), and Report of the Fifth Committee, A/8531, paras. 51-52, annexes, agenda item 76.

In 1946, the salary of a judge was fixed at 45.000 Netherlands florins. Since 1950 it has been fixed in US dollars, rising from $20,000 (1950), then $25,000 (1962), $30,000 (1968) and $35,000 (1972), to its present level. This figure is the basis of calculation of the other allowances, the fee and daily subsistence allowance of a judge *ad hoc* together constituting one 365th part of the salary of a member of the Court.

b. For documentation see *Official Records of the General Assembly*, fifteenth session, annexes, agenda item 64; id., eighteenth session, annexes, agenda item 58, documents A/C.5/973, A/5740 and A/5636; id., twenty-second session, annexes, agenda item 74, documents A/C.5/1113, A/6861, A/7014, paras. 64-65; id., twenty-sixth session, Sup. No. 6B (A/8406/Add.2), A/C.5/1364, Supplement No. 8A (8408/Add.2); id., twenty-eighth session, A/C.5/1516, A/9008/Add.3 and A/9450, paras. 75-78.

c. By resolution 1562 (XV), the amount was $ 10,000 a year.

d. By resolution 1562 (XV), the amount was $ 33.33 a year for each month of service.

annual salary which the number of months of his actual service bears to 108.[e]

3. A member who ceases to hold office before the age of sixty-five and who would be entitled to a retirement pension when he reached that age may elect to receive a pension from any date after the date on which he ceases to hold office. Should he so elect, the amount of such pension shall be that amount which has the same actuarial value as the retirement pension which would have been paid to him at the age of sixty-five.

4. No retirement pension shall be payable to a former member who has been re-elected to office until he again ceases to hold office. At that time, the amount of his pension shall be calculated in accordance with paragraph 2 above on the basis of his total period of service and shall be subject to a reduction equal in actuarial value to the amount of any retirement pension paid to him before he reached the age of sixty-five.

Article II
Disability pension

1. A member found by the Court to be unable to perform his duties because of permanent ill-health or disability shall be entitled upon leaving office to a disability pension payable monthly.

2. The amount of the disability pension shall be determined as in article I, paragraph 2, provided that it shall not be less than one-quarter of the annual salary.[f]

Article III[g]
Widow's pension

1. Upon the death of a married member, his widow shall be entitled to a widow's pension amounting to one-half of the pension which he would have received had he become entitled to a disability pension at the time of his death, provided that the widow's pension shall not be less than one-sixth of the annual salary.

2. Upon the death of a married former member who was in receipt of a disability pension, his widow, provided she was his wife at the date his service ended, shall be entitled to a widow's pension amounting to one-half of the pension which her husband was receiving, provided that the widow's pension shall not be less than one-sixth of the annual salary.

3. Upon the death of a married former member who was entitled to a retirement pension, his widow, provided she was his wife at the date his

---

e. By resolution 1562 (XV), the amount was that proportion of $ 10,000.

f. By resolution 1562 (XV), the minimum amount of a disability pension was $ 5,000 a year.

g. As amended by resolution 2367 (XXII), replacing the word "one-third" by "one-half" wherever appearing in this article.

service ended, shall be entitled to a widow's pension calculated as follows:

(*a*) If the former member had not begun, at the date of his death, to receive his retirement pension, the widow's pension shall amount to one-half of the pension which would have been payable to him under article I, paragraph 3, had he commenced to receive such pension on the date of his death, provided that the widow's pension shall not be less than one-twelfth of the annual salary;

(*b*) If the former member had begun to receive his retirement pension, under article I, paragraph 3, before he reached the age of sixty-five, the widow's pension shall amount to one-half of the amount of such pension, but shall not be less than one-twelfth of the annual salary;

(*c*) If the former member had reached the age of sixty-five when he began to receive his retirement pension, the widow's pension shall amount to one-half of his retirement pension, but shall not be less than one-sixth of the annual salary.

4. A widow's pension shall cease on her remarriage.

Article IV
Child's benefit

1. Each child or legally adopted child of a member or former member who dies shall be entitled, while unmarried and under the age of twenty-one, to a benefit calculated as follows:

(*a*) Where there is a widow entitled to a pension under article III, the annual amount of the child's benefit shall be:

(i) Ten per cent of the retirement pension which the former member was receiving; or

(ii) If the former member had not begun, at the date of his death, to receive his retirement pension, 10 per cent of the pension which would have been payable to him under article I, paragraph 3, had he commenced to receive such pension on the date of his death; or

(iii) In the case of the death of a member in office, 10 per cent of the pension which he would have received had he qualified for a disability pension at the date of his death;

provided, in all cases, that the amount of the child's benefit shall not exceed 600 dollars a year;

(*b*) Where there is no widow entitled to a pension under article III, or where the widow dies, the total amount of the children's benefits payable under subparagraph (*a*) above shall be increased by the following amount:

(i) If there is only one eligible child, by one-half of the amount of the pension which was being paid or would have been paid to the widow;

(ii) If there are two or more eligible children, by the amount of the pension which was being paid or would have been paid to the widow;

(*c*) The total children's benefits payable under sub-paragraph (*b*) above shall be divided equally among all the eligible children to determine the

amount of any one child's benefit; as and when a child ceases to be eligible, the total benefit payable to the remainder shall be recalculated in accordance with sub-paragraph (*b*).

2. The total amount of children's benefit, when added to the amount of any widow's benefit in payment, shall not exceed the pension which the former member or member received or would have received.

Article V
Special Provisions

1. Notwithstanding the provisions of article I, paragraph 1 (*a*), a member elected to fill a casual vacancy who holds office for the remainder of his predecessor's term, where such remaining term is less than five but not less than three years, shall on retirement, after completion of that term and provided that he is not subsequently re-elected, be entitled during the remainder of his life, and subject to article I, paragraph 4, to a retirement pension, payable monthly, calculated in accordance with article I, paragraph 2 (*c*).

2. Upon the death of a married former member who was entitled to a retirement pension under paragraph 1 above, his widow and children shall be entitled to the appropriate benefit provided under article III, paragraph 3, and article IV, subject to the conditions described therein but without the application of the related minima provisions.

Article VI
Definitions

1. "Member" means either the President, the Vice-President or a member of the Court in office.

2. "Annual salary" means the annual salary, exclusive of any allowances, fixed by the General Assembly and received by the member at the time he ceased to hold office.

Article VII
Miscellaneous provisions

1. Pensions provided for by the present Regulations shall be calculated in terms of the currency in which the salary of the member concerned has been fixed by the General Assembly.

2. All pensions provided for by these Regulations shall be regarded as expenses of the Court, within the meaning of Article 33 of the Statute of the Court.

3. The President of the Court and the Secretary-General shall establish a table of actuarial reduction factors on the advice of a qualified actuary or actuaries.

Article VIII[h]
Application and effective date

1. The present Regulations shall be applicable as from 1 January 1968 to all who are members of the Court on or after that date and to their eligible beneficiaries.

2. Former members of the Court who left office prior to 1 January 1968, or their eligible beneficiaries, shall continue to have their entitlements governed by the Regulations approved in General Assembly resolution 1562 (XV) or 1925 (XVIII), as the case may be, except that the revised provisions of article III and the consequential changes under article IV shall be applicable as from 1 January 1968 to all relevant entitlements regardless of the date on which the said entitlements first became payable.

Part II of Resolution 2367 (XXII) provided:

II

Desirous of protecting former members of the International Court of Justice and their eligible beneficiaries from the rise in the cost of living that has occurred since their pensions were first awarded,

Decides that, as from 1 January 1968, and notwithstanding any provisions to the contrary contained in the Pension Scheme Regulations for members of the International Court of Justice, pensions awarded prior to 1 January 1964 and pensions awarded between 1 January 1964 and 31 December 1967, adjusted in accordance with the revised provisions cited in article VIII, paragraph 2, shall be raised by 33 per cent and 16 per cent respectively.

Resolution 2890 A (XXVI) provided:
The General Assembly,
Recalling its resolutions 1562 (XV) of 18 December 1960, 1925 (XVIII) of 11 December 1963 and 2367 (XXII) of 19 December 1967

---

h. Text as amended by resolution 2367 (XXII). Previous text:

Article VIII
Application and effective date

1. The present Regulations shall be applicable as from 1 January 1964 to all who are members of the Court on or after that date and to their eligible beneficiaries.

2. Former members of the Court who left office prior to 1 January 1964, or their eligible beneficiaries, shall continue to have their entitlements governed by the Regulations approved in General Assembly resolution 1562 (XV).

on the pension scheme for members of the International Court of Justice,

Having considered the reports of the Secretary-General and of the Advisory Committee on Administrative and Budgetary Questions,

Desirous of protecting former members of the International Court of Justice and their eligible beneficiaries from the rise in the cost of living that has occurred since their pensions were last adjusted,

Decides that, with effect from 1 January 1972 and notwithstanding any provision to the contrary contained in the Pension Scheme Regulations for members of the International Court of Justice, the annual value of all pensions in course of payment as at 31 December 1971, including the pensions of any members of the Court who retire on or before that date, shall be increased by 17 per cent, except that the maximum child's benefit payable under article IV, paragraph 1 (*a*), of the Regulations shall remain $600 a year.

Resolution 3193 A (XXVIII) provided:

The General Assembly,

Recalling its resolutions 1562 (XV) of 18 December 1960, 1925 (XVIII) of 18 December 1963, 2367 (XXII) of 19 December 1967 and 2890 A (XXVI) of 22 December 1971 on the pension scheme for members of the International Court of Justice,

Having considered the relevant reports of the Secretary-General and of the Advisory Committee on Administrative and Budgetary Questions.

Decides that, with effect from 1 January 1974 and notwithstanding any provision to the contrary contained in the Pension Scheme Regulations for members of the International Court of Justice, the annual value of all pensions in course of payment as at 31 December 1973, including the pensions of any members of the Court who retire on or before that date, shall be increased by 28.57 per cent and that the maximum child's benefit payable under article IV, paragraph 1 (a), of the Regulations shall be increased from $600 to $770 a year.

* * * * * * *

Travel and subsistence regulations for the International Court of Justice were first promulgated by the General Assembly in its resolution 85 (I) of 11 December 1946. They were modified by resolution 2491 (XXIII) of 21 December 1968.

JUDICIAL STATISTICS

JUDICIAL STATISTICS

(A) *Permanent Court of International Justice*

Year	New Cases filed	Advisory Opinions	Judgments	Orders (since 1926)	Cases Dis-continued	Removed from List by Court
1922	4	3				
1923	5	5	2			
1924	5	1	2			
1925	5	3	3		1	
1926	3	1	1	2		
1927	5	1	4	4		
1928	6	2	2	17		
1929			3	8	2	
1930	2	2		7		
1931	8	4		12		
1932	7	3	3	19		
1933	3		2	17	5	
1934	1		2	2		
1935	4	2		6		
1936	3		1	14	1	
1937	2		3	11		
1938	2		1	12	1	
1939	1		3	4		
1940				2		
1941						
1942						
1943						
1944						
1945					2	
Total	66	27	32	137	12	

(B) *The International Court of Justice*

Year	New Cases filed	Advisory Opinions	Judgments	Orders	Cases Dis-continued	Removed from List by Court
1946						
1947	2			3		
1948	1	1	1	3		
1949	6	1	2	9		
1950	4	4	2	7	1	
1951	4	1	2	11		
1952			3	8		
1953	3		3	5		
1954	3	1	1	10	1	2
1955	8	1	1	3		
1956		2		9		4
1957	6		2	9		
1958	3		1	19		1
1959	4		3	12	1	1
1960	2	1	2	6	2	
1961	2		1	9	1	
1962	1	1	2	5		
1963			1	4		
1964			1	3		
1965				3		
1966			1	2		
1967	2			4		
1968				4		
1969			1			
1970	1		1	2		
1971	1	1		6		
1972	3		1	7		
1973	3	1	2	13	1	
Total	60	15	34	176	7	8

Note: The figures for the Permanent Court are taken from M. Hudson, *The Permanent Court of International Justice, 1920-1942*, p. 779. (Corrected on the basis of the Sixteenth Report of the Permanent Court (E/16), pp. 92-197.) For the above figures, preliminary objections and requests for interim measures of protection are not included as "new cases". Requests for interpretation of judgments (two by the Permanent Court and one by the present Court) are so listed. The general List of the Permanent Court contained 79 folios, and that of the present Court 60 folios to the end of 1973.

VOTING IN COURT

VOTING IN COURT
(A) Contentious Cases

Case	Number of Titular Judges	Number of Ad Hoc Judges	Issue	Voting (U = Unanimous)	Position of National Judge	Position of Ad hoc Judge	Individual or Dissenting Opinions
Corfu Channel U.K. v. Albania Prel. Obj.	15	1	Jurisdiction	15 to 1	With majority	With minority	Joint separate opinion by seven titular judges, dissenting opinion by judge *ad hoc*
Merits	15	1	(a) Responsibility of Albania	11 to 5	With majority	With minority	1 individual opinion, 1 declaration of partial dissent, 5 dissenting opinions including 1 by judge *ad hoc*
			(b) Assessment of compensation	10 to 6	With majority	With minority	
			(c) No violation of Albanian sovereignty	14 to 2	With majority	With minority	
			(d) Violation of Albanian sovereignty	U	With majority (against own country)	With majority	
Compensation	13	1	Quantum of damages	12 to 2	With majority	With minority	1 declaration of dissent, 1 dissenting opinion by judge *ad hoc*
Asylum Colombia/Peru	14	2	(a) Right of Colombia to qualify asylum	14 to 2		Peruvian judge *ad hoc* with majority throughout. Colombian judge *ad hoc* with minority	1 declaration of dissent, 5 dissenting opinions, including 1 by Colombian judge *ad hoc*
			(b) Duty of Peru to give safe conduct	15 to 1			
			(c) Did grant of asylum violate Convention?	15 to 1			
			(d) Ditto	10 to 6			

Case	Number of Titular Judges	Number of Ad Hoc Judges	Issue	Voting (U = Unanimous)	Position of National Judge	Position of *Ad hoc* Judge	Individual or Dissenting Opinions
Asylum (Interpretation) Colombia *v.* Peru	11	2	Request by Colombia for Interpretation	12 to 1		Colombian judge *ad hoc* in minority	Declaration of dissent by Columbian judge *ad hoc*
Haya de la Torre Colombia/Peru	12	2	(a) Court unable state how judgment in *Asylum* case should be executed	U		Both judges *ad hoc* vote against own country on issue (a) Peruvian judge *ad hoc* in minority in issue (b) and with majority against own country in issue (c)	Declaration of dissent by Peruvian judge *ad hoc*
			(b) Columbia not obligated to surrender man to Peru	13 to 1			
			(c) Asylum should have ceased after first judgment	U			
Fisheries U.K. *v.* Norway	12	Nil	(a) Method of delimiting fisheries zone not contrary to international law	10 to 2	On vote (a), Norwegian national judge with majority. British national judge with minority in both votes		1 individual declaration, 2 separate opinions, 2 dissenting opinions, one by U.K. national judge. It is not clear from the text of the judgment how the majority was composed for question (b)
			(b) Base-lines not contrary to international law	8 to 4			
Ambatielos Greece *v.* U.K. Prel. Obj.	14	1	(a) No jurisdiction on merits	13 to 2	British national judge with majority in vote (a) and with minority in vote (b)	Greek judge *ad hoc* with majority in vote (b) but disagreed with wording	2 individual opinions, 1 by Greek judge *ad hoc*, 1 declaration of dissent, 5 dissenting opinions, one by British national judge. Compo-
			(b) Limited jurisdiction on arbitrability	10 to 5			

Case	Number of Titular Judges	Ad Hoc Judges	Issue	Voting (U = Unanimous)	Position of National Judge	Position of Ad hoc Judge	Individual or Dissenting Opinions
Ambatielos (cont.)							
Merits	13	1	Obligation to arbitrate	10 to 4	British national judge with minority	Greek *ad hoc* judge with majority	sition of majority on first vote not clear Joint dissenting opinion by four judges, including British national judge
Anglo-Iranian Oil Co. U.K. v. Iran							
Interim measures	12	Nil	Interim measures ordered	No vote recorded			Joint dissenting opinion by two judges
Jurisdiction	13	1	No jurisdiction	9 to 5	British national judge and also Iranian judge *ad hoc* vote with majority		One individual opinion against own country by British national judge. Four dissenting opinions
U.S. Nationals in Morocco France v. U.S.A.	11	Nil	(a) Validity of Moroccan decree against U.S. nationals, rejected	U	Both national judges sometimes vote against their own countries		One declaration, one joint dissenting opinion by four judges, including the U.S. national judge
			(b) Extent of consular jurisdiction				
			(c) Ditto	10 to 1			
			(d) Ditto	6 to 5			
			(e) No necessity for U.S. assent to laws, but consular court may refuse to apply them	U			

Case	Number of Titular Judges	Ad Hoc Judges	Issue	Voting (U=Unanimous)	Position of National Judge	Position of Ad hoc Judge	Individual or Dissenting Opinions
U.S. Nationals in Morocco (cont.)			(f) No exemption of U.S. citizens from taxes	6 to 5			
			(g) No refund to U.S. citizens of consumption taxes previously paid	7 to 4			
			(h) Method of customs evaluation	6 to 5			
Minquiers and Ecrehos France/U.K. (Special Agreement)	12	Nil	Sovereignty over islands	U	British and French national judges vote against France		One declaration, two individual opinions including one by French national judge against own country
Monetary Gold Italy v. France, U.K., U.S.A.	13	1	(a) Jurisdiction on first Italian submission	U	British, French and U.S. judges each vote with majority (against U.K.)	Italian judge *ad hoc* with majority	One individual and one dissenting opinion; one declaration by British judge
			(b) Competence on second Italian submission	13 to 1			
Nottebohm Liechtenstein v. Guatemala							
Prel. Obj.	12	Nil	Jurisdiction	U	NIL	NIL	One declaration, three dissenting opinions, one by one judge *ad hoc*
Second phase	12	2	Admissibility	11 to 3	NIL	Each in favour of own country	
Norwegian Loans France v. Norway	15		Jurisdiction	12 to 3	Norwegian judge with majority; French judge with minority		One declaration, two individual opinions, three dissenting opinions

Case	Number of Titular Judges	Number of Ad Hoc Judges	Issue	Voting (U=Unanimous)	Position of National Judge	Position of Ad hoc Judge	Individual or Dissenting Opinions
Right of Passage Portugal v. India Prel. Obj.	15	2	(a) Jurisdiction (b) Jurisdiction (c) Jurisdiction (d) Jurisdiction (e) Jurisdiction (f) Jurisdiction	14 to 3 14 to 3 16 to 1 15 to 2 13 to 4 15 to 2		Dissents by each judge, on different points	One declaration, three dissenting opinions (one by Indian judge *ad hoc*). Portuguese judge *ad hoc* associates himself with dissenting opinion of titular judge
Merits	13	2	(e) Jurisdiction (f) Jurisdiction (a) Merits; general right of passage (b) Passage of armed forces etc. (c) India's obligations	13 to 2 11 to 4 11 to 4 8 to 7 9 to 6		Dissent by Indian judge *ad hoc* on points (e), (f) and (a). Dissent by Portuguese judge *ad hoc* on points (b) and (c)	Five declarations, one separate opinion, one joint dissenting opinion by two judges five dissenting opinions
Interhandel Switzerland v. U.S.A. Interim measures	15	1	Not ordered	No vote recorded			One declaration, one separate opinion with which two titular judges (including national judge) concur, one separate opinion
Prel. Objs.	14	1	(a) Jurisdiction (b) Jurisdiction (c) Jurisdiction (d) Jurisdiction (e) Jurisdiction	10 to 5 U 10 to 5 14 to 1 9 to 6	U.S. Judge dissents from majority on point (a)	Swiss judge *ad hoc* with minority on points (d) and (e)	Three declarations (one by judge *ad hoc*), four separate opinions (one by national judge), declaration of concurrence with one separate

Case	Number of Titular Judges	Number of Ad Hoc Judges	Issue	Voting (U = Unanimous)	Position of National Judge	Position of Ad hoc Judge	Individual or Dissenting Opinions
Guardianship Convention Netherlands v. Sweden	14	2	Merits	12 to 4		Each judge *ad hoc* in favour of own country	opinion, five dissenting opinions Two declarations, five separate opinions, one declaration of general concurrence with one separate opinion, three dissenting opinions (one by Netherlands Judge *ad hoc*)
Aerial Incident of 27 July 1955 Israel v. Bulgaria	14	2	Jurisdiction	12 to 4		Each judge *ad hoc* in favour of own country	One declaration, two separate opinions, one joint dissenting opinion by three judges, dissenting opinion by Israel judge *ad hoc*
Frontier Land Belgium/ Netherlands	14	None	Sovereignty	10 to 4			Two dissenting declarations, two dissenting opinions
Arbitral Award Honduras v. Nicaragua	12	2	Validity of Arbitral Award	14 to 1		Nicaraguan judge *ad hoc* dissents	One declaration, one separate opinion, one dissenting opinion

Case	Number of		Issue	Voting (U = Unanimous)	Position of National Judge	Position of Ad hoc Judge	Individual or Dissenting Opinions
	Titular Judges	Ad Hoc Judges					
Temple of Preah Vihear (Cambodia v. Thailand)							
Prel. Objs.	12	None	Jurisdiction	U			Two declarations, one joint declaration by two judges, two individual opinions
Merits	12	None	(a) Sovereignty (b) Withdrawal of forces (c) Restitution of objects	9 to 3 9 to 3 7 to 5			One joint declaration of two judges, two individual opinions, three dissenting opinions
South-West Africa Ethiopia & Liberia v. S. Africa							
Prel. Objs.	13	2	Jurisdiction	8 to 7		Each judge *ad hoc* in favour of own country	One declaration of dissent, three separate opinions (one by dissenting opinions judge *ad hoc*), four (one by S. African judge *ad hoc*), one joint dissenting opinion by two judges
Merits: Order	12	2	Composition of Court	8 to 6			No individual positions disclosed
Order	12	2	Two inspections *in loco* (a) South West Africa (b) South Africa (c) Applicant States	8 to 6 8 to 6 9 to 5			No individual positions disclosed

Case	Number of Titular Judges	Ad Hoc Judges	Issue	Voting (U=Unanimous)	Position of National Judge	Position of Ad hoc Judge	Individual or Dissenting Opinions
Second Phase	12	2	(c) Sub-Saharan States Rejection of claims	9 to 5 Casting vote of President		Each in favour of own side	One declaration, two individual opinions (one by South African judge *ad hoc*), seven dissenting opinions (one by judge *ad hoc*)
Northern Cameroons Cameroon v. U.K. Prel. Objs.	14	1	Jurisdiction	10 to 5	U.K. judge with majority in favour of own country	Cameroonian judge *ad hoc* with minority	One concurring declaration, two dissenting declarations, four separate opinions (one by national judge), three dissenting opinions (one by judge *ad hoc*)
Barcelona Traction Belgium v. Spain Prel. Objs.	14	2	(a) Applicant disentitled to bring suit (b) Jurisdiction (c) Admissibility (i) (d) Admissibility (ii)	12 to 4 / 10 to 6 / 9 to 7 / 10 to 6		Spanish judge *ad hoc* dissents on all points	Four declarations, three separate opinions, two dissenting opinions.
Second phase	14	2	Rejection of claim	15 to 1		Each in favour of own side	One joint declaration by two judges, one declaration, eight separate opinions, one dissenting opinion by Belgian judge *ad hoc*

Case	Number of Titular Judges	Number of Ad Hoc Judges	Issue	Voting (U=Unanimous)	Position of National Judge	Position of Ad hoc Judge	Individual or Dissenting Opinions
Continental Shelf Federal Republic of Germany/Denmark; Federal Republic of Germany/Netherlands	15	2	Method of delimitation	11 to 6		Each in favour of own side	Two declarations, four separate opinions, five dissenting opinions (one by judge *ad hoc*)
ICAO Appeal India v. Pakistan	15	1	(a) Competence of Court	13 to 3			Two declarations, five separate opinions, two dissenting opinions (one by judge *ad hoc*)
			(b) Merits	14 to 2	In favour of own side	In favour of own side	
Fisheries Jurisdiction U.K. v. Iceland	15		Interim measures of protection	14 to 1	In favour of own side	NIL	One joint declaration by three judges, one dissenting opinion
	15		Procedure (order)	9 to 6			Joint dissenting opinion by two judges
	15		Jurisdiction of Court	14 to 1			One declaration, one separate opinion, one dissenting opinion
	14		Continuance of interim measures	11 to 3	In favour of own side		One declaration, two dissenting opinions
Fisheries Jurisdiction Federal Republic v. Iceland	13		as in U.K. case. No judge *ad hoc* appointed, the Court finding that the Federal Republic had a "common interest" with the United Kingdom in the present phase				
			Appointment of judge *ad hoc*	8 to 5			No particulars available

Case	Number of Titular Judges	Ad Hoc Judges	Issue	Voting (U = Unanimous)	Position of National Judge	Position of Ad hoc Judge	Individual or Dissenting Opinions
Nuclear Tests Australia v. France	14	1	Interim measures of protection	8 to 6	In favour of own side	In favour of own side	Four declarations (one by judge *ad hoc*) four dissenting opinions (one by national judge)
	12	1	Intervention by Fiji	8 to 5			Four declarations (one by national judge)
Nuclear Tests New Zealand v. France	as in Australian case						
Pakistani Prisoners of War Pakistan v. India	12		Interim measures of protection	8 to 4	In favour of own side	Judge *ad hoc* present at hearing but not for the order	One separate opinion (by national judge) one dissenting opinion

(B) Advisory Cases

Case	No. of titular judges	Question	Voting	Individual or Dissenting Opinions
Admission	15	Interpretation of Article 4 (1) of the Charter	9 to 6	Two individual opinions, one joint dissenting opinion by four judges, two dissenting opinions
Reparation	15	Capacity to bring claim against (a) member and (b) non-member State in respect of damage caused to the United Nations (two votes).	U U	One declaration of dissent, two individual and three dissenting opinions
		Capacity to bring claim against (a) member and (b) non-member State in respect of damage to victim or persons entitled through him (two votes).	11 to 4 11 to 4	
		Basis of claim by U.N.	10 to 5	
Competence of Assembly	14	Interpretation of Article 4(2) of the Charter	12 to 2	Two dissenting opinions
Peace Treaties	14	(a) Existence of Disputes (b) Obligations regarding method of settlement of disputes	11 to 3 11 to 3	One individual and three dissenting opinions
Second phase	13	Powers of U.N. Secretary-General	11 to 2	One declaration, two dissenting opinions
South-West Africa (Status)	14	(a) Status of territory (b) Obligations of Union of South Africa (c) Application of Chapter XII of Charter (d) Obligation to place territory under trusteeship (e) Power to modify international status of territory	U 12 to 2 U 8 to 6 U	Three declarations, two separate opinions, three dissenting opinions
Reservations	12	(a) Position of reserving State (b) Position of objecting State (c) Objection by signatory before ratification	7 to 5 7 to 5 7 to 5	Joint dissenting opinion by 4 judges, and one other dissenting opinion
U.N. Administrative Tribunal	12	Right of General Assembly to refuse to give effect to awards of Tribunal	9 to 3	One individual opinion three dissenting opinions
South-West Africa (voting)	15	Interpretation by General Assembly of *South-West Africa* opinion	U	One declaration, three individual opinions

Case	No. of titular judges	Question	Voting	Individual or Dissenting Opinions
South-West Africa Committee	13	Hearing of Petitioners	8 to 5	Two declarations, one individual opinion, joint dissenting opinion of five judges with one declaration attached
I.L.O. Administrative Tribunal (UNESCO)	13	(a) Competence of Court (b) Competence of Administrative Tribunal	9 to 4 10 to 3	One declaration, three individual opinions, four dissenting opinions
		(c) Pronouncements of Administrative Tribunal (d) Validity of Judgments	9 to 4 10 to 3	
Maritime Safety Committee	14	Validity of Constitution of Committee	9 to 5	Two dissenting opinions
Certain Expenses	14	Characterization of certain expenses	9 to 5	One declaration, three separate opinions, five dissenting opinions
Namibia	12	Disqualification of Sir Zafrulla Khan	U	No individual position disclosed
	13	Disqualification of Judge Padilla Nervo	U	No individual position disclosed
	14	Disqualification of Judge Morozov	10 to 4	No individual position disclosed
	15	Appointment of Judge *ad hoc*	10 to 5	One joint declaration by three judges, one joint declaration by two judges
	15	(a) Obligations of South Africa (b) Obligations of members States (c) Obligations of non-member States	13 to 2 11 to 4 11 to 4	One declaration, six separate opinions, two dissenting opinions
Administrative Tribunal Judgment No. 158	13	(a) Compliance with request (b) Exercise of jurisdiction by Tribunal (c) Fundamental error by Tribunal	10 to 3 9 to 4 10 to 3	One declaration, one joint declaration by two judges, three separate opinions, four dissenting opinions

THE DISSOLUTION
OF THE PERMANENT COURT
OF INTERNATIONAL JUSTICE

THE DISSOLUTION OF THE PERMANENT COURT
OF INTERNATIONAL JUSTICE

1. The 21st Session of the League Assembly

The San Francisco Conference itself was not directly concerned with the dissolution of the League of Nations or the Permanent Court. However, as far as concerns that Court, the Preparatory Commission of the United Nations submitted a special report on its dissolution, and even undertook some preliminary steps in that regard. The Commission was informed by certain of its members, which were also members of the League, that they intended to move at the forthcoming session of the League Assembly a resolution for the purpose of effecting the dissolution of the Permanent Court. The States concerned also indicated to the Preparatory Commission their intention to require, under the terms of the peace treaties or in some other appropriate form, the assent of those States parties to the Protocol of Signature of the Statute of the Court which had been or still were at war with certain of the members of the United Nations, to any measures taken to bring the Permanent Court to an end. Finally, it was reported that those members of the Preparatory Commission parties to the Protocol of Signature, whether or not members of the League, had, by resolution of the Preparatory Commission of 18 December 1945, recorded their assent to the dissolution of the Permanent Court. The Preparatory Commission concluded by declaring that it would welcome the taking by the League of appropriate steps for the purpose of dissolving the Permanent Court.[1]

Simultaneously with the work of the Preparatory Commission of the United Nations, steps were put in hand to dissolve the Permanent Court and to wind up its affairs. In October 1945 the surviving members of the Court held a final session to deal with a number of administrative matters, and to dispose of such judicial business—the *Electricity Company* and *Gerliczy* cases—as remained unfinished. These cases may both be considered as having, by implication, been discontinued, although no formal orders were made to record that fact. The administrative decisions taken by the Court aimed at the preservation of continuity in the domain of international justice, in accordance with the provisions of the Charter. To this end, one decision urged the retention of the experienced Registry Staff, to whom high praise was accorded. Other decisions related to the

---

1. The Report of the Executive Committee also contained a draft resolution to be moved in the Assembly of the League, doc. PC/EX/113/Rev. 1, p. 67. For the different text adopted by the Commission, see PC/20, p. 57. Subcommittee 5 of the Executive Committee was specifically instructed "to keep in contact with the arrangements being made for winding up the Permanent Court of International Justice". Doc. PC/EX/Prel. 1) Rev. 13, p. 4. And see documents in series PC/EX/ICJ.

disposal of the Court's archives and movable property. These were to be placed at the disposal of the new Court, pending final decisions to be taken by the League, and the Registrar was instructed to continue in his duties until this task was completed. The Registrar accordingly terminated his duties on 20 July 1946.

Having done that, on 31 January 1946 all the judges of the Permanent Court submitted their resignations, through the President, to the Secretary-General of the League of Nations.

The resignation of the judges was a praiseworthy move which facilitated the formal dissolution of the Permanent Court and endowed that step with unexpected, if tragic, dignity. For it enabled the original plan, for the dissolution of the Court to be brought about prosaically by an agreement between the parties to the Statute, to be abandoned. Instead, the First Committee of the League Assembly, to which the resolution of the Preparatory Commission of the United Nations and the decisions of the judges had been communicated, considered that the actual state of affairs would justify a declaration by the Assembly that the Court was dissolved. Furthermore, recognizing to the last the independent status of the Permanent Court, the First Committee submitted its draft resolution to the Assembly in a separate report, in which the Committee paid a generous tribute to the Court and to its devotion to duty. It also recalled the close continuity that would exist between the two Courts.[2] The text of the resolution, which was slightly amended in the Plenary Meeting, was completely declaratory.[3] It was adopted, with other resolutions recording the dissolution of the League, on 18 April 1946. Its terms were as follows:

The Assembly of the League of Nations.

Considering that, by Article 92 of the Charter of the United Nations, provision is made for an International Court of Justice which is to be the principal judicial organ of the United Nations and which is to be open to States not members of the United Nations on terms to be determined by the United Nations;

Considering that the establishment of this Court and the impending dissolution of the League of Nations render it desirable that measures for the formal dissolution of the Permanent Court of International Justice shall be taken;

Considering that the Preparatory Commission of the United Nations, in a resolution of 18 December 1945, declared that it would welcome the taking of appropriate steps by the League of Nations for the purpose of dissolving the Permanent Court, and that this resolu-

---

2. *Official Journal* of the League of Nations, special supplement No. 194, p. 256 (1946).

3. *Ibid.*, p. 100. This was similar to the text proposed by the Executive Committee of the Preparatory Commission of the United Nations. For judicial comment on this resolution, see joint dissenting opinion in the *Aerial Incident* of *27 July 1955* case, I.C.J. Reports, 1959, at p. 158.

tion records the assent to the dissolution of the Permanent Court of all the Members of the United Nations which are Parties to the Protocol of Signature of the Statute of the Permanent Court, whether Members of the League of Nations or not;

Considering that all the Judges of the Permanent Court have resigned and that on the dissolution of the League no machinery will exist for the appointment of new Judges:

Resolves:

That the Permanent Court of International Justice is for all purposes to be regarded as dissolved with effect from the day following the close of the present session of the Assembly, but without prejudice to such subsequent measures of liquidation as may be necessary.

2. The Peace Treaties of 1947 and 1951

The various arrangements, both judicial and administrative, taken within the framework of the League of Nations and the United Nations were not in themselves sufficient to complete the liquidation of the Court because not all the States parties to the Protocol of Signature of the Statute of the Permanent Court were members of the League in 1945, or if they were, were in control of their own foreign relations as a result of the War and the armistice regimes then in force. It is true that the dissolution of the Permanent Court was in practice a *fait accompli* and that the fact that no Court was in existence had removed certain theoretical difficulties which might have arisen from the simultaneous existence of the two Courts. It was necessary, however, to take certain formal steps in order to bring the legal situation into line with the situation of fact. For this reason identical clauses were inserted in the Peace Treaties of 1947 with Italy, Romania, Hungary, Bulgaria and Finland. As the League of Nations declaration of dissolution could have no effect on those States, it was decided to proceed by way of the original plan noted by the Preparatory Commission, and to obtain the formal consent of those States to the dissolution of the Court. Consequently the Peace Treaties with those five countries each contain the following stipulation: "Italy [etc] undertakes to accept any arrangements which have been or may be agreed for the liquidation of . . . the Permanent Court of International Justice . . ." [4]

---

4. Italian Treaty, Article 39; Romanian Treaty, Article 9; Hungarian Treaty, Article 9; Bulgarian Treaty, Article 7; Finnish Treaty, Article 11. This provision was in accordance with the draft prepared by the Council of Foreign Ministers in July 1946. A similar provision was included in Article 13 of the Draft Treaty for the re-establishment of an Independent and Democratic Austria (as published by the Austrian Government in 1952). In the final version of the Austrian State Treaty signed at Vienna on 15 May 1955 this provision was dropped. However, by Article 11 Austria recognized the full force of the Peace Treaties with Italy,

Later, in Article 8 of the Treaty of Peace with Japan of 8 September 1951, a slightly different formula was used, namely: "Japan . . . accepts the arrangements made for terminating the former Permanent Court of International Justice." On the other hand, the Agreement for the Termination of the State of War between the Governments of the United Kingdom and of India, and Siam, of 1 January 1946, contains no mention of the Court, although Siam was a party to the Protocol of Signature, nor did Siam participate in the Twenty-first session of the League Assembly. Siam was admitted to the United Nations, and hence to the Statute of the new Court, on 1 December 1946.

It is to be noted that the stipulations of the Peace Treaties have a limited effect. They do not in any way concern the position of the ex-enemy States towards the new Court, a matter which is governed solely by the Charter and the Statute. They merely express the agreement of the States concerned to the measures taken or to be taken for the liquidation of the Permanent Court, and thus possess no more than a technical character.[5]

3. Pensions of Judges and Staff of the Permanent Court

When the League of Nations was dissolved, eleven members of the Permanent Court were drawing pensions, and there were three more who might become pensionable. The Informal Inter-Allied Committee [6] had drawn attention to the necessity of making provision for the judges' accrued pension rights, expressing the view that this was part of the general question of the financial liabilities of the League. At the end of 1945 the Judges' Pensions Fund was in credit to the extent of 1,350,752 Swiss francs. This credit had been built up through contributions from States members of the League for the purpose of equating, as far as possible, the burden falling on the annual budget in respect of judges' pensions, which were guaranteed by the League. The Supervisory Commission of the League first considered the possibility of purchasing annuities for ex-judges, but rejected this idea, partly on the ground of expense and partly because annuities purchased from insurance companies would not enjoy the guarantee of the States members of the League. It therefore proposed asking the Governing Body of the International Labour Organization to accept the duty of paying the pensions on the understanding that the States members of the League would continue to regard themselves as responsible

---

Romania, Bulgaria, Hungary and Finland, as well as of those which have been or will be reached with Germany and Japan.

5. For a different interpretation, by one of the parties to the Peace Treaties, see *Aerial Incident of 27 July 1955* case, Pleadings, p. 318.

6. Report of the Informal Inter-Allied Committee on the future of the Permanent Court of International Justice. British Parliamentary Papers, Misc. No. 2 (1944), Cmd. 6531, 10 February 1944. Also in *American Journal of International Law*, vol. 39 (1945), Supplement section of documents, p. 1.

for the security of the pensions.[7] The Assembly of the League approved this scheme in paragraph 18 of its Resolution of 18 April 1946 on the Dissolution of the League of Nations. That Resolution also envisaged a similar transfer of the Staff Pensions Fund in which the members of the Registry Staff were participants. The principle of the transfer was accepted by the Governing Body of the International Labour Organization at its 98th session in May 1946, and by the International Labour Conference at its 29th Session in September 1946; and the transfer became effective on 1 April 1947 for the judges and 31 May 1947 for the staff, after the financial details had been worked out in negotiation between the Organization and the Board of Liquidation of the League.[8]

Difficulties have since arisen due to the decrease in the value of money. In 1950 arrangements were made, at the 33rd Session of the International Labour Conference, to alleviate hardship caused to the former members of the Registry staff.[9] In the same year special arrangements were made, at the 113th Session of the Governing Body, to pay the widow of a former judge, as an exceptional measure, half that judge's pension, dating from the date of his decease, provided that the pensioners of the Permanent Court intimated their acceptance of the solution and their renunciation for themselves and for their heirs of any claim which, as a result of such payment, might lead to insufficiency in the Fund.[10] In 1958 all the pensions and annuities were increased by 40% and other adjustments were made; [11] and in 1960 further increases of 15% were adopted.[12]

Further increases and adjustments have been made every year since 1966. In 1967 a decision of principle was taken, to the effect that in 1969 and 1970 the pensions should be adjusted in accordance with the same percentage rates as were provided for adjustments of pensions of the ILO Staff Pensions Fund by decision of the Governing Body. In 1970 the Conference delegated to the Governing Body the authority for all future adjustments.[13]

---

7. *Official Journal* of the League of Nations, special supplement No. 194, p. 177.

8. For details, see the Final Report of the Board of Liquidation, in doc. C. 5. M. 5. 1947, and the Report of the Finance Committee to the 102nd Session of the Governing Body of the International Labour Organization. And see I.L.O. *Official Bulletin*, vol. 30 (1947), p. 408.

9. See *Record of Proceedings* of the 33rd Session of the International Labour Conference, p. 452.

10. In 1946 Judge van Eysinga had raised before the Board of Liquidation the question of hardship caused to former judges by the decrease in the value of money, and the Board decided that it was unable to revalorize the pensions of judges and that it had never been intended to express these in terms of gold florins.

11. See *Record of Proceedings* of the 42nd Session of the International Labour Conference, p. 781.

12. See *Record of Proceedings* of the 45th Session of the International Labour Conference, pp. 887 (Staff Pensions) and 897 (Judges' Pensions).

13. See *Record of Proceedings* of the 49th session of the International Labour

The increased pensions of the judges and their dependents continued to be financed from accumulated assets of the Pension Fund of the Judges of the Permanent Court. It was understood that in the event of the accumulated assets later proving insufficient, the Director-General of the International Labour Organization would submit proposals for consideration. However, it appears that to date, in view of the small number of beneficiaries, the assets of the Fund itself have been adequate to finance the revised obligations under these various decisions.

Members and staff of the Permanent Court who, after 1946, became members or staff of the new Court draw their former pension in addition to the remuneration and/or pensions (if they are otherwise entitled to have pensions) due to them under the current arrangements.[14]

4. The Seat of the Court

Considerable arrears of rent, for the War period, were owing in respect of the seat of the Court at The Hague. The United Nations was not directly concerned with these arrears, and the matter was dealt with by the Assembly of the League at its closing session. At the beginning of 1946 the Acting Secretary-General of the League informed the Carnegie Foundation that, in view of the forthcoming dissolution of the Permanent Court, he considered that the agreement between the League and the Foundation would lapse on 30 April 1946. For his part, the Registrar of the Permanent Court informed the Secretary-General of the United Nations that, pending the decision of the Assembly of the League, the Supervisory Commission was placing the premises at the disposal of the new Court, together with all the equipment and furniture belonging to the League, and that the Permanent Court was placing at the disposal of the new Court the archives and books which were its property. Negotiations were under way with a view to reaching a joint and equitable arrangement with the Foundation concerning the annual payments due in respect of the war period. Finally although the sum of 110,000 florins was provided in the budget of the Permanent Court for 1946 [15] for the purpose of settling the annual payments in amortization of the cost of installing new premises, due to the

---

Conference, p. 709, 50th session, p. 765, 51st session, p. 798, 54th session, p. 277, and decisions taken at the 181st, 184th and 189th sessions of the Governing Body.

14. While the Administrative Tribunal of the International Labour Organization continues to have general jurisdiction with respect to former officials of the Registry of the Permanent Court under Article 26 of the Staff Pensions Regulations, jurisdiction concerning complaints of non-observance of Article 1 of the Regulations made by persons who had been members of the Registry of the Permanent Court was expressly excluded by the League Assembly's Resolution of 18 April 1946. There have been no cases of exercise of jurisdiction on pension matters of former officials of the Registry of the Permanent Court.

15. For this budget, see Publications of the Permanent Court of International Justice, Series E., No. 16, p. 291.

Foundation for the period 1940-5, it had been agreed that the United Nations should assume responsibility therefor.[16]

Negotiations with the Foundation regarding the payment due for the war years were conducted at The Hague by a delegation of the Supervisory Commission, accompanied by the Registrar, and the Foundation. There was a sharp difference of opinion over the correct interpretation of the agreement, the Foundation arguing that they were entitled to the full rent stipulated, the representatives of the League that they were entitled to an equitable reduction in view of the fact that a very limited use of the Peace Palace had been made by the Court on account of the War when the Netherlands was under German occupation. However, no agreement was reached, and in the result the Supervisory Commission, while emphasizing that the arrangements with the Foundation did not take into account the possibility of war and inability to make use of the premises, felt obliged to recommend the payment of the amount involved, which, over the six years, was 240,000 florins.[17] This was finally approved by the Assembly in a Resolution adopted on 18 April 1946.[18]

* * * * * * *

Arrangements for the use by the Court of premises in the Peace Palace at The Hague are contained in an agreement of 21 February 1946 between the United Nations and the Carnegie Foundation, approved by the General Assembly in resolution 84 (I) of 11 December 1946. Subsequent increases in the rent payable were approved in resolutions 586 (VI) of 21 December 1951, 1343 (XIII) of 13 December 1958 and 2902 (XXVI) of 22 December 1971.

---

16. *Official Journal* of the League of Nations, special supplement No. 194 (doc. A.19.1946.X), p. 168. The United Nations undertook this obligation for a period of six years commencing on 1 July 1946, to continue so long as the International Court of Justice was using the premises. See General Assembly resolution 84 (I) of 11 December 1946.

17. *Ibid.*, doc. A.25.1946.X, p. 175.

18. *Ibid.*, p. 280.